2009

La Grande Transformation

La Grande Transformation

L'année de la cocréation

Kryeon, les Hathors et Marie Madeleine
le Haut Conseil de Sirius
Invitée spéciale : Gaia

Propos recueillis par Martine Vallée

Titre original français :
La Grande Transformation
2009 – l'année de la cocréation
Propos recueillis par Martine Vallée

1209, av. Bernard O., bureau 110, Outremont, Qc,
Canada H2V 1V7
Téléphone : 514-276-2949, télécopieur : 514-276-4121
Courrier électronique : info@ariane.qc.ca
Site Internet : www.ariane.qc.ca

Traduction : Louis Royer
Révision linguistique : Alexie Doucet, Francine Dumont
Révision : Martine Vallée
Graphisme et mise en page : Carl Lemyre
Première impression : août 2008

ISBN : 978-2-89626-044-7
Dépôt légal : 3e trimestre
Bibliothèque nationale du Québec
Bibliothèque nationale du Canada
Bibliothèque nationale de Paris

Diffusion
Québec : ADA Diffusion – (450) 929-0296
www.ada-inc.com
France et Belgique : D.G. Diffusion – 05.61.000.999
www.dgdiffusion.com
Suisse : Transat – 23.42.77.40

Gouvernement du Québec — Programme de crédit d'impôt
pour l'édition de livres — Gestion SODEC

Imprimé au Canada

Table des matières

Présentation aux lecteurs

La croisée des chemins pour nous tous

Chers lecteurs, nous revoilà de nouveau réunis pour ce troisième tome. Tout d'abord, je tiens à vous remercier du plus profond de mon cœur d'être aussi fidèles à la lecture de cette série. Sa popularité augmente d'un tome à l'autre et son succès dépasse mes attentes.

Comme j'œuvre dans le milieu de l'édition depuis de nombreuses années, je vois la quantité d'informations qui existe actuellement sur le marché et je sais que d'innombrables choix de lecture vous sont offerts. Mais au-delà de ces choix, vous avez également vos multiples occupations et préoccupations personnelles, sans compter la situation inquiétante qui sévit sur la planète et toute la technologie (cellulaire, iPod, Internet, etc.) actuellement disponible, qui elle aussi cherche activement à retenir votre attention.

En définitive, cela laisse peu de temps pour la lecture. Tous, nous constatons à quel point tout s'accélère et nous laisse donc de moins en moins de temps pour effectuer l'ensemble de nos tâches. Voilà pourquoi j'apprécie au plus haut point que vous preniez ce moment pour apprécier le contenu de ce troisième tome.

À mon avis, certaines années représentent en soi des points tournants… et 2009 est l'une d'elles. Ce sera une année où l'on s'arrêtera pour décider de la direction à prendre. Comme si nous allions avoir la possibilité de regarder notre propre carte routière et d'y voir « clignoter » différentes possibilités. Pour moi, telle est la vraie cocréation, c'est-à-dire travailler en étroite collaboration avec son être intérieur et choisir consciemment la voie de l'élévation, et ce, pour soi mais aussi pour l'humanité entière.

Je l'avoue, je suis très emballée par ce troisième tome, et pour plusieurs raisons. Tout d'abord, vous y retrouverez Kryeon, avec qui le sujet, fort populaire d'ailleurs, de la science et de la spiritualité est discuté. Pas toujours facile d'appliquer certains principes dans notre vie quotidienne, alors j'essaie d'apporter certains éclaircissements. Qui mieux que Kryeon pour le faire, lui le grand maître magnétique !

Ensuite, énergétiquement, quelque chose de tout à fait inusité s'offrira à nous. En effet, des membres du Haut Conseil de Sirius ont été canalisés directement du temple d'Abydos, en Égypte. C'est un peu comme si nous étions avec Patricia Cori, lors de son initiation dans ce lieu sacré. Je la remercie d'avoir bien voulu partager cette expérience avec nous. Vous pourrez en faire la lecture dans la deuxième portion de son chapitre. D'ailleurs, Patricia Cori – dont le Haut Conseil de Sirius qu'elle canalise – sera à Montréal le 18 octobre prochain. Une toute première à Montréal : le crâne de cristal Estrella sera du voyage ainsi qu'un autre, très ancien en provenance du Tibet. Voyez le programme de cette journée à la page 245.

Autre participant à ce livre, Tom Kenyon, est un homme que j'admire depuis un bon moment déjà. En septembre 2007, lors d'une discussion avec Drunvalo Melchizédek sur l'importance du son, ce dernier me dit en quittant : « Il faut vraiment que tu rencontres Tom Kenyon. » Environ un mois plus tard, une dame du nom de Wendy entre dans mon bureau et me lance en anglais : *« There you are ! »* (Te voilà !), puis elle me demande de publier le livre de Tom Kenyon et Judi Sion, *The Magdalen Manuscript*, paru aux États-Unis en 2002. Elle me mentionne à quel point Tom et Judi travaillent sans relâche à faire ressurgir le divin féminin partout dans le monde. S'ensuivirent plusieurs communications avec Tom et Judi et la publication en français, en mai 2008, du *Manuscrit de Marie Madeleine.*

Tom Kenyon reconnaît facilement qu'il n'aime pas particulièrement canaliser; pour lui, la canalisation n'est qu'un aspect de son travail. À mon avis, il le fait avec grande intégrité et justesse, et je tenais absolument à ce qu'il participe à cette série. Son travail, particulièrement en ce qui a trait au son, est à mon avis unique, et sa contribution à l'humanité et à la planète est sans précédent. Vous aurez une meilleure idée de cette contribution lorsque vous lirez *La production d'un CD*. Mais avant tout, ce sont les enseignements des Hathors et de Marie Madeleine que je souhaitais avoir l'occasion de partager avec vous. Ainsi, comptant sur ma bonne étoile et sur les quelques « prières » adressées à nos amis de l'autre côté du voile, je décidai de lui demander de participer à ce projet littéraire, sachant très bien que mes chances étaient plutôt minces étant donné son emploi du temps très chargé et sa réticence à canaliser. Eh bien, il a accepté immédiatement, avec joie. Il affectionne beaucoup la France, en raison de son travail avec Marie Madeleine. D'ailleurs, au moment où j'écris ces lignes, il est actuellement là-bas depuis trois mois, où il a donné un séminaire à Rennes-le-Château.

Par ailleurs, dans cet ouvrage je fais quelque chose d'assez inhabituel, sauf avec un groupe d'amis que j'appelle ma « tribu ». En effet, je partage avec vous certaines de mes expériences personnelles que je considère assez particulières et je demande à Kryeon de les commenter. Je pense qu'elles pourront vous intéresser. Je le fais simplement pour démontrer la nature des expériences que chacun de nous est amené à faire à l'intérieur d'un parcours spirituel personnel. Vous lirez donc trois expériences différentes l'une de l'autre, et une quatrième sera commentée par le Haut Conseil de Sirius. Cette dernière ne devait pas au départ se retrouver dans le livre. À titre personnel, j'avais demandé au Conseil de m'expliquer plus en profondeur une vie passée et son lien avec ma vie actuelle. En travaillant avec Patricia Cori sur le chapitre où il est question de l'Égypte, cela a fait ressurgir en moi une mémoire qui cherche à refaire surface depuis un bon moment afin de « mettre en branle » un processus de guérison. Il n'y a aucun doute, une grande quantité de choses doivent être libérées afin de tout nettoyer.

Cette année, je vous présente également plusieurs pages d'une auteure qui fera partie du prochain tome, soit celui de 2010. Il s'agit de Pepper Lewis, laquelle canalise l'énergie de Gaïa. J'ai tellement aimé ses propos sur les possibilités et probabilités de 2008 et 2009 que j'ai voulu vous en faire connaître les grandes lignes. Vous trouverez donc, en guise de supplément, un échantillon de ce texte très intéressant. J'ai aussi ajouté une explication assez pertinente à propos de la disparition des abeilles. À mon avis, c'est ce qu'il y a de plus crédible sur le sujet.

Le CD maintenant. Cette année, je vous offre la *Symphonie de lumière universelle.* Pas de méditation, seulement de la musique inspirante. Trois artistes y ont pris part : Louis Lachance, Robert J. Coxon, et Anael et Bradfield. Ces pièces ont été choisies à partir d'une musique que j'affectionne particulièrement. Ainsi, ceux qui le désirent pourront créer leur propre méditation à partir de cette symphonie.

L'élaboration de tout cela fait toujours appel à plusieurs intervenants, et je suis ébahie de voir à quel point tout se passe avec une grande facilité. Tout le monde y prend plaisir, et je suis immensément reconnaissante envers tout ces gens qui rendent mon travail si agréable. Comme je l'ai mentionné l'année dernière, un grand rassemblement aura lieu le 17 octobre 2009. Vous aurez plus de détails plus tard, au cours de l'année, et aussi dans le prochain tome, soit celui de 2010.

À la toute fin, je vous fais quelques recommandations pour vos lectures et j'explique la raison derrière mon choix de publier ces livres. On m'appelle régulièrement pour connaître mon opinion sur certains ouvrages ou pour simplement discuter de leur contenu. Vous avez donc ici un peu mes coups de cœur.

Actuellement, on ressent très bien que la transformation n'est pas seulement individuelle mais planétaire. On le voit partout dans le monde, une transformation a lieu… un mouvement d'une grande envergure se met en place; on ne peut plus en douter, le renier ni même reculer. Et le travail effectué actuellement par chacun de vous est extrêmement important et prendra une ampleur jamais vue depuis des millénaires.

Partout, les gens s'éveillent. Dans tous les pays, tous les milieux et toutes les couches de la société. Où on voyait de l'indifférence auparavant, on voit de la compassion aujourd'hui. Des millions d'individus s'insurgent contre les abus de pouvoir, les guerres et les magouilles de toutes sortes, exigeant du même coup restitution et conséquences pour ceux qui commettent ces crimes. Il n'y a jamais eu autant de gens impliqués dans différentes causes, que ce soit pour la paix, l'environnement, l'égalité, et d'autres encore.

Malgré ce progrès énorme et cette envolée spectaculaire, je pense que le plus grand défi de l'humanité et de chacun de nous demeure notre capacité à comprendre et à éliminer notre ego, ce côté sombre que nous avons tous. Dans tous les milieux, même le milieu spirituel, on observe à quel point l'ego prédomine encore. À mon avis, si on choisissait consciemment de vivre sa vie en nourrissant son âme, pas son ego, on aurait tous une vie passionnante et créative reflétant réellement notre vraie nature. Au cours d'une conversation avec une amie, cette dernière m'a dit : « *Lorsque je suis dans mon essence, il est impossible de me déstabiliser.* » Cette phrase dénote une grande vérité : quand notre âme est nourrie, même si c'est dans un seul domaine, les répercussions se font sentir dans tous les autres domaines de notre vie et nous pouvons faire face à tous les défis.

Peu importe comment notre lumière cherche à s'exprimer – et soyez certain qu'elle cherche continuellement à le faire, que ce soit par les arts, le travail, la nature, la méditation ou des ateliers –, si on empêche cette expression on va directement à l'encontre de notre être profond. Être dans son essence signifie être en union avec son âme. Il y a une différence entre vivre sa vie à travers la lumière de son âme ou la lumière décevante de l'ego. Il ne faut pas se leurrer, l'ego est subtil, fort et trompeur ; c'est son rôle. Il est facile de voir, si on observe consciemment, à quel point l'ego apeuré de perdre son contrôle et son pouvoir essaie d'obscurcir notre véritable lumière en nous envoyant sur de fausses pistes, comme celle de la compétition entre nous, entre les races, entre les religions, les pays, etc. Le progrès de l'humanité est directement proportionnel à notre capacité d'éliminer le plus possible notre ego, et notre tendance aux drames, pour laisser place à l'ouverture du cœur. En somme, de passer du JE au NOUS.

Nous voici donc pour la nième fois dans ce voyage éternel entre la lumière et la noirceur. Ce parcours de l'âme où chacun comprendra à un moment ou l'autre à quel point il n'y a finalement qu'un seul voyage, qu'une seule famille, qu'une seule lumière. La citation de Desmond Tutu est parfaite en ce sens. Cet ancien archevêque de Cape Town, en Afrique du Sud, et récipiendaire d'un prix Nobel de la paix a dit, lors d'un rassemblement : « Un jour, nous nous réveillerons et nous réaliserons que nous formons tous une famille. » Eh bien, à l'allure où vont les choses, je prédis que son vœu est sur le point de se réaliser.

Bonne lecture.

Martine Vallée, éditrice
Juin 2008
martine@ariane.qc.ca

* NdÉ : J'aimerais apporter une correction concernant *Au-delà du voile, l'année de l'Unité.* Dans la note de l'éditrice, page 130, j'ai indiqué que le NESARA avait été voté en mars 2000, mais ce n'est pas le cas. Selon une information obtenue après publication, cette charte de vie n'a pas été votée par le congrès comme je le croyais. Soria n'a fait que commenter le contenu de la charte. Il existe plusieurs chartes de vie dans l'univers ; elle m'en a également nommé une autre. Espérons qu'un jour l'humanité vivra selon les principes d'une telle charte.

Première partie

Kryeon

La cocréation requiert la synchronie,
laquelle exige que vous alliez où il faut et que vous fassiez
ce qu'il faut afin de rencontrer ceux
qui créeront cette synchronie avec vous et pour vous.
Dieu ne va pas faire soudainement un miracle
pour vous pendant que vous priez !

Message de Lee Carroll

Ce préambule va embarrasser un peu l'éditrice et coordonnatrice de ce livre, mais elle est bien obligée de le publier puisque c'est elle-même qui m'a demandé d'en écrire un! Ce qu'elle ne savait pas, c'est qu'il serait à son sujet. L'an dernier, Kryeon vous a parlé de Martine, et c'est maintenant à mon tour.

Jamais Martine n'aurait pu imaginer que, un jour, elle changerait des milliers de vies. Pendant des années, elle est demeurée dans l'ombre où la confinaient les circonstances. Pendant des années, elle ne s'est vue qu'à la lumière dont l'éclairaient les autres et non à celle de sa propre magnificence. Durant la plus grande partie de sa vie, elle a avancé comme la plupart d'entre nous, dans le sillon d'une existence que nous croyons ne pas pouvoir contrôler.

Sachez que j'étais là au tout début et que je l'ai vue prendre son pouvoir. Elle offre un parfait exemple de ce qu'enseigne Kryeon quand il nous dit que nous devons dépasser la situation créée par les circonstances de notre vie et cocréer notre propre réalité. C'est exactement ce qu'elle a fait! Animée par son intention et par son intégrité, elle s'est mise à faire briller sa lumière d'une manière qui a changé l'énergie de sa vie. Le travail qu'elle accomplit depuis, avec son frère, a fait briller la vérité profonde pour des dizaines de milliers de personnes. Grâce à eux, les ouvrages des meilleurs auteurs ésotériques sont présentés en français partout dans le monde, ce qui a transformé des milliers de vies et en a peut-être même sauvé quelques-unes.

Martine a décidé d'accomplir sa mission de vie et de sortir de l'obscurité pour baigner dans la lumière de son propre Soi supérieur. Le reste appartient à l'histoire. Le livre que vous avez entre les mains fait partie d'une série qu'elle a conçue et créée intuitivement pour vous.

C'est exactement ce que nous enseignons. Où que vous soyez sur la planète, la décision de trouver votre Dieu intérieur peut produire de magnifiques résultats. En lisant ce livre, célébrez la voie suivie par cette femme car il n'existerait pas si elle s'était dit: « C'est trop difficile. » Voyez son contenu et célébrez la vérité qu'il renferme puisque celle-ci continue à changer des vies.

Soumis respectueusement.

Lee Carroll

Introduction de Kryeon

Salutations, très chers. Je suis Kryeon, du Service magnétique.

Une fois de plus, vous abordez la lecture de ces pages avec l'espoir de recevoir une communication provenant de l'autre côté du voile, mais nous devons d'abord mêler plus étroitement nos énergies respectives.

Tous les humains qui daignent poser leurs yeux sur ces lignes ont quelque chose en commun : ils viennent ici ensemble, dans l'unité, pour vous livrer avec amour un message combiné. La plupart ne se connaissent pas entre eux et ne se verront jamais, mais la « voix » qui s'exprime à travers eux est porteuse d'un seul message d'amour. Cette communication ne provient pas d'entités qui vous sont étrangères mais constitue plutôt une amplification de la douce voix intérieure qui est innée en vous. Elle est la connexion à la famille et au Soi supérieur que nous formons tous. Plutôt qu'un étrange message ésotérique provenant « d'ailleurs », il s'agit effectivement d'une communication issue de la source, du foyer.

L'énergie est maintenant mûre. Cette année 2009 marque un tournant énergétique important à la fois pour vous et pour la planète. À cause de ce partenariat, il sera dorénavant beaucoup plus facile de vivre en tant que travailleurs de la lumière. Plusieurs parmi vous ressentiront alors un second souffle en ce qui a trait à leur mission. Cette motivation retrouvée vous portera intuitivement à accomplir certaines choses. Mais si vous considérez ces communications comme un simple divertissement, vous n'avez rien compris au but de ce livre. Chacune de ces communications vous livre le même message éclatant : *vous êtes exactement comme nous, éter-*

nels dans un univers construit pour vous. Vous appartenez à la force créatrice de toutes choses et vous jouez un rôle majeur dans le destin de cette planète.

En lisant cet ouvrage, réfléchissez aux voix qui s'y font entendre. Ce ne sont pas *d'étranges forces venant de l'au-delà*, mais plutôt celles de votre famille. La différence entre votre réalité tridimensionnelle et notre réalité multidimensionnelle crée un mur ou un voile à travers lequel il est souvent difficile de communiquer. Mais, alors que l'énergie se clarifie et que vous commencez à comprendre vraiment QUI parle, peut-être pourriez-vous faire une pause d'un instant et dire : « Merci, chère famille, pour ton amour. » Longtemps avant de recevoir le message tridimensionnel, vous nous sentirez traverser le voile avec notre amour pour vous. Sur cette planète, vous n'êtes qu'un petit groupe à prendre le temps de vous intéresser à ces sujets ésotériques. Je sais qui lit ces lignes. Je vous dis que vous appartenez à une lignée spirituelle et que le moment est propice à une nouvelle considération de la fonction du *channeling*.

Vos organisations spirituelles vous encouragent à prier et vous le faites souvent. Elles vous exhortent à chanter pour Dieu et vous le faites aussi. Jamais alors vous ne considérez que vous êtes en contact avec des « entités de l'au-delà ». Non. Plutôt, vous souriez et parlez volontiers à ce que vous considérez comme la force créatrice de l'Univers, c'est-à-dire Dieu. Sachez qu'il n'y a aucune différence. Lorsque vous lisez ces lignes, vous faites une prière à double sens, et la force que vous trouvez si importante (Dieu) vous parle réellement. Quand vous souriez car vous savez que j'ai raison, nous sentons le chant s'élever de votre cœur. Il est temps de vous rendre compte que vous avez réclamé cette communication et que vous pouvez y participer. C'est sans aucun danger. Elle est sacrée, et elle devient enfin commune et belle, chaleureuse et appropriée.

La famille va donc s'adresser à vous. Nous vous fournirons des informations qui vous guideront dans la phase suivante de cette grande transformation que nous vivons tous. Car ce qui se produit sur la Terre se produit partout. C'est un peu difficile à expliquer, mais, en vérité, vous êtes ici pour une raison précise et vos actions exercent un impact sur tout.

Il est temps de ne plus voir dans votre miroir un simple humain parmi sept millions, mais une énergie représentant la force vitale de Dieu.

Que débutent les chants!

Vous n'êtes jamais seuls. Vous êtes aimés tendrement.

KRYEON

Le ralentissement de notre horloge biologique

– *Alors que la science et la spiritualité commencent à faire bon ménage, le phénomène en vogue semble être de « parler à nos cellules ». Tout le monde veut pouvoir contrôler à volonté son fonctionnement biologique. C'est évidemment plus facile à dire qu'à faire.*

Au lieu de « parler » à nos cellules, ne serait-il pas plus approprié d'agir au niveau énergétique, au moyen de la visualisation, par exemple? L'ADN n'est-il pas interdimensionnel par nature? Si c'est le cas, comment pouvons-nous utiliser la communication tridimensionnelle ou quadridimensionnelle pour obtenir un résultat? Notre biologie ne « réagit »-elle pas à nos pensées plutôt qu'à notre discours?

Martine, tu fais bien de poser en premier la question la plus complexe. Pour les besoins de ce livre, passons un peu en revue l'Être humain. C'est une créature tridimensionnelle vivant dans un environnement tridimensionnel, mangeant de la nourriture tridimensionnelle, dormant d'un sommeil tridimensionnel et menant une existence tridimensionnelle. Lorsque vous étudiez l'ADN, particulièrement ses propriétés ésotériques, pouvez-vous vraiment le comprendre? Comment pourriez-vous passer à une dimension qui est supérieure à la troisième et que vous ne pouvez même pas concevoir?

Avant d'entamer la conversation sur la perception et la cocréation, je dois vous demander ceci : êtes-vous à l'aise avec votre croyance en Dieu? Dieu est interdimensionnel, tout comme la prémisse fondamentale voulant que vous soyez un fragment de Dieu. Est-ce que vous méditez ou priez? Si c'est le cas, comment faites-vous pour passer de la tridimensionnalité à la communication interdimensionnelle? Vous voyez ce que je veux dire? On peut comprendre certaines choses et en faire « l'expérience » sans avoir une réelle connaissance de l'ensemble.

Je vous demande donc ceci : *sentez*-vous l'amour que Dieu a pour vous ? Pouvez-vous ressentir ce que j'éprouve pour vous et pour l'humanité quand je vous dis à quel point Dieu vous aime ? Si vous le pouvez, vous franchissez le pas, mais vous ne le faites pas au moyen de votre raison tridimensionnelle. Comment alors le faites-vous ? Voici le secret : vous abandonnez votre pensée intellectuelle, cette partie de vous qui veut que vous placiez chaque chose dans un compartiment pour la comprendre, et vous profitez simplement de la réalité de l'Esprit que vous savez être là. Autrement dit, vous suspendez votre tridimensionnalité pour profiter de quelque chose que vous « sentez » réel.

C'est précisément ce que plusieurs personnes critiquent ! Elles disent que vous suspendez votre raison pour vous livrer à l'ésotérisme et que, ce faisant, vous perdez contact avec la réalité, ce qui vous classe parmi ceux qui ont des croyances étranges et qui planent toute la journée dans une atmosphère de secte. En vérité, tous les humains suspendent leurs croyances quand ils veulent obtenir quelque chose de Dieu. Même les gens qui ne sont pas religieux sont prêts à bénéficier d'une guérison miraculeuse quand ils sont en difficulté. Ils savent instinctivement que le spirituel dépasse leur compréhension. Les ennuis commencent quand on affirme que les outils spirituels nous appartiennent. C'est cette « nouveauté » du Nouvel Âge qui déplaît à la vieille énergie.

La communication cellulaire n'est pas difficile à accomplir. Le « pont » existe déjà dans votre corps pour que vous le traversiez. La plupart des humains ne le font jamais car on vous enseigne dès l'enfance que votre corps fonctionne automatiquement et que vous n'avez qu'à le nourrir pour que tout se fasse tout seul. Vous passez donc votre vie à le nourrir en espérant qu'il durera longtemps. Croyant que toute votre intelligence se trouve dans votre cerveau, de même que la souffrance et le plaisir, vous espérez que vos membres et vos organes continueront à bien fonctionner, qu'ils ne seront pas victimes d'une maladie, qu'ils n'échapperont pas à votre contrôle. Si cela arrive, vous vous dites alors ceci : « Je peux survivre même si je perds tel ou tel organe. » Votre cerveau devient l'essentiel et le reste est superflu dans une certaine mesure ou, du moins, « indépendant ».

Vous faites de même avec l'univers. Vous êtes conscient d'y être et vous savez que vous y resterez tant que vous nourrirez votre corps, mais jamais vous n'oseriez dire, malgré les millions de synapses qui vous permettent de le penser : « J'en suis le maître. » Cela ne vous effleure même pas puisque vous vous croyez l'esclave de votre tridimensionnalité.

En réalité, vous êtes le maître dans les deux cas. Universellement, vous pouvez vous brancher sur l'apparent chaos et effectuer ce que vous appelez la cocréation. Vous traversez alors le pont entre votre perception tridimensionnelle et le système déjà existant de l'univers, qui est parfaitement réglé pour « écouter » ce que vous désirez faire sur la route que vous suivez. Avec le temps, vous vous rendez compte que cela fonctionne et vous commencez donc à entretenir l'idée que vous faites partie du système et que vous pouvez l'utiliser. C'est ainsi que l'on devient travailleur de la Lumière, et c'est ce que Kryeon enseigne depuis dix-neuf ans.

Appliquez maintenant ce mode de pensée à votre corps. Pensez aux milliards de molécules d'ADN, toutes identiques, qui composent votre système biologique. Comprenez-vous que l'ADN est le même partout dans le corps ? Bien sûr, il crée des cellules spécialisées qui forment les organes, les nerfs et les muscles, mais la double hélice de l'ADN est la même partout dans le corps. Vous en rendre compte vous permettra de mieux comprendre ce qui se passe réellement.

Dites-moi, cher travailleur de la Lumière, quelle partie de vous est illuminée ? Plusieurs croient que c'est leur tête. En vérité, tout le système fait partie de votre moteur de conscience. Votre gros orteil est tout aussi illuminé que votre cerveau. Votre épaule aussi. Vous comprenez ? En fait, votre aptitude à envoyer de la lumière est fondée sur l'utilisation de tout l'ADN en même temps, ce qui crée autour de vous un champ quantique qui est réellement « vu » par l'univers et qui envoie de l'énergie à l'intérieur même de Gaïa. Imaginez un humain qui désire devenir un travailleur de la Lumière sans savoir cela. Il va toujours essayer sans rien sentir car il ignore qu'il peut « parler à ses cellules » et que le « moteur de lumière » a besoin qu'elles fonctionnent toutes ensemble.

Les attributs interdimensionnels de votre ADN sont plus de dix fois supérieurs à la double hélice chimique tridimensionnelle que vous voyez au microscope. Même les scientifiques le savent puisqu'ils reconnaissent que le génome humain semble n'utiliser que 3 % ou moins de son potentiel pour créer tous les gènes du corps. Ils ne peuvent expliquer à quoi sert le reste. Ce « reste » est le pont! C'est un ensemble de près de trois milliards de molécules chimiques qui organisent et structurent la partie tridimensionnelle (les 3 % qui sont encodés de protéines). Vous pouvez donc « voir » réellement le pont au microscope dans la tridimensionnalité, mais, puisque sa fonction n'est pas tridimensionnelle, il ne possède ni structure ni symétrie et il est perçu comme inutile.

Voici maintenant la bonne nouvelle: puisque toutes les cellules sont illuminées également, chacune sait que vous assimilez la vérité de Dieu et que vous participez à Son système. Elles font toutes le voyage avec vous, n'est-ce pas? [Humour de Kryeon.] Supposons donc que votre être spirituel vous mette en joie. Vous vous éveillez plus heureux et plus sage que vous ne l'étiez, et vous vous réjouissez de votre nouvelle attitude et votre nouvelle connaissance. Saviez-vous que votre épaule et votre gros orteil sont aussi « dans le coup »? La seule différence, c'est que vous ne le leur demandez jamais! Toutes vos cellules sont « amarrées les unes aux autres » et participent à tout ce qui est spirituel. Tout ce qui leur manque, ce sont les directives du « patron », mais c'est VOUS le patron.

Par conséquent, lorsque vous vous adressez à vos cellules, que ce soit par la pensée, par la parole ou par toute autre forme de communication, toutes savent déjà ce qu'il faut faire. Elles n'attendent que les directives de la personne qui les contrôle. La vérité est contenue dans cette question paradoxale: si votre ADN est interdimensionnel par nature, pourquoi êtes-vous une créature tridimensionnelle, pensez-vous? (Vous connaissez maintenant le secret.) Votre perception est fondée sur la tridimensionnalité, mais, en réalité, le moteur interdimensionnel est déjà en marche à l'intérieur de vous et demeurera invisible tant que vous ne serez pas sur le sentier de l'illumination. En étudiant et en assimilant la vérité spirituelle, vous « remplissez le bocal » de votre énergie vibratoire à l'intérieur de chaque brin d'ADN.

La communication est facile. Ne l'analysez pas! Est-ce que vous analysez le fonctionnement du moteur à combustion interne de votre voiture avant de la conduire? Est-ce que vous analysez le fonctionnement de votre téléphone cellulaire avant d'appeler quelqu'un? Vous savez qu'il fonctionne et cela vous suffit! Il est temps de prendre le contrôle de la situation!

– *L'un des plus grands mystères de la biologie est celui de la communication des cellules entre elles. L'ADN, qui constitue le canevas des protéines et des acides aminés de tout le corps, semble contrôler chaque aspect du fonctionnement chimique de notre être. D'après mes recherches sur le sujet, chaque cellule subit en moyenne 100 000 réactions chimiques par seconde, un processus qui a lieu simultanément dans toutes les cellules du corps! J'essaie de comprendre comment nous pouvons littéralement ralentir notre horloge biologique, comme vous l'avez mentionné, à l'intérieur de ce système immensément complexe.*

  Si l'ADN exerce le contrôle sur tout le corps, par quel mécanisme les gènes et les cellules agissent-ils de concert?

  Et, de notre côté, est-ce le même mécanisme qui nous permettrait de travailler consciemment de concert avec notre ADN?

Il existe un champ interdimensionnel autour de chaque double hélice. C'est là une découverte scientifique récente. [De Lee: Vladimir Poponin a découvert autour de l'ADN un champ interdimensionnel qui influence réellement les particules de lumière au cours des expériences de physique. Ce champ est si puissant que les particules ainsi déplacées demeurent dans la même position même après l'enlèvement du champ. http://twm.co.nz/DNAPhantom.htm]

Il y a toutefois un élément de la communication que les biologistes n'ont pas encore vu ni reconnu. Les champs de l'ADN se chevauchent et on les « voit » donc de manière interdimensionnelle comme *un seul champ.* Ce champ unique est l'élément quantique humain qui est profondément affecté par votre travail spirituel; il constitue aussi la partie de vous à laquelle s'adressent des forces que vous n'avez pas encore découvertes. Ce que je vous dis, donc, c'est que votre ADN est intrinsèquement lié par des champs qui se chevauchent et qui communiquent de manière interdimensionnelle comme « un seul champ ». Voilà enfin le secret, le « ciment » permettant une guérison immédiate du « corps global ».

Cela devrait vous prouver à quel point l'ADN est prêt à « écouter le patron ». Logiquement, vous n'avez pas autre chose à faire qu'à « vous présenter » avec une intention spirituelle pour que s'active le champ quantique dans votre corps. Vous n'avez qu'à tenir le volant et le travail s'effectuera.

– *Selon mes connaissances en biologie, c'est surtout le système hormonal qui « contrôle » le processus du vieillissement. Pour ralentir l'horloge biologique, nous devons donc travailler directement avec ce système. Pour pouvoir modifier notre horloge biologique comme vous le mentionnez, je pense que nous devons comprendre précisément comment le faire, car il ne suffit pas de lui parler ; très peu de gens savent ce qu'il faut visualiser, l'ADN, les cellules, le système hormonal, les couleurs. De plus, je pense que nous avons de la difficulté à croire que nous pouvons accomplir une telle chose, principalement parce que nous ne savons tout simplement pas comment le faire.*

Cher Kryeon, pourriez-vous nous donner un exemple? Prenons le système hormonal. Pourriez-vous nous dire comment nous pouvons l'influencer suffisamment pour ralentir l'horloge biologique?

Tout d'abord, ne compartimentez pas le corps. Votre logique tridimensionnelle vous amène à vouloir vous adresser à telle ou telle partie du moteur afin de faciliter telle ou telle fonction. Cela ne fonctionne pas ainsi. Quelle partie de la soupe aux tomates bénissez-vous avant de la manger? Le sel? Les tomates? Vous bénissez tout le bol, qui contient des millions de molécules de diverses sortes.

Le corps spirituel est une expérience interdimensionnelle du « corps global ». Il ne comprend pas les messages spécialisés. Il ne comprend pas les phrases comme: « Je veux vieillir moins vite. » Imaginez que vous êtes un shaman sortant dehors un beau matin pour demander à la nature de déplacer un nuage vers la gauche pour vous. Il ne se produirait rien. La nature répondrait plutôt à votre intention de déplacer tout le système atmosphérique. L'océan réagirait, la température de l'eau changerait, les vents et l'évaporation se soumettraient à la requête, et il en résulterait que tous les nuages se déplaceraient vers la gauche ou disparaîtraient complètement.

Ralentir l'horloge biologique constitue une *expérience corporelle globale*. Il s'agit d'une guérison énergétique. Il s'agit d'invalider vos attributs karmiques et de changer la direction de votre vie. Nous vous avons déjà dit que si certaines personnes s'apercevaient que vous vieillissez moins vite et qu'elles vous demandaient comment vous faites, vous essayeriez de leur expliquer comment vous séparez les ingrédients de la soupe! L'humain veut séparer les attributs du tout et il tente de manipuler les éléments de son choix. Cela ne fonctionne pas.

Je vais maintenant vous présenter quelque chose que vous n'attendiez pas, un scénario qui ne plaira pas à certains. Supposons que des millions d'humains demandent quotidiennement à leurs cellules de vieillir moins vite. Ces humains ne sont pas nécessairement des travailleurs de la Lumière. Ce sont des humains ordinaires, qui ne se doutent aucunement qu'ils communiquent aux cellules, au niveau physique, un message qui leur dit de ralentir. Ce sont ceux qui vont au gymnase tous les jours et qui font de l'exercice! (Je vous avais dit que mon histoire ne vous plairait pas.) Le champ quantique entourant l'ADN, que j'ai évoqué tout à l'heure, possède des antennes pour capter les intentions de changement. Ces humains disent aux cellules de changer au moyen de l'exercice et il se trouve que cela ralentit aussi le vieillissement. Il peut sembler contradictoire que ce qui améliore le métabolisme ralentit l'horloge biologique, mais c'est un fait. L'horloge biologique est liée à tout ce qui l'entoure, y compris l'état de vos vaisseaux sanguins et l'efficacité de pompage de votre cœur. Par conséquent, plusieurs ralentissent leur horloge biologique sans même le savoir. Le corps s'efforce toujours de coopérer avec « le patron » (vous). Quand les cellules « voient » qu'elles travaillent comme quand elles étaient plus jeunes (à cause de l'exercice), elles se mettent à ralentir le processus du vieillissement afin de faciliter le changement.

Quiconque est en contact avec son soi spirituel peut faire cela. Il suffit de se comporter en patron chaque matin et de parler à ses cellules. Dites-leur que vous voulez réaliser un changement global, non partiel. Visualisez-vous enfant avec un ADN tout neuf, avant le vieillissement et le développement de la maladie. Dites-leur que votre intention est d'avoir cette santé toute neuve. Puis, si c'est approprié, faites un peu d'exercice. N'importe quoi qui puisse aider, même de simples promenades dehors ou dans les escaliers. Agrémentez cela d'un petit rituel d'à peine trente secondes, pour que les cellules « lient » cela à votre méditation. C'est suffisant.

Si cela ne fonctionne pas dans votre cas, peut-être devriez-vous examiner votre expérience spirituelle du « corps global ». Est-ce que vous vivez vraiment ce que vous enseignez? Est-ce que vous accroissez votre compréhension spirituelle ou bien vous ne prêtez attention à ce message que dans l'espoir d'y trouver le secret du rajeunissement? Vous comprenez? La connexion à votre Soi supérieur passe nécessairement par votre être biologique.

– *J'ai aussi entendu dire que nous aurions tous une cellule maîtresse ou une cellule signature – même appelée par certains « la cellule de Dieu » – qui résiderait dans la glande pinéale. Cette cellule contiendrait supposément tout le plan initial de notre vie humaine. Durant toute notre vie, la cellule signature ou cellule de Dieu contiendrait le code de notre perfection originale et de notre but premier. Nous pourrions activer cette cellule en inspirant de la lumière dans la glande pinéale, ce qui lui procurerait l'énergie nécessaire pour équilibrer et harmoniser nos quatre corps, du physique au spirituel…*

Est-ce réel ou s'agit-il encore de l'ADN, mais décrit autrement? Si cette cellule existe, est-ce important d'en être conscient et de travailler avec elle?

Il existe effectivement un plan matriciel, mais il est symbolique de dire qu'il existe en un seul endroit ou dans un seul organe. On le présente ainsi afin que vous travailliez sur votre glande pinéale, que certains assimilent au « troisième œil ». Cela facilite cet enseignement car le troisième œil a toujours été considéré comme la structure de l'ascension.

Si vous avez étudié les informations que je vous ai fournies sur l'interdimensionnalité de chaque double hélice d'ADN, vous connaissez déjà la suite car vous savez que parmi les couches de l'ADN se trouvent celle des Archives akashiques ainsi que la « couche de Dieu ». Ces deux dernières n'ont-elles pas les caractéristiques de cette fameuse cellule? Elles existent cependant dans chacune des milliards de doubles hélices qui se trouvent dans votre corps et elles constituent le code originel et l'équilibre entre les mondes interdimensionnels.

La « signature » de votre sentier et de votre plan matriciel se trouve effectivement là, mais dans chaque cellule de l'ADN et non dans une seule. Pour ce travail, il s'agit toutefois de compartimenter ce savoir dans une perception permettant à l'être humain de présenter le concept de façon à ce que plusieurs puissent travailler facilement avec lui. Cette méthode fut donnée à un guérisseur* en particulier pour cette raison même et a permis à plusieurs humains de se guérir en « parlant » à cette énergie cellulaire maîtresse.

Vous voyez donc encore une fois qu'il existe plusieurs chemins pour comprendre les voies de l'Esprit et plusieurs enseignements conduisant tous à la même source, celle d'aider les humains à se guérir eux-mêmes en appliquant les idées profondes fournies par de purs instructeurs.

L'ADN de la guérison

– *Si notre ADN contient tout ce que nous sommes, il contient donc aussi un « dossier » sur toutes les possibilités de nos maladies, mais sûrement aussi toutes les possibilités de guérison. Or, pour l'instant, ce qui semble ressortir, c'est la maladie et non la façon de la guérir.*

---

* Voir les enseignements de Kirael, www.kirael.com

D'après mes observations, lorsque l'on découvre une maladie, alors commence la course contre la montre. On se met à chercher de tous les côtés, une façon de se guérir. On essaie diverses méthodes, dont certaines sont efficaces et d'autres non ; le temps que l'on cherche et trouve « la » méthode de guérison, certaines maladies ont le temps de s'aggraver et même d'être mortelles! Je pose cette question parce que j'ai remarqué que certaines méthodes fonctionnent pour certaines personnes et non pour d'autres. J'en déduis que telle ou telle méthode peut convenir à tel ou tel individu, mais non aux autres.

Je sais que la guérison est aussi un voyage spirituel en soi, mais je pense qu'elle ne le serait pas moins si nous connaissions la bonne façon d'en accélérer le processus. L'autoguérison n'est peut-être pas avantageuse au niveau commercial pour le domaine médical, mais elle vaut sûrement la peine pour la personne qui cherche une méthode alternative de guérison.

N'y aurait-il pas un test ou un moyen quelconque qui pourrait aussi nous indiquer quelle méthode de guérison convient à notre énergie et à notre corps?

S'il n'y en a pas, pouvons-nous le créer nous-mêmes? Comment puiser dans nos Archives akashiques ou génétiques pour trouver ce qui nous convient le mieux? Est-ce aussi simple que d'« écouter » notre corps?

Verrons-nous jamais s'unir la médecine traditionnelle, la médecine énergétique et les médecines parallèles?

Le test dont vous parlez existe depuis le début. Votre « champ cellulaire quantique » (tel que décrit plus haut) sait tout de vous et constitue un puissant instrument de diagnostic, insoupçonné de la plupart des humains. Vous appelez cela la « kinésiologie ». C'est la capacité du corps de vous dire ce qui se passe en vous, ce à quoi vous êtes allergique, quel est le meilleur remède pour vous. Par exemple, « ne mangez pas de cacahuètes » ou « vous avez telle ou telle maladie ».

Vous avez raison quant à la spécificité des méthodes à chaque corps. Ce qui fonctionne pour certains ne fonctionne pas pour d'autres. Nous vous avons dit il y a longtemps que la guérison spirituelle pouvait convenir à 100 % à certains individus et à 0 % à d'autres. La seule explication réside dans votre taux vibratoire, ou, en d'autres termes, dans l'importance du champ quantique qui vous entoure. Plus il est élevé, plus l'utilisation ésotérique de cette énergie sera efficace pour vous. Votre corps sait tout de votre condition interne, et ce test impliquant les muscles est toujours valide.

Ne trouvez-vous pas intéressant le fait que vous puissiez avoir un cancer sans le savoir? Votre corps est construit de façon à combattre les bactéries et plusieurs autres types de maladie. Il le fait quotidiennement. Vous n'en êtes cependant pas informé, puisqu'il le fait automatiquement, sans vous causer d'anxiété à ce sujet. S'il vous informait de toute cette activité, vous seriez constamment inquiet et vous ne pourriez supporter de vivre ainsi. Vous avez donc l'esprit tranquille quant à votre fonctionnement biologique, et c'est une question de survie. Par contre, le cancer ne révèle sa présence que par la douleur et il est alors parfois trop tard.

Que disons-nous donc à ce sujet? Rien de mieux qu'un bilan de santé à intervalle régulier au moyen du « système corporel ». Posez des questions à votre corps afin qu'il vous dise ce qui se passe dans votre propre véhicule. Maintenant que je vous ai expliqué comment votre corps vous parle, n'est-il pas logique que vous lui parliez aussi?

La réponse à ta question sur la réunion éventuelle des divers types de médecine est oui. Mais, à ce moment-là, il existera une nouvelle méthode radicale de guérison, donc l'union de ces trois médecines sera donc relative puisqu'il en existera une quatrième. Vous devez savoir qu'il y aura toujours quelque chose de nouveau et en même temps, d'inacceptable pour ceux qui s'occupent de la santé humaine. Mais cette nouvelle méthode sera efficace, quoique profondément étrange [humour de Kryeon].

– *Pour compléter mon enquête sur l'ADN, la science et la santé, il y a un autre sujet sur lequel je veux vous interroger.*

On voit émerger une nouvelle science qui reconnaît que les êtres vivants obéissent à des rythmes vitaux temporels. Cette science s'appelle la chronobiologie et elle a pour objet l'influence du temps et de certains cycles périodiques sur le fonctionnement biologique. Le pouls, la pression sanguine, la température corporelle, la circulation des lymphocytes, les cycles hormonaux et les autres fonctions du corps humain semblent posséder un flux et un reflux selon un horaire fondamental récurrent. Ces rythmes ne sont pas spécifiques aux humains et ils sont présents dans toute la nature.

La différence entre nous et la nature, c'est que celle-ci semble s'y soumettre instinctivement.

Je me demande si nous ne privons pas d'un élément important notre processus de guérison en ne suivant pas nos rythmes biologiques ou notre horloge interne, qui sont fondés, entre autres, sur l'activité géomagnétique du soleil.

Si nous en savions davantage au sujet de cette science et étions à l'écoute de notre horloge interne, les médicaments ou les traitements seraient-ils plus efficaces?

Si c'est le cas, est-ce qu'il y a une façon de le savoir instinctivement, comme le fait la nature?

Les biorythmes sont connus depuis des siècles. Même les indigènes s'en servaient conjointement avec le cycle de la lune et des marées. Vous êtes effectivement une créature à cycles. Quelle meilleure preuve que la coordination du cycle menstruel de la femme avec le cycle lunaire? Vous vous rendez compte aussi que la pleine lune trouble la psyché de la plupart des humains. Cela seul devrait suffire à vous convaincre que vous êtes en harmonie avec les cycles de la terre elle-même et de tout ce qui y vit.

La réponse est donc affirmative. La connaissance des cycles de la vie terrestre en général et des mouvements de la nature facilitera le processus de guérison de tous. Ce que cela signifie pour vous, c'est qu'il y a de meilleurs moments et de moins bons moments pour travailler sur votre fonctionnement biologique. Considérez cela comme « l'astrologie de la guérison ».

La religion comme éducation

– *Kryeon, qu'est-il advenu du véritable but de la religion? Aujourd'hui, on fait la guerre au nom de la religion. Des gens se font tuer au nom de la religion; le génocide est permis en son nom, sans parler de tous les scandales sexuels récents à l'intérieur même de l'église.*

À mon avis, il semble que la religion soit devenue une grosse affaire de pouvoir. Chaque religion a ses croyances et sa façon de les mettre en pratique. Puis, à l'intérieur de cette religion, les gens doivent suivre celui qui prétend «détenir» la vérité. Dans certaines religions, si on va à l'encontre du «grand» chef et de ses idées ou croyances, alors là on s'aperçoit que sa vie peut être en danger.

Ailleurs, on constate aussi que certains prédicateurs demandent à leurs adeptes des millions de dollars, tout cela pour Dieu, en leur disant qu'ils seront sauvés s'ils partagent leur abondance, alors que, en fait, une grande partie de ces millions va directement dans leurs poches. Dieu constitue pour certains une bonne affaire commerciale, pour d'autres un prétexte à l'abus, et pour d'autres encore une occasion de fabriquer des bombes et de justifier l'assassinat de leurs propres concitoyens et de quiconque leur fait obstacle, parce qu'on leur a dit que douze vierges les attendaient de l'autre côté!

J'ai peut-être l'air de porter un jugement, mais, de mon point de vue, la religion a perdu toute crédibilité. Je me suis toujours demandé ce qui s'était passé… Est-ce qu'il y a déjà eu une «vraie» religion, une religion dont le but est d'enseigner et de mettre en pratique certaines idées telles que la tolérance, l'égalité, l'unité, la compassion, la maîtrise et le service? Existe-t-elle aujourd'hui? Où donc s'est produit le dérapage?

Comment la religion est-elle vécue dans les sociétés évoluées? Est-ce qu'elle existait en Atlantide ou en Lémurie?

Il n'y a jamais eu de religion en Lémurie. Les Lémuriens comprenaient parfaitement que la vie était profondément liée à la nature et que les humains pouvaient contrôler leur avenir. C'était la base même de leur spiritualité; ils savaient intuitivement que chaque être humain est responsable de tout ce qui lui arrive de bon ou de mauvais. Deux couches interdimensionnelles de leur ADN étaient activées au niveau quantique, ce qui leur permettait de «voir et entendre» des choses qui vous sont encore invisibles. Cela facilitait leur relation avec Dieu.

Quand ces couches se sont désactivées, les humains se sont alors tournés vers les structures spirituelles que vous voyez maintenant, une combinaison de mythologie et d'histoire, souvent organisée autour de la vie d'un prophète qu'ils ont adoré. Le reste, vous l'avez dit vous-même.

Ne soyez toutefois pas trop sévère envers les religions établies. Chez chaque être humain, la recherche de Dieu est une affaire personnelle. Sa propre vérité est faite de ce qu'il perçoit et de ce qu'il accepte, même si cela appartient à une doctrine fondée sur des événements qui n'ont jamais eu lieu! Ce que je veux dire, c'est que tous les humains ont le droit de chercher Dieu par les moyens qu'ils désirent. Dieu demeure au centre de leur quête et Il y répondra. On ne doit donc juger aucune organisation qui cherche Dieu avec intégrité.

Comme plusieurs autres domaines, toutefois, la religion a été exploitée et gérée à des fins de pouvoir et d'une façon tout à fait inappropriée. C'est le cas de presque toutes les affaires humaines! Encore une fois, il appartient à chacun, selon son discernement, de distinguer entre la vraie et la fausse spiritualité. Il est cependant facile de ne pas dévier. On n'a qu'à observer la règle suivante: *adhérer aux idées qui sont équilibrées dans l'amour*. Méfiez-vous de ceux qui vous disent que leur conception de Dieu est la seule qui soit valable et qu'il n'y a qu'une voie possible conduisant à l'illumination. Éloignez-vous de ceux qui vous fournissent une liste de «règles divines». Ce sont là les attributs des hommes de pouvoir et non de l'amour de Dieu. Dieu n'est pas une force contrôlante. Il est une force libératrice. Recherchez l'amour.

La religion ne disparaîtra pas, mais son intégrité est maintenant remise en question. Enfin, après tant d'années, les gens commencent à poser suffisamment de questions pour forcer les échelons supérieurs de la hiérarchie ecclésiastique à « nettoyer les clochers » et à présenter l'amour de Dieu d'une manière nouvelle, qui convienne davantage aux masses qu'à eux-mêmes. À l'avenir, attendez-vous à un message plus valorisant de leur part.

Expériences personnelles

La première

Il y a une vingtaine d'années, j'assistais à un événement du Nouvel Âge à Toronto avec mon frère. À un moment donné, j'ai vu à une certaine distance de notre table deux individus qui créaient de l'agitation autour d'eux. Je ne voyais pas très bien ce qui se passait et je me suis donc approchée. J'ai alors vu que des enfants les entouraient en riant, très excités. Ces deux individus étaient vêtus d'un costume argenté d'une seule pièce! Ils allaient de table en table et parlaient avec les gens. Je suis donc retournée à notre place, en espérant qu'ils y viendraient aussi. Lorsqu'ils se sont approchés, j'ai observé leur visage... Je n'avais jamais vu de toute ma vie deux êtres aussi beaux... Ils semblaient parfaits en tout point: leur corps, leur chevelure, la couleur de leur peau à mi-chemin entre le blanc et le noir, leurs grands yeux verts... Ils dégageaient une énergie à la fois masculine et féminine, mais chacun semblait en fait le complément de l'autre. Je me souviens d'eux très clairement. Ils étaient extrêmement calmes malgré toute l'agitation qui régnait autour d'eux.

Sur notre table, il y avait des livres et une photo du Maître Hilarion. Ils nous ont salués, ont regardé nos livres, ont pris la photo et nous ont dit: «Nous le connaissons très bien!» Puis ils se sont éloignés. J'ai aussitôt dit à mon frère: «Je pense que ce sont des visiteurs.» Je n'ai jamais oublié cette expérience.

Kryeon, vous nous avez déjà dit: «Ne soyez pas surpris si, un jour, les extraterrestres qui vous rendent visite sortent de leurs vaisseaux et que vous découvrez qu'ils ont exactement la même apparence que vous!

Je parle ici des Pléiadiens, qui sont de la même semence biologique que vous. Aucun moment précis n'est fixé pour leur arrivée, mais la potentialité d'une rencontre effective avec eux existe. »

Ces deux êtres que nous avons vus à Toronto étaient-ils des Pléiadiens? Je suis portée à le croire...

Font-ils souvent de telles sorties? Ce qui était frappant, c'est que les enfants semblaient savoir instinctivement qui ils étaient et ils leur faisaient la fête...

Très chère, ton interprétation est correcte. Nous vous disons, réjouissez-vous de ce que les Pléiadiens se préoccupent suffisamment de votre évolution pour l'observer. Ils viennent et ils repartent, et les enfants sont très souvent attirés par eux. Ils ne font que vous observer, pour ne pas perdre de vue leur « jardin ». Ils savent très bien que l'être humain est leur frère, qu'il a le même ADN.

Vous n'avez rien à craindre d'eux. Ce sont d'affectueux partenaires de votre expérience. Ne les prenez pas pour ce qu'ils ne sont pas. Ce sont d'aimables observateurs de ce qu'ils ont contribué à créer de la manière la plus spirituellement appropriée. Ils sont de votre « semence biologique ».

La deuxième

(mon expérience de l'implant neutre ou la perception que j'en ai)

À la fin de l'année 1990, j'étais enceinte et je vivais heureuse avec le père de mon futur enfant dans une belle maison de campagne. Un jour, alors que je recevais plusieurs personnes, dont un channel, je demandai à celui-ci, par simple amusement, de me dire si je portais une fille ou un garçon. Il me répondit : « Pour l'instant, c'est un garçon. » J'ai répliqué : « Pour l'instant? Mais que voulez-vous dire? » Et il me répondit ceci : « Il arrive parfois que ça change. » À vrai dire, je ne l'ai pas cru, car j'avais toujours pensé que j'aurais un garçon. Puis, un jour, lors d'un examen à l'hôpital, l'infirmière me demanda, après m'avoir dit que tout allait bien, si je voulais savoir si ce serait un garçon ou une fille. Je lui répondis : « Bien sûr! », tout à fait certaine qu'elle allait me dire que ce serait un garçon. Elle me dit aussitôt : « Félicitations! C'est une fille! »

... Deux ans et demi plus tard...

Nous sommes maintenant en 1993. Je vis seule dans un petit appartement, avec la possibilité de perdre mon emploi, sans argent, endettée, et avec un enfant à ma charge. Un soir, avant de m'endormir, je me demande bien ce qui va nous arriver. Je me sens au point zéro. Cette nuit-là, je me réveille à 4 heures en proie à un rêve très intense, avec le sentiment que je dois absolument m'en souvenir. Dans ce rêve, en bref, une amie venait d'accoucher et son mari, en me voyant entrer dans la chambre me regarde avec un sourire radieux et me présente un immense plateau rempli de pâtisseries et de friandises.

J'avais une très forte intuition que je devais absolument trouver la signification de ce rêve, qu'il était en quelques sortes un message. Malgré l'heure tardive, j'ai fouillé dans mes boîtes à la recherche d'un livre sur l'interprétation des rêves. Il était écrit que la naissance d'un bébé symbolisait « un nouveau départ, une nouvelle vie » et que le plateau de friandises signifiait que je récolterais « les grandes récompenses de la vie ». Je savais que c'était un message de l'Univers m'incitant à tenir bon. Cela eut un puissant effet sur moi, car je n'ai plus jamais douté, après ce rêve, que tout finirait par s'arranger. En 1994 débuta ma mission d'éditrice de livres de spiritualité.

– *Je perçois cette expérience ainsi : à un certain moment, une question fut posée au niveau inconscient quant à ce que je choisirais de faire. À mon avis, c'était lié à la Convergence harmonique et à tout ce qui a suivi. Je pense que certaines personnes ont peut-être reçu l'implant neutre avant même que l'on en connaisse l'existence.*

Kryeon, si ma perception est bonne, cette expérience était-elle liée à un changement total de direction et à l'autorisation d'implanter l'illumination (l'implant neutre)?

Puisque je ne l'avais pas demandé, est-il possible que je l'aie reçu sans même savoir qu'il existait? Si c'est le cas, il y donc des gens qui le reçoivent avant même d'en connaître l'existence? Pourriez-vous m'expliquer comment tout cela fonctionne?

Tu as raison Martine au sujet de ce que nous appelons « l'implant neutre ». C'est l'implantation de l'autorisation de changer spirituellement. Cela peut annuler votre karma et changer toute votre vie. Plusieurs l'avaient demandé bien des années avant que quiconque ait entendu parler de Kryeon.

La Convergence harmonique a créé une meilleure énergie pour que cela fonctionne, mais c'était également réalisable auparavant. Plusieurs travailleurs de la Lumière l'ont fait avant l'événement de 1987, sans pouvoir donner un nom à la chose ni même en être conscients. Mais, dans la nouvelle énergie, c'est devenu beaucoup plus commun. Donc, après la Convergence harmonique, nous en avons parlé beaucoup et nous avons expliqué comment faire. C'était toutefois possible depuis très longtemps. Tous les maîtres du passé l'ont fait!

Tu es également responsable du changement de sexe de ton enfant! Tu l'as d'abord perçu comme un garçon, par prédisposition inhérente à l'ancienne direction que tu suivais, mais, dès que tu as donné l'autorisation de changer de parcours, le sexe de ton futur enfant a changé également puisque tu avais besoin d'une autre énergie pour continuer. Cependant, contrairement à ce que tu penses... il ne s'est rien produit dans l'utérus! C'est là un paradoxe du temps dans votre tridimensionnalité. Est-ce juste de dire que tu aurais quand même eu une fille si tu n'avais pas changé de direction? Tu l'as portée neuf mois! Mais d'où vient la perception que c'était un garçon? La vérité est assez complexe. Voici ce qui s'est passé: L'Esprit a vu, que, avec le libre arbitre, tu changerais de direction. Ce n'était donc pas prédestiné; plutôt, la potentialité était si forte que cela se produise qu'elle est devenue réalité. Par conséquent, même avant que tu ne changes de direction, il était établi que ce serait une fille, même si tu étais convaincue que ce serait un garçon à cause de ta perception et de ceux qui te « lisaient » dans l'énergie d'une vieille potentialité.

Pour ceux d'entre vous qui trouvez cela un peu difficile à comprendre, voyez-le comme ceci : l'Esprit considère les potentialités. Chaque décision et chaque changement potentiel est représenté. Bien que les réponses soient inconnues quant à la direction que vous allez prendre, les potentialités les plus probables « brillent » un peu plus que les autres, à cause de l'énergie dans laquelle vous vous trouvez au moment de la prédiction. C'est un peu la même situation que pour une lecture du Tarot, où seule l'énergie du moment est prise en considération quand on étale les cartes pour y lire l'avenir. Ça peut sembler paradoxal, mais ce ne l'est pas dans notre temps.

Voici une autre façon de l'expliquer. Une femme va consulter un voyant. Elle est enceinte d'une fille à cause *des décisions futures que l'Esprit savait qu'elle prendrait.* Plusieurs importantes décisions spirituelles potentielles résultent de la synchronie qu'elle est sur le point de créer. Elle entre dans la pièce où se trouve le voyant avec les mots « c'est un garçon » qui semblent « clignoter » sur son front. Le voyant perçoit la situation ainsi puisqu'il voit encore la vieille énergie qui existait avant que la femme enceinte prenne la décision de changer.

Mon partenaire (Lee) est venu en ce monde avec un seul rein et une prédisposition au mal de mer. Il a tenté d'entrer dans la marine, mais il n'a pas réussi. [Commentaire de Lee : j'ai été très vite rejeté!] Cette prédisposition avait été créée à cause de la forte potentialité qu'il accomplisse le travail spirituel qu'il fait maintenant. S'il était entré dans la marine, il y avait la forte possibilité qu'il se retrouve sur un patrouilleur au Viêt Nam. Nous ne l'avons encore jamais dit, mais cette piste de vie comportait la potentialité qu'il ne revienne pas. Vous comprenez ? Avant même qu'il prenne la décision de travailler avec Kryeon, son corps était préparé pour les potentialités que nous voyons. Ses attributs innés l'ont empêché de réaliser son vieux désir karmique de servir dans la marine, ce qui lui a sauvé la vie afin qu'il puisse faire ce qu'il fait maintenant.

Remarquez que la forte potentialité s'est réalisée dans les deux cas. Lee a effectivement commencé à travailler avec Kryeon plus tard au cours de sa vie et toi Martine, tu as fait le choix de transmettre ces paroles à des milliers de lecteurs. Il était nécessaire que tu ais une fille plutôt qu'un garçon pour entrer dans une nouvelle énergie, et cela a donc eu l'air d'une simple permutation dans la tridimensionnalité.

À vous chers lecteurs, nous ne nous attendons pas à ce que vous compreniez ce paradoxe temporel, mais nous essayerons toujours de vous familiariser avec le fait que votre libre arbitre devant les potentialités constitue le secret de la cocréation immédiate. De plus, est-ce que vous vous rendez compte de tout l'amour que cela implique? Dieu se préoccupe de vous tous.

La troisième

> *Il y a environ deux ans, je me trouvais dans ma voiture avec ma mère et ma fille. En arrivant à un feu de circulation, j'ai ralenti un peu, mais, quand j'ai vu que le feu était vert, j'ai accéléré. Je ne voyais pas la voiture qui s'en venait dans l'autre sens, car des arbres m'en empêchaient, mais j'ai présumé qu'elle s'arrêterait au feu rouge. Comme j'allais traverser l'intersection, je me suis aperçue qu'elle ne s'arrêtait pas et j'ai alors eu une expérience bizarre. Je me suis vue avoir un accident, j'ai aperçu le visage surpris du chauffeur qui me regardait, j'ai même entendu le fracas du métal des deux voitures se heurtant, puis, tout à coup, j'ai entendu le bruit des freins tandis que l'autre voiture passait à toute vitesse devant la mienne. J'ai alors regardé ma mère, qui se demandait autant que moi comment nous avions échappé à l'accident.*
>
> *Était-ce le fruit de mon imagination ou bien deux potentialités se sont-elles croisées? Si c'est le cas, quel fut le facteur décisif? S'agissait-il là d'un résidu karmique?*

Ce n'était pas le fruit de ton imagination! Kryeon n'a-t-il pas expliqué lors de messages précédents que vos prédispositions karmiques disparaissent quand vous commencez à contrôler votre destinée ? Lorsque vous le faites, vous pouvez continuer évidemment d'habiter la même ville et de conduire la même voiture qu'avant votre réorientation, mais ces « collisions évitées de justesse » représentent ce qui aurait pu se produire si vous n'étiez pas sortie du chemin auquel vous étiez prédisposée. Alors oui Martine, ton intuition est juste : c'est bien une vieille potentialité qui est passée sous tes yeux.

Au cours de plusieurs messages canalisés, j'ai souvent mentionné ce qui suit : *heureux sont les humains qui se rendent compte qu'ils n'ont pas besoin de suivre leurs prédispositions karmiques car ils passeront souvent devant leur propre mort en s'acheminant vers une vie longue et heureuse.*

Chers lecteurs, quand vous prenez en charge votre destin au lieu de suivre simplement la voie qui vous a été donnée, vous vous changez, vous changez la direction de votre vie et vous changez le moment de votre mort.

Les années 2008 et 2009

2008, une année électorale

– *En 2008, plusieurs pays changeront de gouvernement. Cela semble en accord avec le fait que cette année marque un nouveau commencement. Mais, en même temps, on dirait que la « vieille garde » ou la vieille énergie ne veut pas lâcher prise. Il y a un proverbe qui dit que « les dictateurs n'abandonnent jamais le pouvoir ». Il semble s'appliquer aujourd'hui. Nous n'avons qu'à regarder Poutine (en Russie), Chavez (au Venezuela) ou Musharraf (au Pakistan), qui s'efforcent de faire passer des lois qui leur permettront de garder le pouvoir. Ce ne sont là que des exemples.*

Mais ce qui m'intéresse le plus aujourd'hui, ce sont les rumeurs persistantes voulant que le président Bush trouve un moyen d'annuler l'élection de novembre 2008 afin de rester au pouvoir, soit en envahissant un autre pays, comme l'Iran, ou en provoquant une attaque terroriste. Je ne pose pas la question dans le but de semer l'inquiétude chez le lecteur, mais je désire seulement connaître votre opinion sur une réelle possibilité qui aurait, si elle se réalisait, d'énormes conséquences. Le moins que l'on puisse dire, c'est qu'il s'agirait d'un précédent historique.

Quand je suis allé aux Nations unies, j'ai déclaré que le dernier effort de la vieille énergie se manifesterait chez ceux qui ont le pouvoir car ils feront tout pour le conserver. J'ai également affirmé que la nouvelle énergie ferait lentement disparaître le leadership macho qui existe depuis toujours sur la planète. Le pouvoir deviendra beaucoup plus féminin (bienveillant), et le public en rendra compte par ses choix électoraux. En 2012, il se produira un phénomène astronomique, un autre transit de Vénus. Demandez à vos astrologues ce que signifie ce transit et vous en saurez alors davantage [humour de Kryeon].

Chez les nations gouvernées par des dictateurs, des colombes finiront par remplacer des dirigeants impropres. Il existe une telle potentialité sous vos yeux actuellement et elle se sera peut-être réalisée au moment de la parution de ce livre.

Pour répondre à ta question concernant l'élection américaine de 2008 : elle ne sera pas annulée. La potentialité qui existe est celle d'un événement encore plus remarquable*. Les citoyens des États-Unis vont adhérer à leur Constitution, même s'il faut relever la garde en plein milieu d'un conflit. Ce ne sera pas la première fois. Il y aura controverse, mais les habitants de ce pays respecteront les lois qu'ils ont créées. Vous l'avez bien vu en 2000.

– *Autre chose sur 2008?*

Célébrez le 08/08/2008 car il représente une anomalie numérologique inhabituelle. Le chiffre 8 symbolise l'abondance et la structure. C'est donc une excellente année pour structurer vos institutions finan-

---

* NdÉ : Après consultation avec Lee Carroll / Kryeon au sujet des Primaires américaines, Barack Obama serait le premier homme politique avec une énergie indigo à se rendre aussi près de la présidence.

cières (comme les impôts ou les assurances), et peut-être même que certaines choses se restructureront automatiquement. Il ne s'agit pas de vous effrayer, mais c'est simplement là votre réalité. Il est temps que les attributs monétaires se rééquilibrent, comme ils le font maintenant depuis plusieurs mois dans votre pays (le Canada). Attendez-vous à un réajustement des valeurs de l'humanité.

Si l'on additionne tous les chiffres, 8 + 8 + 2 + 8, on obtient 26, ce qui donne encore un 8. C'est aussi quelque chose qui ne se reproduira pas avant très longtemps. La prochaine date significative sera le 09/09/2009. Elle représente le 9/11, dont nous vous avons parlé en 1989.

L'année 2009 : la Grande Transformation

– *D'après toutes les informations que j'ai recueillies au cours des années, cette transformation est très atypique. La planète semble certainement se transformer. Elle est secouée de toutes parts et nous aussi... sans doute parce qu'elle se transforme avec nous à son bord. Au cours d'un récent channeling, vous avez affirmé que notre corps était « prêt ». Permettez-moi de vous dire en toute franchise, cher Kryeon, que nos corps semblent plutôt tomber en morceaux... Nous avons tous divers symptômes physiques, tels que des migraines, de la fièvre, une perte de concentration, un état dépressif et toutes sortes de troubles du sommeil, comme celui de s'éveiller inexplicablement à toute heure de la nuit, etc. Je sais que ça fait partie du jeu, mais il est parfois difficile de distinguer les problèmes physiques et les symptômes spirituels. Le moins que l'on puisse dire, c'est que c'est plutôt intense...*

Je vous demande donc, Kryeon, de quelle façon notre corps est-il prêt, selon vous? Les symptômes spirituels vont-ils continuer jusqu'à 2012 ou vont-ils disparaître progressivement d'ici là?

Pour certains (dont moi-même), la plupart de ces symptômes se situent au-dessus des épaules, au niveau des yeux, des oreilles et de la mâchoire... Est-ce là un schème spécifique?

N'oubliez pas que vous êtes née dans une vieille énergie. Vous désirez maintenant prendre votre corps du NOUVEL ÂGE, qui flotte dans la vieille soupe, et le rendre merveilleux. Eh bien, cela va prendre encore un certain temps. Vous subissez presque tous actuellement les attributs de la transformation. Alors que l'énergie de Gaïa commence à élever sa vibration, votre corps réagit. Il ne peut plus demeurer dans la vieille énergie et il ne peut pas encore entrer dans la nouvelle. Alors, pendant la transformation, cela fait mal!

Nous vous avons dit qu'une transformation majeure s'est produite de cette même façon entre les derniers mois de 2007 et les premiers mois de 2008 (voir « Channeling » plus bas). Les attributs spirituels ont été retirés pour un temps, puis ont été remplacés par de nouveaux outils. C'est le changement dont nous vous avons parlé en 2000, lorsque mon partenaire, sur une scène de Jérusalem, a déclaré à son auditoire de langue hébraïque qu'il ne se produirait vraiment pas grand-chose spirituellement sur la planète avant 2008. Il a dit qu'Israël ne connaîtrait pas la paix avant cette date et que l'on ne commencerait à y travailler qu'à ce moment-là. Maintenant, vous y êtes.

Les symptômes spirituels apparaissent souvent dans la tête. Les bourdonnements d'oreilles en sont, puisque vous avez mentionné les oreilles. Les problèmes de la structure osseuse sont également prédominants. Tout cela n'est toutefois qu'une question d'énergie (même si vous êtes convaincue que c'est lié au vieillissement). Cela persistera au-delà de 2012. Utilisez donc des énergies qui vous aideront dans ce processus de croissance. Il en existe plusieurs, à la fois ésotériques et chimiques. De nouveaux médicaments proviendront de la jungle.

Suivre le sentier de la Grande Transformation d'un point de vue numérologique

– *Vu l'importance de l'année 2009, j'aimerais donner à mes lecteurs une piste numérologique jusqu'à 2012. Je pense que cela aiderait à mettre en perspective sur le plan énergétique les possibilités de changement et de transformation que comporte chaque année jusqu'à 2012. Je crois que cela nous aiderait à mieux nous préparer à « traverser » les années qui restent.*

J'aimerais partir de 2007 et aller jusqu'à 2012. Et leur en dire juste assez pour qu'ils comprennent la valeur numérologique de chaque année et son énergie.

La transition 2007-2008

2007 (9) : l'année de l'achèvement

– *J'ai remarqué que la communication semblait « gelée », particulièrement dans les derniers mois de cette année d'achèvement. Il ne se passait rien. Certains aspects physiques valent aussi la peine d'être mentionnés, comme de sérieux troubles du sommeil. En étions-nous à un stade que j'appellerais « le corridor », entre une porte que nous avions fermée et une autre que nous n'avions pas encore ouverte ? Avions-nous atteint un nouveau « point zéro » ?*

Surveillez les combinaisons du 9 et du 1, comme dans 2007-2008 ou 2016-2017. Cette dernière surviendra évidemment dans huit ans. Un autre huit! Mais parlons de celle qui vient juste de passer.

Même si vous vous trouvez dans la dernière partie de 2008, il y avait dans cette transition quelque chose de remarquable qu'il vaut la peine de mentionner aujourd'hui. La transition 2007-2008 fut la première du nouveau millénaire à comporter cet aspect numérique. En additionnant les chiffres de chacune de ces années, on obtient un 9 et un 1. Cette combinaison se produit au cours de chaque décennie, mais celle-ci est la première du millénaire. Elle est la première à l'intérieur de la génération de la transition de 2012! Il aurait fallu la souligner d'un gros trait. Vous auriez dû la regarder très attentivement en disant : « Qu'est-ce qui arrive lorsque l'on passe de 2007, qui est un 9, à 2008, qui est un 1 ? » Le chiffre 9 symbolise « l'achèvement » et le chiffre 1 symbolise « un nouveau commencement». Cela ne veut-il pas dire quelque chose de particulier? Considérez maintenant la signification numérologique du chiffre représentant la différence entre cette année « d'achèvement », 2007, et l'année 2012. Entre 2007 et 2012 il y a cinq ans. Et que signifie le chiffre 5? Le changement! Quelle est la valeur numérologique de 2012? Cinq aussi. Réfléchissez: changement/changement. Mais dites-moi: si vous croyez à l'énergie, pensez-vous que cette séquence d'événements vous révèle quelque chose de particulier? Très chers, je viens de vous fournir le scénario de la réflexion que je désirais vous voir effectuer à cause de ce que vous avez traversé en 2007, particulièrement au cours des derniers mois et au début de 2008.

Je vais maintenant vous expliquer quelque chose que mon partenaire a beaucoup de difficulté à concevoir car ce n'est pas linéaire. L'année 2007 fut une fin, un achèvement. Les chiffres le disent clairement. Voici ce qu'elle est réellement: *la reconfiguration d'une plateforme énergétique qui vous permet de passer à la plateforme toute neuve d'un nouveau commencement. Il ne s'agit pas d'une simple amélioration, d'un simple ajout à une vieille énergie. Cela est linéaire. Vous vous attendez à un changement linéaire; vous vous attendez toujours à ce que tout se produise sur un mode linéaire. Si vous faites de l'exercice, vous vous attendez à ce que vos muscles se développent de plus en plus. Vous appliquez la même logique à l'énergie en général, mais celle qui vient de l'Esprit ne fonctionne pas ainsi.*

L'énergie que nous vous donnons est de nature interdimensionnelle et spirituelle. Elle n'est pas linéaire. En 2007, il s'est passé quelque chose que vous devez absolument savoir. Au cours des quatre derniers mois de l'année, l'énergie dont vous dépendiez et qui, vous pensiez, serait toujours présente ne l'était plus. Ce qui aurait dû se produire très clairement n'a pas eu lieu!

Apparemment, ce fut le début d'un effondrement plutôt que d'une amélioration. Plusieurs d'entre vous ont connu des difficultés dans leur vie quotidienne. Certains ont même perdu contact avec l'Esprit! D'autres se sont demandé ce qui s'était passé et ce qui s'ensuivrait, et pourquoi ils ne récoltaient pas le fruit de leurs efforts. Voici donc ce qui s'est produit: une simple réinitialisation de tous les dons et de tous les outils sur lesquels vous comptiez. Revenus à zéro, ils se sont reconfigurés, pour réapparaître avec un potentiel renouvelé au milieu de janvier 2008.

Vous avez donc traversé une période difficile de septembre 2007 à la mi-janvier 2008. Cette reconfiguration n'est pas linéaire. Il vous semble absurde que l'énergie doive disparaître afin de pouvoir revenir, mais il en est ainsi dans une réalité que vous ne connaissez pas sur la Terre. Certains parmi vous ont connu beaucoup de difficultés dans la dernière partie de 2007. Je sais qui lit ces lignes. Oh! chers êtres humains, ne vous blâmez pas de ce qui est arrivé ou de ce qui n'est pas arrivé. Ne vous en blâmez surtout pas! Les humains ont tendance à se blâmer, et cela reflète un rapport tridimensionnel « de cause à effet ». Ils ont exagérément tendance à se blâmer quand, sur le plan spirituel, les choses ne se passent pas comme ils pensent qu'elles le devraient. Vous avez l'habitude d'être responsables, mais, à ce stade, vous ne l'étiez pas!

Je vais vous en fournir deux exemples qui vous déplairont peut-être. Vous ne vous attendiez pas à ce que je parle de ces deux personnes dans le cadre de cette leçon, un homme et une femme que deux millénaires séparent.

Pensez un instant au Juif nommé Jésus. Il est cloué à la croix, crucifié, et apparemment agonisant. L'histoire a dit, incorrectement d'ailleurs, qu'il avait crié : « Mon Dieu, pourquoi m'as-Tu abandonné? » En réalité, ce n'est pas ce qu'il a dit. Il plutôt dit ceci : « Où es-Tu parti? » Ce grand maître a senti un retrait. Il a senti que tous les guides, toutes les entités sur lesquels il comptait étaient disparus. Toute sagesse s'était absentée de son corps. Il s'est senti envahi par l'obscurité. Celle-ci a traversé la bulle de sécurité sur laquelle le Maître de sagesse et d'amour qu'il était, avait compté durant toute sa vie et il a crié à l'aide. Cela fut consigné, transcrit, et vous fut laissé. C'est de l'histoire.

Maintenant, vous êtes-vous jamais demandé comment quelqu'un si près de Dieu a pu vivre une telle expérience? Juste au moment où il avait le plus grand besoin de son entourage, celui-ci a disparu! Voici ce qui s'est passé : il a vécu un changement énergétique non linéaire. Il a été remis à zéro pour un instant, un seul instant, afin de pouvoir vivre l'ascension. Tout est ensuite revenu. Ce qui s'est produit après n'a pas été consigné. Vous ne saviez pas ce qui s'était passé ensuite. Vous ne l'avez pas entendu dire « ahhhhhh ! » car ce ne fut pas consigné. Vous comprenez ? L'amour de Dieu l'a envahi, plus puissamment qu'auparavant. C'est ainsi que cela fonctionne. Pendant un instant, l'humain qu'il était s'est blâmé. Pendant un seul instant, il a remis sa foi en question.

Je vais vous parler maintenant d'une femme qui a vécu toute sa vie dans la compassion. Plus elle vieillissait, plus elle devenait compatissante. Elle a vécu à votre époque et elle s'appelait Mère Teresa. Savez-vous que cette femme est morte dans la détresse ? Vous vous demandez sans doute pourquoi une femme qui était si près de Dieu est morte ainsi. Avec tout ce qu'elle avait accompli et toute la vénération dont elle faisait l'objet – on la considérait comme une sainte – , pourquoi serait-elle morte dans la détresse ? C'est parce qu'elle était un être humain linéaire qui ne comprenait pas le changement d'énergie qu'elle subissait.

Des années avant sa mort, quelque part sur sa route, son énergie a changé. Elle l'avait mérité. Son énergie est revenue à zéro pour un moment. Son ancienne fréquence avait disparu et il lui fallait changer sa façon de faire afin de trouver sa nouvelle fréquence et de vivre dans la joie, avec plus de pouvoir et de compassion que jamais. Mais elle n'a pas compris ce qui lui arrivait et elle s'est cru abandonnée. Elle avait perdu sa connexion.

Pourquoi Dieu agirait-Il ainsi ? Pourquoi s'absenterait-Il d'une sainte de la compassion ? En vérité, Il ne s'en est jamais absenté ! Elle a tout simplement mal interprété son changement d'énergie. C'est la même chose qui se produit actuellement d'une façon plus générale. L'énergie s'en va doucement afin de pouvoir revenir plus forte et avec de nouveaux attributs. Cette belle femme compatissante n'a pas compris qu'elle devait s'harmoniser avec sa nouvelle fréquence, changer littéralement sa façon de méditer, sa manière d'entrer en contact avec l'Esprit. Il lui fallait abandonner le protocole qu'on lui avait appris et parler au maître directement. Mais elle a continué à observer son enseignement et donc rien n'est arrivé. La formation qu'elle avait reçue dans la vieille énergie l'enfermait dans la prison du protocole, et elle est morte dans la détresse. Bien sûr, elle n'a jamais perdu sa compassion. Elle a conservé ce magnifique don jusqu'à la fin.

Ne vous blâmez pas pour ce qui s'est produit dans les derniers mois de 2007, car c'était une période éprouvante. Pendant un changement d'énergie, *ne changez pas de direction. N'accomplissez aucune action impulsive en réaction aux événements ou à ce que vous ressentez.* Il s'agit d'une période particulièrement difficile pour les travailleurs de la Lumière. Vous pensez avoir perdu le contact, mais continuez quand même, en sachant que l'énergie changera de nouveau. Certains en sont plus affectés que d'autres. Certains sont restés centrés et n'ont presque rien senti. D'autres ont été bouleversés! Ils n'ont pas compris ce qui s'était passé, mais maintenant vous le savez. Je sais qui lit ces lignes. Ne vous blâmez pas!

Voici maintenant les bonnes nouvelles. L'année 2008, ou ce qui en reste vous fournit un nouvel ensemble d'outils. Ceux qui savent cocréer auront encore plus de facilité à le faire qu'auparavant. Certaines choses que vous attendiez, des messages, l'abondance de la synchronie, sont enfin réalisables. Ce message est intemporel en ce qui concerne le mode de fonctionnement de l'Esprit lors d'une élévation d'énergie à une époque importante. C'est particulièrement vrai dans la première partie d'un changement de millénaire, et spécialement pour vous qui vous dirigez vers 2012. De nouveaux dons cocréateurs vous appartiennent.

La cocréation requiert la synchronie, laquelle exige que vous alliez où il faut et que vous fassiez ce qu'il faut afin de rencontrer ceux qui créeront cette synchronie avec vous et pour vous. Dieu ne va pas faire soudainement un miracle pour vous pendant que vous priez!

2008 : (1) l'année d'un nouveau commencement.

– *Au cours de votre channeling portant sur cette année-là, vous avez affirmé qu'elle ne fournissait pas « une impulsion nouvelle à une vieille énergie », mais qu'elle transfigurait plutôt notre plateforme. Pouvez-vous élaborer?*

La Nouvelle Énergie

Il y a plusieurs années, alors que mon partenaire se trouvait sur une scène en Israël, je lui donnais de l'information, qui était traduite en hébreu et en arabe pour l'assistance. Plusieurs avaient demandé avec insistance quand surviendrait un changement. J'ai alors fourni à mon partenaire une information qu'il a transmise clairement à l'assistance: il n'y aura pas de changement avant 2008 pour Israël ni pour l'humanité en général. Certains parmi vous vont finalement comprendre pourquoi il en fut ainsi et pourquoi ce fut dit il y a si longtemps. La potentialité était toujours présente. La transition du 9 au 1 était toujours présente. Nous vous avons prédit cela en vous fournissant des indices des potentialités existantes et certains ont compris, mais d'autres, non. Vous voici maintenant en plein dedans. Il y a de nouveaux outils. Il y a des améliorations, et la beauté de ce message réside dans le fait qu'il ne s'adresse pas uniquement aux travailleurs de la Lumière. Si vous avez remarqué, la Terre se transforme.

La compréhension du Chaos

Premier point. Plusieurs parmi vous vont bientôt comprendre le sens du chaos. C'est-à-dire que le mode de travail de l'Esprit avec les humains de cette planète, qui semblait chaotique, aléatoire, va maintenant acquérir un sens. Les réponses vous viendront au moment voulu. Il s'agit vraiment d'un changement de la pensée dimensionnelle. Votre esprit saisira la situation d'une façon non tridimensionnelle. Cela veut dire que vous vous sentirez beaucoup mieux dans votre peau. Même ceux qui se disent travailleurs de la Lumière ou chercheurs métaphysiques commenceront à percevoir l'ensemble. Vous verrez les potentialités et vous découvrirez que le chaos n'est pas le chaos.

Il s'agit là d'un cadeau car jusqu'ici, il vous était très difficile, dans un état tridimensionnel, de comprendre les réponses qui vous parvenaient. Heureux les humains qui ont suivi cet apprentissage durant toutes ces années avec autant de foi! Mon partenaire vous a donné une phrase: *la tridimensionnalité crie et la foi chuchote.* Ce qu'il voulait dire par là, c'est que votre réalité, celle que vous êtes habitués d'expérimenter, celle où vous avez tout appris, celle qui est tout ce que vous êtes, fait énormément de bruit pour attirer votre attention. Mais l'Esprit, l'apparent chaos de l'espace interdimensionnel de la non-compréhension, chuchote. Et ce qui se produit dans la tridimensionnalité l'emporte toujours, étouffant la petite voix qui chuchote: « Écoutez l'amour de Dieu. » Notre message est donc le suivant, très chers: le cri de la tridimensionnalité va bientôt s'atténuer. Les concepts seront de plus en plus égaux et vous n'aurez plus autant de difficulté dans la transition. Voilà pour le premier point.

L'estime de soi des travailleurs de la Lumière

Le deuxième point parle d'une chose à laquelle vous ne vous attendiez pas et que vous ne saviez probablement même pas. Voici un axiome: Ce sont les travailleurs de la Lumière qui ont la plus faible estime de soi sur cette planète. Le saviez-vous? En particulier, les guérisseurs! Vous ne vous en doutiez sans doute pas, puisque ce sont eux qui sont en contact avec l'Esprit. Ce sont eux qui possèdent les dons. Mais souvent, ils baignent dans une énergie qui ne les soutient pas, et quand un être humain baigne constamment dans une telle énergie, il n'est pas à l'aise. La tridimensionnalité de sa personnalité s'en trouve affectée, dont l'estime de soi.

Comme nous vous l'avons déjà dit, nous savons qui vous êtes. Vous pouvez marcher la tête haute, mais nous savons aussi ce que vous faites quand vous êtes seuls. Nous savons ce que vous pensez quand vous êtes seuls. Nous avons entendu vos cris: « Pourquoi moi? Est-ce que ça va finir par s'arranger? Est-ce que ma famille comprendra? Est-ce que mon partenaire comprendra?» Voici ce qui va se passer dans la nouvelle énergie, car elle émerge enfin. Elle exercera un immense effet de compensation. Très chers, c'est un peu lent et cela ne se produira pas du jour au lendemain, mais en voici le début. C'est ce que vous attendiez, chers travailleurs de la Lumière. Votre estime de soi va augmenter à la mesure de votre magnificence car vous ne serez plus dans une énergie contraire, mais dans une énergie qui vous soutiendra.

Lentement, vous serez nombreux à la ressentir alors que votre objectif deviendra le même que celui de Gaïa: la paix potentielle sur la Terre. Cette énergie finira par se manifester partout, mais ce sont les travailleurs de la Lumière et les guérisseurs qui la sentiront en premier. Je vous exhorte à célébrer, à élever quelque part un monument à l'énergie en transformation! Ce sera un peu contraire aux habitudes des humains, qui n'élèvent des monuments que pour commémorer les événements malheureux. Peut-être est-il temps de transformer cette conscience. Pourquoi ne pas construire un monument pour célébrer ce que vous avez accompli? Faites au moins exploser un ballon quelque part! [Rire.] Oh! chers travailleurs de la Lumière, comprenez-vous bien ce que je veux dire? Vous êtes devenus adultes. L'année 2008 est un 1, et c'est un nouveau début. Vous allez bientôt recevoir le soutien que vous avez toujours cherché et désiré.

Une vue d'ensemble

Troisième point. Vous aurez bientôt une vue d'ensemble et il en est à peu près temps. Comprenez bien ceci: l'étude et le cheminement spirituels dans la vieille énergie s'effectuaient dans l'obscurité. Il ne se passait rien tant que vous n'aviez pas atteint le point où vous aviez besoin d'aide. C'est alors qu'apparaissait la solution. C'est la carte dont il est question dans la fable intitulée *Le retour*, canalisée par mon partenaire il y a plusieurs années. Cette «carte» va maintenant changer. La vue d'ensemble vous permet maintenant de voir plus loin que le problème. Elle vous place dans une situation moins linéaire, c'est-à-dire que vous êtes moins contraints par la temporalité qui va du passé vers l'avenir. Vous verrez plus facilement *dans le maintenant* car le maintenant est une énergie qui ne respecte pas la linéarité du temps. Les solutions qui vous viendront à l'avenir seront davantage attendues. Elles auront davantage de sens pour vous qu'auparavant puisque vous aurez désormais une vue d'ensemble. Ces idées que je vous livre maintenant sont nouvelles, et certains d'entre vous devront peut-être lire ces lignes plus d'une fois pour bien les saisir. En résumé, le travailleur de la Lumière se sentira mieux avec lui-même et dans sa relation au temps.

La guérison parallèle deviendra plus populaire

Quatrième point. Chers guérisseurs, ne vous inquiétez pas car vos dons vont s'accroître. Bien sûr, cela pourra prendre un certain temps, mais je vous dis que les aspects de votre travail qui sont les plus étranges pour ceux qui n'y croient, pas deviendront plus communs. La science se développera par suite du travail énergétique. Vous aurez des patients inattendus car votre travail est efficace ! Quand cela commencera à se produire, vous pourrez dire que vous en êtes témoins ! Et, à ce moment-là, s'il vous plaît, faites exploser un ballon ! [Rire.] Célébrez l'événement. Très chers, sachez que quand vous célébrez quelque chose, vous reconnaissez devant l'Esprit que cette chose s'est produite. C'est comme si vous reconnaissiez les choses que vous n'attendiez pas, même si vous saviez qu'elles étaient là. C'est cela, devenir interdimensionnel. La foi devient réalité et la guérison est alors plus facile.

Pourquoi cela sera-t-il plus facile? Parce que la nouvelle énergie vous enveloppe. Parce que la grille magnétique a été positionnée précisément dans ce but en 2002 et que maintenant cette énergie vous appartient. « Oh! Kryeon », me diriez-vous alors, « quand donc cela commencera-t-il? » Je vous dis aujourd'hui que cela commence maintenant, mais que vous ne verrez pas toutes ces choses en même temps. Vous les verrez à mesure que vous y travaillerez. Aucun être humain ne peut voir les miracles divins lui tomber du ciel s'il se contente de les attendre passivement. Le travailleur de la Lumière devra se lever debout et ouvrir les portes. Il devra trouver la synchronie qui fait fonctionner le système et s'approprier la nouvelle énergie qui l'entoure.

La connexion au Soi supérieur

Cinquième point. Il sera plus facile de se connecter au Soi supérieur. Ce n'est pas trop tôt! Plusieurs anges célèbrent ce moment par un chant magnifique. J'aimerais tellement que vous les entendiez! Ils forment un chœur incroyable. Les voix interdimensionnelles produisent des sons imperceptibles à l'oreille humaine, avec une lumière correspondante, d'une fréquence trop haute pour être mesurable. Ces sons sont si élevés qu'ils se fondent dans les couleurs de cette lumière. Si seulement vous pouviez entendre ce chant! Écoutez... Écoutez les paroles... C'est votre nom que l'on entend, votre nom angélique, celui qui vous appartient de toute éternité et qui n'est pas votre nom humain. Ce qu'ils célèbrent, chers êtres humains, c'est ce que vous avez réalisé, l'avènement d'un âge qui ne fut prédit par aucun prophète. Le voilà, et tant de signes le prouvent!

Et où est donc l'Harmagedôn que vous attendiez? Où sont donc les tribulations annoncées par tous les prophètes? Où est toute cette négativité? Bien sûr, il y aura des difficultés, car il y en a toujours. Je vais vous en énumérer quelques-unes dans un instant. Mais vous vous êtes hissés hors d'une vieille énergie dans laquelle vous avez baigné pendant des millénaires et vous avez installé sur cette planète une autre énergie que personne n'attendait. La lumière que vous avez créée l'a été par moins de la moitié de un pour cent de la race humaine. Elle est d'une telle puissance! Si, en écoutant ce message, vous n'avez aucune idée de ce qui se passe, sachez qu'il ne s'agit pas d'un message élitiste. Il n'est pas destiné uniquement aux amateurs d'ésotérisme. Je ne porte ici aucun jugement sur vous et je sais aussi qui vous êtes. Vous êtes autant aimés que n'importe quel autre membre de la famille. Pourquoi ne prêtez-vous pas davantage attention? Vous verrez bien si cela vous convient ou non. Rien ne vous y oblige car vous disposez du libre arbitre, mais il se produit actuellement quelque chose de très beau sur cette planète et c'est de cela que je vous parle aujourd'hui.

La relation avec Dieu

Sixième point. Vous serez plus à l'aise que jamais dans votre rôle de travailleur de la lumière. La relation avec l'Esprit vous semblera fraternelle, sororale. Il n'y aura plus Dieu d'un côté et l'être humain de l'autre, si vous le voulez bien. Pour cela, il vous faudra commencer à canaliser. Êtes-vous prêts à le faire? Pas nécessairement à haute voix, bien sûr. Comme je vous l'ai déjà indiqué, ce peut être le channeling de votre Soi supérieur, uniquement pour vous. N'ayez pas peur du procédé. Mon partenaire l'appelle « channeling de soi à soi ». N'ayez pas peur d'intégrer l'amour de Dieu dans votre vie. N'ayez pas peur d'effectuer une transition. Tout le monde a peur du changement, mais si c'était là une solution à vos problèmes? Vous êtes d'accord? Pensez à un changement positif global.

Les difficultés de ce nouveau commencement

Je vais maintenant énumérer certaines choses qui viendront avec les autres et qui sont peut-être difficiles à leur façon, dont la proclamation d'un attribut de la nouvelle énergie qui changera même la vie de mon partenaire.

Trop de lumière

Votre lumière ne peut plus se dissimuler et on la verra bientôt. Juste au moment où vous vous pensiez en sécurité! [Rire.] Vous êtes restés en marge longtemps, n'est-ce pas? Ce n'est plus possible. Les humains sauront bientôt ce que vous faites. Souvenez-vous alors que nous vous l'avions dit. Nous vous avons parlé de la lutte entre l'obscurité et la lumière. Nous vous avons dit que certains n'accepteraient pas ce que vous possédez. Soyez vigilants car ils seront de plus en plus nombreux autour de vous à ne pas accepter ce que vous avez. C'est inévitable.

On ne peut passer inaperçu quand on possède un pouvoir spirituel et une lumière qui changent la vie des autres. Malgré votre silence et votre humilité, vous êtes remplis de l'Esprit et de l'amour de Dieu, et les gens le remarqueront. Vous serez forcés de l'expliquer un petit peu plus que maintenant. « Mais, Kryeon, que vais-je faire ? Que vais-je dire ? Dois-je leur dire que je suis un travailler de la Lumière ? » Non. Pourquoi ne pas leur dire que vous êtes tombé amoureux de Dieu ? Pourquoi ne pas leur dire que vous vous voyez différemment et que vous êtes bien dans votre peau ? Pourquoi ne pas leur dire que ni leur vie ni leur Église n'en sont menacées, et que cela se passe simplement entre vous et vous. Qu'ils voient Dieu en vous et qu'ils n'aient pas peur.

La peur vis-à-vis du travailleur de la Lumière

Ceci est lié à ce qui précède. Plusieurs auront peur de toute façon. C'est un effet de la lumière. Sur cette planète ayant baigné dans une énergie obscure pendant des millénaires et recevant soudain une lumière qu'elle n'a jamais eue, plusieurs auront peur. Quand on est habitué à l'obscurité et que l'on voit soudain la lumière, on se couvre les yeux et on se demande ce que c'est. Ceux qui se complaisent dans l'obscurité, qui aiment les drames qui occupent leur vie et qui se plaisent à être des victimes s'éloigneront de vous à coup sûr !

Vous représentez quelque chose qu'ils ne comprennent pas, et l'ironie de la chose, c'est que votre lumière pourrait guérir leur vie, faire cesser leurs drames et les élever. Mais ils auront peur de vous toucher. Ils auront peur que votre lumière les brûle. Vous êtes puissants ! Quand cela se produira, même si vous vous y attendez, vous ne comprendrez pas. Vous vous direz : « Pourquoi est-ce qu'ils ne m'aiment pas ? Pourquoi soudain ce ressentiment ou cette trahison ? Je ne fais que porter la lumière ! » C'est la peur. La peur de la lumière et de ce qu'elle représente dans un monde obscur. En serez-vous affectés ? Évidemment.

Donc, attendez-vous à cela et sachez ce qu'il y a à faire. Vous serez préparés. Quand ils se manifesteront, aimez-les, tout simplement. Très chers, on ne peut guérir le monde s'il ne le veut pas. Vous ne pouvez que faire briller votre lumière. Ceux qui la voient sont libres autant que vous. Ils peuvent l'accepter ou s'en éloigner. Ne jugez pas ceux qui ne sont pas prêts à la découvrir. Dieu les aime autant que vous. Ils ont leur propre chemin à parcourir, leurs propres leçons à apprendre.

Message pour Lee Carroll

Ce qui suit est un message pour mon partenaire [Lee], mais je le lui livre devant vous tous, car il est trop important. Si je ne le lui donnais pas en public, il pourrait avoir envie de le garder pour lui.

Pendant des années, je lui ai fait une importante recommandation au sujet des médias. Je lui ai souvent répété qu'il était inapproprié de canaliser dans les médias, particulièrement les réseaux de radiodiffusion ou de télédiffusion. Je parle ici des réseaux gratuits, auxquels on peut accéder librement à n'importe quel moment. On choisit un poste ou une fréquence et l'on tombe sur Kryeon en train de parler!

C'est inapproprié et il n'a donc pas la permission de mettre en ondes un *channeling* enregistré complet. Peut-être qu'un jour il pourra le faire, mais pas en ce moment. Cependant, il a maintenant la permission de faire *deux choses* qu'il n'a jamais faites auparavant. La première: il peut mettre en ondes des extraits de *channeling* choisis par lui. La seconde: il peut accorder des interviews à une seule personne, et Kryeon répondra aux questions de l'interviewer. Mais il n'aimera pas cela car il n'est pas prédicateur. C'est toutefois en accord avec la nouvelle énergie, cher partenaire. Le grand public est maintenant prêt à accepter ou à rejeter nos messages. Plusieurs le considéreront comme un clown, mais c'est l'amour de Dieu qui l'a placé dans cette situation et c'est l'amour de Dieu qui lui permettra de la traverser.

Le simulacre

Il sera de plus en plus difficile de feindre le processus du *channeling* car de plus en plus de gens des deux sexes verront les lumières et sauront donc si c'est réel ou non. Plusieurs faux *channels* seront ainsi démasqués car on s'apercevra qu'ils se livrent à cette activité spirituelle sans aucune énergie sacrée. Préparez-vous à ce que ceux qui le font dans le but d'acquérir du pouvoir ou de la notoriété soient vus tels qu'ils sont par les deux côtés, c'est-à-dire par les travailleurs de la Lumière et par les autres.

Recherchez l'intégrité de l'amour de Dieu dans chaque parole. Cet amour de Dieu pour l'humanité abolit toute compétition et accepte sans porter de jugement chaque être humain qui écoute. C'est le Dieu que vous connaissez. C'est Celui dont vous êtes amoureux. C'est Celui qui se prosterne aujourd'hui à vos pieds.

L'énergie de l'Esprit n'est pas enfermée dans une doctrine. Certains, en entendant cela, diront : « Seul le diable peut parler ainsi. » D'autres diront : « C'est l'amour de Dieu. » C'est la conscience entre ces deux positions qui représente le libre choix de l'être humain. Il peut garder son esprit et son cœur fermés, par peur du changement.

J'aimerais vous dire que cette entité nommée Kryeon est amoureuse de l'humanité et ne vous livrerait jamais un message inapproprié ou négatif, mais uniquement un message célébrant la magnificence des êtres humains qui le lisent. N'allez pas dire que ce message est inapproprié parce qu'il ne concorde pas avec une doctrine terrestre que vous avez développée à partir d'une ancienne mythologie. Vous ne le pouvez pas. Faites votre devoir. Décidez ensuite par vous-mêmes, en dehors des cadres que l'on vous a imposés. Laissez votre cœur prendre la décision.

Méfiez-vous de ceux qui voudraient vous contrôler à ce niveau. Maintenant, mon cher partenaire, vous savez pourquoi je vous ai donné la permission de parler avec moi dans les médias. Il s'agit de combattre ceux qui tenteront de feindre ce que vous pratiquez depuis dix-neuf ans.

La transformation est en cours

Une dernière chose : préparez-vous au changement. Nous vous l'avons annoncé au cours de plusieurs channelings et voici qu'il s'amorce. C'est la Grande Transformation terrestre prédite par les Mayas pour l'an 2012.

Cette année magique que plusieurs craignent n'est qu'un panneau indicateur vous signalant temporellement que vous entrerez dans une nouvelle énergie prédite par les anges. Il n'y aura en 2012 aucun événement spirituel significatif, mais uniquement la célébration de ce panneau vous indiquant que vous êtes arrivés.

Ce sera différent. Pour ceux qui n'aiment pas le changement, ce sera éprouvant. Préparez-vous. Je ne vous annonce que du positif et de la lumière, même à l'intérieur du changement.

Préparez-vous à quelque chose dont nous vous avons affirmé la potentialité il y a longtemps et qui pourra même survenir de votre vivant. Vous ne vous y attendez nullement, étant donné le très lent développement de la paix sur la Terre. Vous verrez un changement au Moyen-Orient. Bien sûr, ce ne sera pas dans l'immédiat, mais les graines sont semées. Je m'adresse maintenant aux oreilles arabes et juives : ce pour quoi vous priez depuis si longtemps va finir par survenir. On a commencé à prendre conscience de la nécessité d'un compromis sur un terrain difficile. C'est là. Priez, envoyez de la lumière, car cela vous appartient.

Ne tenez pas compte des bulletins d'information, qui vous montrent toujours le pire. C'est le système médiatique qui le veut. Chaque jour, vos médias recherchent toujours la pire chose qui s'est produite sur la planète et ils concentrent toutes leurs ressources dessus. Ils ne vous parlent pas des autres choses qui se passent aussi. Ils ne vous disent rien de ceux qui, en ce moment même au Moyen-Orient, tentent de construire la paix à l'extérieur du gouvernement. Ils ne vous disent pas que des centaines de milliers d'individus des deux côtés du conflit cherchent maintenant à s'entendre. Vos médias ne le rapportent jamais car cela serait un peu trop encourageant. [Rire.]

2009 (2 et 11)

– *L'année 2009 constitue pour moi un point tournant. Elle est porteuse de deux nombres : 2 et 11. Donc, d'un côté, nous passons du chiffre 1 au chiffre 2, mais aussi du chiffre 1 au nombre 11, symbolisant une énergie d'illumination.*

Est-ce une année double numérologiquement?

Est-ce en 2009 que l'humanité donnera une nouvelle permission de changement, le feu vert pour la dernière étape?

Il y aura cent années qui porteront le seul chiffre 2. Le chiffre 2 n'a donc pas tellement de signification dans les dates, bien qu'il symbolise la dualité, la lutte entre la lumière et l'obscurité. L'année 2009 est donc marquée par le nombre 11, non par le chiffre 2.

Onze (11). On peut voir le nombre 11 de plusieurs façons. Tout d'abord, il s'agit de deux 1, placés ensemble. Ils indiquent clairement, deux fois, un nouveau commencement. Tout nombre reproduit deux fois voit sa signification renforcée. La Convergence harmonique de 1987 a acquis par la suite un surnom numérique, établi en 1992 : 11:11. Vous le voyez sur les cadrans depuis près d'une génération. C'est ce que je veux dire. Car 11:11 est un double 11 et c'est donc comme de le dire deux fois pour insister.

Ensuite, le nombre 11 est un maître nombre en soi, et l'on ne doit donc jamais le voir comme un 2. Ce nombre symbolise l'illumination ou le résultat de l'établissement de la lumière. L'année 2009, issue de 2008, est une année de transition vers 2012, qui représente absolument un nouveau commencement. Cette année de transition 2009 en est vraiment une de « préparation à la lumière ». Mon partenaire me dit qu'elle signifie, en vos propres termes : « Mettez de l'ordre dans votre maison. » (À cause de l'année suivante, 2010.)

2010 (3)

– *Après une année 11, quelle sera l'énergie de l'année 2010?*

Pour certains, le chiffre 3 n'est pas agréable car c'est un catalyseur. Une année catalytique est propice à un événement qui provoquerait un changement terrestre majeur. Les années « 3 » sont souvent des années de guerre. N'y voyez toutefois pas un message, car ce sont souvent aussi des années de solution et de paix.

Dans votre cas, il semble se cacher ici une prédiction, mais je n'en fais pas. [Sourire de Kryeon.] Je peux toutefois vous dire que plusieurs potentialités brillent très fort cette année-là concernant Israël. Ne craignez rien car elles sont liées aux efforts de création d'une paix durable au Moyen-Orient. Plusieurs ne la désirent pas et souhaitent plutôt stagner dans la crainte, le désespoir et l'incertitude, car cela alimente leur mode de vie et leur procure du pouvoir à l'intérieur de leur structure sociale. Le terrorisme assure la survie d'un très vieux club représentant une énergie qui réglait les choses par la violence.

La situation doit bien finir par se régler, et ceux qui utilisent la violence font souvent l'objet d'une plus grande violence encore. C'est ainsi. Ceux qui désirent créer le chaos sur cette planète se l'attireront. Ne pleurez donc pas ceux qui ont décidé de vivre par l'épée, car ils ont librement choisi de mourir jeunes de cette façon.

– ***2011 (4)*** *Vous avez dit, je crois, que le chiffre 4 représentait Gaïa.*

Le chiffre 4 est effectivement un nombre terrestre, qui possède deux puissants attributs. Tout d'abord, c'est le nombre de Gaïa. Ensuite, il représente la structure (il y a deux nombres qui symbolisent la structure : 4 et 8). Normalement, c'est un nombre de paix, lié à une période de réflexion et à un rapprochement de la planète.

Les potentialités de cette année-là sont cependant dramatiques, car cette dernière se trouve tout près du « troisième rail » métaphysique, qui est l'énergie de 2012. (Voir la réponse suivante.) Pour les travailleurs de la Lumière, ce sera une année de réflexion et de préparation. Ceux qui ne comprennent pas sur quoi travaillaient réellement les Mayas pourront créer beaucoup de peur au cours de cette année-là. La civilisation maya étudiait le sens ésotérique du mouvement des corps célestes. Il ne s'agissait pas simplement des solstices et des éclipses, mais des grands cycles vibratoires de la planète. Selon leurs observations, l'année 2012 marque un transit à l'énergie du «soleil jaune», ou, dans leur jargon, un passage à une vibration beaucoup plus élevée que toutes les précédentes.

[De Lee : les glyphes sur les murs du temple de Xochacalco, au Mexique, l'illustrent clairement!]

– ***2012 (5) L'année du changement. Qu'est-ce que cette année indique?***

N'investissez pas trop d'énergie dans cette année-là... Elle représente effectivement le changement, ce qui ne plaît pas tellement à plusieurs, mais elle représente surtout le «panneau routier» que vous dépasserez sur votre route tridimensionnelle. Ce panneau dit tout simplement : « Vous entrez en 2012, l'année du début d'un changement pour la planète Terre. »

L'année 2012 comporte la potentialité d'une solution. L'humanité aura alors avancé plus vite ou plus lentement que les potentialités. Ces choses ne se passent jamais de la façon dont elles apparaissent au moment où l'information fournie est conçue. Par conséquent, ce que je vous prédis maintenant pourra se produire plus tôt ou plus tard, mais, en ce moment, vous avez parcouru le chemin nécessaire pour que cette année soit très particulière.

Célébrez-la donc et soyez reconnaissants aux Mayas de vous avoir fourni une prophétie ésotérique plutôt que de la sauvagerie de basse énergie, car leur civilisation a duré très longtemps et a connu divers niveaux d'évolution. Désirez-vous passer à l'histoire pour le plus haut taux de criminalité de la pire de vos villes ou bien pour votre grandeur et pour la claire vision environnementale que possède le Canada? Vous comprenez? Célébrez les Mayas pour vous avoir annoncé la date très importante de 2012, où vous serez prêts, sur le plan vibratoire, à entrer dans une nouvelle énergie.

En terminant, très chers, je vous dis que nous en sommes émerveillés. Nous comprenons que, pour vous, cela se passe très lentement et que l'évolution prend du temps, mais, pour nous, ce n'est pas une période d'attente. C'est une période d'action et de préparation, car à chaque instant l'humanité évolue sous vos yeux. De ce côté-ci du voile, plusieurs font volte-face pour revenir très rapidement afin de contribuer à la création de ce que plusieurs croyaient irréalisable, la paix sur votre planète.

Notre rôle le plus significatif est de représenter pour vous une force créatrice que l'on comprendra bientôt. La maîtrise est enfin à la portée de l'être humain. Il s'agit de la capacité de maintenir une énergie pouvant changer immédiatement la vie de quiconque la regarde. Le changement de réalité à votre portée fera que l'être humain qui étudie l'ésotérisme ne sera plus rejeté, ni celui qui a des croyances bizarres ou qui est membre d'une secte. Vous êtes sur le point d'acquérir la capacité très réelle de changer votre propre avenir, de guérir votre corps et de vous ajouter logiquement aux mouvements spirituels de la planète.

La science commence à vous donner raison! Les meilleurs scientifiques de la planète commencent à démontrer la justesse de plusieurs concepts ésotériques. La raison en est évidente, puisque les véritables croyances ésotériques dépendent d'une communication intuitive avec une source innée contenue dans votre structure cellulaire. La science commence à reconnaître cette force qui conduit l'humanité à la vérité absolue et qui représente plus de cinquante mille ans d'expérience humaine inscrite dans l'ADN. La science reconnaît de plus en plus la pensée intuitive en comprenant qu'elle constitue l'instinct de la race humaine et qu'elle y a été implantée au cours des âges, jusqu'à former une vérité spirituelle viable. Au-delà des mythologies et des organisations religieuses humaines, elle indique que Dieu n'est pas ce que vous pensiez. Il est plus grand que vous ne le pensiez. Il appartient à un immense système d'amour soutenant toute l'humanité. Et l'être humain est au centre de ce système.

Kryeon ne fait pas de prophéties puisque votre avenir vous appartient et résulte de vos propres décisions. Mais il peut voir les plus fortes potentialités ou le résultat le plus probable de l'énergie de l'année 2009. Cette énergie fera que Gaïa formera avec l'être humain un partenariat beaucoup plus fort. Pour vous, cela signifie que votre vie de travailleur de la Lumière sera plus facile. L'énergie de Gaïa se rapprochera beaucoup plus de ce que vous essayez d'accomplir sur la Terre. Plusieurs d'entre vous sont conscients que, depuis l'acquisition de leurs croyances ésotériques, l'énergie les entourant est empreinte d'incrédulité. Les systèmes de croyances spirituels structurés de votre civilisation nient votre capacité d'avoir raison ou même d'exister. Comme vous n'aviez pas besoin de l'approbation des conglomérats spirituels de la planète pour faire ce que vous faites, ils vous ont écartés.

Ce qui est possible maintenant, c'est que la réalité de ce qui arrive à la planète augmentera votre crédibilité. Cette réalité place déjà les mythes des doctrines spirituelles dans une position difficile puisque ce qui s'est produit ne se trouvait pas dans leurs prophéties. En fait, il s'est produit tout le contraire de ce qu'annonçaient leurs prophéties.

L'Harmagedôn n'est pas survenu. À la place, l'Union soviétique s'est effondrée pour toujours. L'événement du 9/11 a eu lieu, un événement d'une énorme énergie qu'aucun chef spirituel de quel que système de croyances que ce soit n'avait jamais prophétisé. Les peuples d'Israël et de Palestine tentent de trouver une solution pour créer un seul État, au beau milieu des plus fortes tensions énergétiques n'ayant jamais existé au Liban.

Vos scientifiques ont déclaré que l'univers avait été créé par « conception intelligente » et qu'il n'aurait pu naître par hasard. Les biologistes déclarent que l'ADN contient un gène qui vous fait rechercher le Créateur et qu'ils ont baptisé « le gène de Dieu ». Vous comprenez? Ce sont là des lieux communs du Nouvel Âge! Ils signifient que les vieilles doctrines des religions établies sont peut-être fondées sur de vieilles histoires et ne représentent pas ce qui se passe en réalité. Le résultat? Il n'y aura pas d'exode massif des Églises. Celles-ci ont déjà commencé à assouplir leur position sur la nature de l'amour de Dieu, qui est évolution et compassion plutôt que protocole et persécution.

Le meilleur conseil que nous puissions vous donner est toujours le même: ne craignez pas ce qui se passe sur la planète; ne craignez pas d'intégrer Dieu dans votre vie; ne craignez pas l'amour de Dieu. Il est nouveau pour vous d'assumer un rôle plus responsable dans votre propre vie, mais vous possédez l'énorme courage de l'être angélique qui vous tient la main. Vous changez vraiment la vibration de la Terre.

Et il en est ainsi…

Deuxième partie

Les Hathors et Marie Madeleine

Les femmes doivent obtenir l'égalité pour que,
dans les profondeurs de la psyché humaine,
le soleil et la lune s'équilibrent
et que le grand androgyne universel apparaisse enfin.

Au sujet des propos de Marie Madeleine…

Introduction de Judi Sion

Les lignes qui suivent sont très audacieuses, car je crois qu'il est temps que les femmes fassent preuve d'audace.

Les messages électroniques et les lettres que nous recevons au sujet du « Manuscrit de Marie Madeleine* » commencent trop souvent par les mots « Cher Tom », comme si je n'avais pas participé à l'écriture de ce livre, et pourtant ces messages portent fréquemment sur la section de l'ouvrage que j'ai écrite et qui raconte en vérité l'histoire de toutes les femmes. Bien que mon ego ne se soucie guère de cette exclusion, mon cœur s'attriste de ce que la femme soit si facilement oubliée, et je ne peux m'empêcher de me demander pourquoi la plupart du monde s'adresse d'abord au mâle. Alors que tout ce livre porte sur un retour du balancier et spécifiquement le retour du féminin, ceux qui le louangent (nous n'avons jamais reçu aucune lettre négative) ne considèrent jamais la présence féminine qui fut mobilisée dans sa création. Si l'on ne peut même pas considérer la présence féminine dans la création, quel espoir nous reste-t-il?

Pourquoi est-ce que je soulève cette question si mon ego n'est pas en cause? Pour souligner une évidence : non seulement le féminin est-il toujours négligé, mais il est presque totalement ignoré dans ce monde dit moderne. (J'oserais même affirmer que nous n'avons pas évolué beaucoup sur ce plan depuis deux mille ans. Nous ne l'avons fait qu'***en apparence.***)

J'aime la matière fournie par Marie Madeleine pour le livre intitulé *La Grande Transformation.* Il s'agit d'un appel aux femmes pour qu'elles ne demeurent pas silencieuses. Le silence tue. Il peut tuer, aussi horriblement

---

* Publié aux éditions Ariane en mai 2008.

que simplement, une femme qui se tait pendant des années et qui développe alors un cancer, invariablement dans une partie féminine de son corps. Las de se résigner au silence, son corps crie pour recevoir de l'attention d'une façon ou d'une autre.

J'ai écouté chaque parole de Madeleine depuis que nous l'avons contactée pour la première fois en l'an 2000, à ma demande, et je vais vous dire ce que j'en pense. Les hommes n'agiront pas à notre place. Ils ne feront pas avancer les choses suffisamment. Madeleine a plusieurs fois exprimé sa tristesse de voir les femmes se dresser si facilement et si rapidement les unes contre les autres en suivant leur propension à la jalousie et à la manipulation. Nous devons laisser cela de côté. Nous devons nous unir et proclamer notre vérité à tout prix.

La plus grande leçon que j'aie apprise, c'est que je dois dire ma vérité sans me soucier de ce que pensent les autres. Cela, je l'ai appris surtout grâce à ma relation sacrée avec Tom, car j'ai dû en arriver à un point où, malgré tout mon amour pour lui, je ne me souciais aucunement de ce qu'il pensait et où seule ma vérité – ce que *je* pensais – m'importait. Si le fait de dire cette vérité me faisait perdre cette relation, c'était là un prix que j'étais volontiers prête à payer. N'y voyez pas de l'égoïsme. Ne vous laissez pas leurrer par la religion au point de confondre avec l'égoïsme le fait de prendre soin de soi-même et de récupérer son pouvoir. C'est là le moyen d'acquérir la maîtrise.

J'entends Madeleine demander que les femmes qui lisent son message se fassent entendre. Je l'entends demander à chacune d'entre nous d'exprimer sa vérité. Qu'avons-nous peur de perdre? Craignons-nous de perdre la vie? Si c'est le cas, nous ne croyons pas réellement que la vie existe au-delà de ce plan d'existence. Si nous *savions* réellement que la vie continue au-delà de celle-ci, de quoi aurions-nous peur? Si la conscience persiste au-delà de ce plan-ci, qu'avons-nous à craindre? En disant la vérité, avons-nous peur de perdre les gens que nous aimons? Sont-ils à ce point importants à nos yeux que nous préférons taire cette vérité que de voir la désapprobation dans leur regard?

Mon vieux guide disait souvent: « Réfléchis, maître. » Il nous appelait « maître ». Il disait que nous ne comprendrions jamais que nous sommes Dieu, des êtres divins, tant que nous appellerions « maîtres » des êtres extérieurs à nous au lieu de nous donner ce titre à nous-mêmes. Il disait également: « Regardez autour de vous. Personne de votre entourage ne vous servirait de bouclier pour vous protéger contre une balle de revolver. S'ils ne sont pas prêts à mourir pour vous, pourquoi donc vivez-vous pour eux? »

La question est obsédante: pour qui vivez-vous?

Nos gouvernements et nos religions nous manipulent par la peur. Celle-ci consume le cerveau en l'enserrant dans ses tentacules, en éteignant la lumière de la raison et en nous empêchant de réfléchir. *On ne peut instruire un esprit inquiet et craintif.* Si vous réfléchissez bien à tout ce qui survient autour de vous, vous comprendrez à quel point on déforme l'information afin d'entretenir en vous la peur et la soumission. Trouvez en vous votre vérité et exprimez-la.

De tous les messages canalisés auxquels j'ai travaillé depuis 1986, ceux de Marie Madeleine sont les plus éloquents et les plus imposants. Tom et moi, nous tenons fortement à ce que ses paroles soient reproduites mot pour mot. Sa voix a été étouffée pendant deux mille ans, on a menti à son sujet et l'on s'est servi d'elle pour discréditer les femmes et leur passion. Elle nous dit que cette ignorance et ce déséquilibre vont bientôt cesser. Qu'il en soit ainsi!

Introduction de Marie Madeleine

Je suis très heureuse que mes messages soient désormais disponibles au lectorat francophone. J'aime profondément la France et j'en conserve un doux souvenir, car c'est dans ce pays que je me suis réfugiée avec ma fille Sar'h. Aux Saintes-Maries-de-la-Mer, nous avons séjourné en sécurité. Lorsque je suis ensuite allée vivre au nord, dans le pays qui constitue maintenant l'Angleterre, afin d'y faire protéger Sar'h par les druides, je me suis souvenue de la France. Quand Sar'h fut devenue une femme et que je l'eus donnée en mariage, je fus libre de retourner en France et je le fis plusieurs fois, pour y enseigner les mystères tels que je les comprenais. Les traces de mon passage y subsistent encore aujourd'hui. Lorsque je suis retournée en Angleterre pour y vivre mes derniers jours, la France était très présente dans mon cœur.

Si la connaissance des mystères féminins est utilisée de la manière espérée, elle répandra un baume guérisseur sur votre Terre. La montée du féminin en cette époque ne signifie pas la déchéance de l'homme. Les femmes doivent obtenir l'égalité pour que, dans les profondeurs de la psyché humaine, le soleil et la lune s'équilibrent et que le grand androgyne universel apparaisse enfin. De cette union mystérieuse résultera une renaissance spirituelle. C'est ce que je souhaite à chacun et à chacune d'entre vous individuellement, ainsi qu'à toute la famille humaine. Puissiez-vous vous élever intérieurement par une renaissance spirituelle. Que les mensonges, les souffrances et les larmes du passé soient effacés à jamais.

Qu'il en soit ainsi!

Je suis Marie de Magdala.

– *Dans* Le manuscrit de Marie Madeleine, *vous avez mentionné que vous faisiez partie d'un ordre secret, l'ordre de Madeleine. Pourquoi était-il secret? Existe-t-il encore aujourd'hui?*

On m'appelait Marie de Magdala parce que je venais d'une région qui portait le nom de Magdala. C'était l'usage, à l'époque, de désigner les gens selon leur lieu d'origine. Ainsi, on disait « Jésus de Nazareth ». Alors que Yeshua poursuivait son œuvre, un cercle de femmes se forma autour de moi. Elles étaient des femmes de pouvoir. Elles étaient de vraies disciples de Yeshua, mais elles ne faisaient pas partie du cercle intérieur. Elles reconnaissaient mon autorité spirituelle car j'étais détentrice de ses enseignements secrets. Nous n'avions pas de nom particulier car notre groupe était clandestin. Quand je suis partie pour la France afin de sauver ma vie et celle de ma fille, elles ne m'ont pas suivie. Elles se sont alors appelées « l'ordre de Magdala » et elles ont continué pendant un certain temps à transmettre en secret à d'autres femmes l'enseignement que je leur avais moi-même donné.

De mon vivant, ce n'était pas un ordre *formel* comme les ordres de nonnes qui existent aujourd'hui. C'était plutôt une assemblée informelle de femmes de pouvoir qui nous suivaient, Yeshua et moi. Elles étaient treize, en m'incluant. J'étais considérée comme la dirigeante de ce groupe, que l'on appelait informellement l'ordre de Magdala.

– *Étaient-elles présentes à la Cène?*

Elles n'étaient pas présentes à la Cène. C'est moi qui leur communiquais les mystères. Occasionnellement, nous les rencontrions, Yeshua et moi, mais c'est surtout autour de moi qu'elles se rassemblaient. Ces femmes possédaient des moyens financiers et un pouvoir social. Nous nous réunissions en secret, par nécessité.

Nous nous cachions parce que c'est ainsi que cela se passait à l'époque, comme, d'une certaine façon, cela se passe toujours aujourd'hui. Les hommes détenaient les postes de pouvoir importants, alors que les femmes restaient en retrait. C'est donc par convention culturelle que l'on dissimulait l'identité de l'ordre, qui n'était alors qu'un rassemblement informel de femmes.

Toute entreprise significative doit recevoir du soutien pour durer. C'était la fonction de ce rassemblement de femmes : soutenir le ministère de Yeshua et propager ses enseignements par mon intermédiaire.

Celles qui s'associèrent à moi furent choisies par moi parce qu'elles étaient suffisamment évoluées pour comprendre ce que j'attendais d'elles. Elles comprenaient que ce travail requérait leur assistance et leur allégeance, et c'est ainsi que ce « couvent » (qui désigne simplement un groupe se réunissant régulièrement en secret) se forma par nécessité, puisque l'on ne peut créer dans un vide. On a besoin de l'appui d'un groupe. Nous ne portions pas le nom de l'ordre de Madeleine de mon vivant, mais nous savions que notre groupe s'était formé à cause de mes contacts.

Plus tard, quand je fus rendue très loin de ce monde, des femmes de pouvoir cherchant à s'unir autour d'un point de rassemblement formèrent divers groupes, dont l'ordre de Madeleine et l'ordre de la Rose bleue, selon leur conception de la nature de notre travail. S'il existait à mon époque un ordre formel, c'était celui des *temples d'Isis.*

Aucune organisation particulière n'a poursuivi ses activités sous ma direction depuis cette époque. Comme certaines personnes prétendent animer un ordre que j'ai fondé et suivre mes directives, je ne peux dire que ceci : *mes enseignements ont une résonance, ils constituent un champ de connaissances accessible, et les gens de pouvoir spirituel peuvent accéder à cette information et la faire connaître. Je ne peux que m'en réjouir, mais n'allez pas croire qu'ils reçoivent des instructions directement de moi. Ce n'est pas le cas.*

Les temples d'Isis

Quand je dis que le seul ordre formel auquel j'aie appartenu était le temple d'Isis, je fais référence à l'instruction que j'ai reçue et à la mission que j'ai entreprise quand j'ai été admise aux mystères d'Isis.

J'ai commencé mon instruction des mystères d'Isis à l'âge de douze ans, sous le tutorat de ma mère. Puisqu'elle était égyptienne, elle désirait me transmettre cette connaissance qu'elle possédait et elle commença à le faire à ma puberté. À dix-huit ans, je suis entrée dans les temples d'Égypte pour recevoir mon instruction directement des prêtresses, ce qui mit fin à celle que je recevais de ma mère. Elle avait rempli sa mission.

Sous plusieurs aspects, j'étais un drôle d'oiseau, comme vous dites. J'étais juive, mais, en même temps, j'étais initiée aux mystères de la déesse égyptienne Isis. Si cela vous semble étrange, voici un exemple qui vous aidera à comprendre. À votre époque, si vous appartenez à une famille riche et cultivée, vous êtes peut-être d'une confession religieuse particulière, mais vous avez peut-être aussi étudié dans une autre région du monde que votre pays natal. Ma famille était riche et cultivée ; dans le monde ancien, ceux qui en avaient les moyens visitaient communément les centres de pouvoir culturel, dont la Grèce et l'Égypte, ainsi que d'autres régions de la Méditerranée. Comme ma famille avait des racines en Égypte, j'y fus envoyée pour m'instruire.

Alors que j'étais en Égypte pour recevoir cette éducation formelle, je fus initiée dans les temples d'Isis, avec laquelle j'entretins alors une relation directe selon la compréhension de l'époque. Je trouvais intéressant le fait qu'Isis ait certaines similarités avec l'aspect féminin judaïque, la Shekinah.

La Shekinah est l'expression du pouvoir de transformation féminin primordial. Elle surmonte les obstacles et les empêchements. Elle révolutionne tout en étendant l'équilibre féminin, dont elle est l'aspect ardent, passionné, et non une douce et gentille présence. La Shekinah est brute, explosive, pleine d'un pouvoir trépidant. Elle ne fut jamais un être physique, mais elle existe énergétiquement, tout comme Isis.

Comme vous le voyez, je m'efforçais donc, sur le plan personnel, d'équilibrer les connaissances culturelles que j'avais acquises, dont la Shekinah, l'énergie féminine transformatrice, avec ce que j'avais appris d'Isis par les temples et par contact direct.

Ce contact direct avec Isis avait lieu durant ce que vous appelez la méditation. On nous entraînait à entrer dans des fenêtres de l'esprit – ce que vous appelez des états altérés – d'où on accédait directement à Isis ou à d'autres déités. Sous certains aspects, ce n'était pas différent de votre *channeling* quant à la manière de recevoir de l'information d'Isis, sauf que je ne la communiquais pas à d'autres. Les seules occasions où je partageais ce que j'avais reçu, c'était quand je devais, pour examen, rapporter aux prêtresses ce que j'avais obtenu par contact direct, car j'étais admise si j'avais reçu la même information qu'elles et j'étais refusée si l'information était différente.

Jeune fille juive allant se faire instruire en Égypte, j'étais reconnue par ma famille et par mes éducateurs comme une personne d'une « grande qualité ». On reconnaissait donc mon calibre, mais personne ne savait que je me trouverais là-bas sous l'égide d'Isis. J'allai donc en Égypte simplement pour m'élargir l'esprit, acquérir les connaissances d'une autre culture, et c'est ainsi que je fus mise en contact avec Isis.

Les émanations et les incarnations

Isis ne s'est jamais elle-même pleinement incarnée. Toutefois, elle a incarné des émanations d'elle-même.

Isis est une expression énergétique transcendante du féminin. Elle possède un corps, mais sous une forme énergétique, non physique. On peut la connaître directement sous ses diverses formes – car elle en possède plusieurs – dans ce que les Égyptiens appellent le Douât (le monde spirituel), mais elle n'a pas réellement de forme physique.

Quand on la rencontre dans le Douât, elle peut avoir une forme humaine, celle d'une femme parfois ailée. Les formes que prend un dieu ou une déesse dans cet autre monde qu'est le Douât peuvent revêtir divers aspects et être perçues de diverses façons, selon l'aspect particulier qui est alors exprimé.

Ainsi, on peut parfois rencontrer Isis sous la forme d'une déesse aimante et généreuse. D'autres fois, elle a des ailes et l'on peut voler avec elle dans les hauteurs de la conscience spirituelle. Si on l'offense, elle peut se changer en colonne de feu. Plusieurs formes sont donc à sa disposition, selon son état ou son humeur.

Elle existe à une très haute fréquence vibratoire, ce qui veut dire que son monde vibre très rapidement. C'est un monde de lumière. En descendant dans la matière, la fréquence vibratoire diminue; les choses se déplacent beaucoup plus lentement ici, dans le monde physique, que dans les mondes de lumière. C'est une simple question de physique.

Quand Isis décide, par connaissance ou compassion, que sa présence est requise ici, dans le monde matériel, elle peut faire s'incarner dans une forme humaine une émanation, un fragment de lumière d'elle-même, mais elle ne s'incarne jamais pleinement. Par exemple, quand elle s'est incarnée dans Marie, la mère de Yeshua, elle exerçait une très forte présence, mais ce n'était qu'une émanation, de sorte que Marie, la Mère, était un mélange d'Isis et d'elle-même.

Isis ne descendrait jamais du monde de la lumière dans celui de la matière et de la forme humaine. Elle est beaucoup trop sage pour faire une telle chose. Toutefois, une personne qui possède un fragment d'émanation d'Isis peut se sentir profondément unie à Isis elle-même. Cependant, il est important que cette personne réalise qu'elle ne possède qu'une *émanation d'Isis* et qu'elle n'est pas elle-même cette déesse.

Cette possession d'une émanation est très précieuse, mais elle pose également un problème: si la personne s'imagine qu'elle est Isis incarnée, elle s'illusionne puisque ce n'est en fait qu'un aspect, une petite partie d'Isis, qui réside dans son être. Par conséquent, cette personne, homme ou femme, doit vivre sa vie d'humain. Paradoxalement, une émanation d'Isis peut apparaître dans un corps masculin (ce qui rend la chose plus intéressante encore).

Il peut donc être déroutant pour quelqu'un de posséder une émanation d'un aspect divin et ce peut l'être aussi pour son entourage. Voici pourquoi. À un moment donné, l'énergie *divinique* s'exprime à travers l'émanation, et le pouvoir spirituel qui en résulte alors est manifeste ; ceux qui se trouvent autour de cette personne en résonance avec l'émanation sont profondément émus.

Un instant plus tard, cependant, on peut passer de l'émanation à l'humain ; l'ennui succède alors à la brillance, l'hostilité remplace la compassion, et la manipulation fait disparaître l'intégrité. Ceux qui se trouvent dans l'entourage d'une personne possédant une émanation sont alors très déroutés car ils croient que cette dernière *est* la déesse ou le dieu incarné et qu'elle ne peut donc rien dire ni rien faire d'incorrect, alors qu'elle est en fait un mélange d'énergies.

Celui qui possède une émanation peut facilement être dérouté s'il ne reconnaît pas la limite entre une pure émanation et son humanité pervertie, autrement dit les faiblesses de sa personnalité humaine.

Si les gens qui l'entourent ne comprennent pas ce qui se passe, ils peuvent lui céder leur pouvoir en croyant que tout ce qu'il dit est divin. C'est là une erreur potentiellement dangereuse.

Je considère donc comme une nécessité vitale, pour ceux qui possèdent une émanation d'un attribut divin, de reconnaître leur territoire afin de savoir quand ils sortent de l'émanation, et d'avoir l'intégrité spirituelle d'en informer leur entourage. Malheureusement, ce n'est pas toujours le cas, et c'est donc la responsabilité de l'entourage d'une telle personne d'en tenir compte et de ne pas prendre pour des paroles divines tout ce qui sort de sa bouche, mais de distinguer quand c'est l'émanation qui parle et quand c'est l'humain.

Je vais maintenant vous dire une chose importante. Nous vivons dans un très vaste univers, et je n'ai pas rencontré tous les êtres qui existent, mais, avec toute mon expérience, je n'ai jamais vu de pleine incarnation d'une divinité. C'est toujours une émanation qui est incarnée, et ceux qui rencontrent des êtres possédant une telle émanation ont nécessairement la responsabilité d'en être conscients. Il en est ainsi parce que, souvent, la personne qui possède l'émanation s'identifie à celle-ci et n'est pas consciente des autres attributs de sa personnalité. Je considère cette information comme vitale, particulièrement à l'époque actuelle, car plusieurs divinités envoient des émanations dans ce monde.

Je répète donc ce que je viens de dire: *je n'ai jamais vu une seule divinité pleinement incarnée.* Je suis sûre que certains lecteurs reconnaissent facilement les implications intellectuelles de cette affirmation ; quant aux autres je vais les aider à les percevoir. Cette affirmation s'applique à tous les êtres que j'ai rencontrés, y compris mon bien-aimé Yeshua.

Il possédait une puissante et évidente émanation du divin. Quand celle-ci parlait, l'univers tremblait; et pourtant, pour ceux qui vivaient avec lui, Yeshua possédait aussi d'autres aspects. Il était un mélange de Dieu et d'humain. Il avait ses moments de doute, d'incertitude et de souffrance personnelle. Certains aiment croire qu'il était constamment un phare, un être infaillible, toujours sûr de lui. Bien que ce fût là son état habituel, il y avait des moments où il manquait d'assurance, enlisé dans sa propre confusion. Comme j'étais son amante et sa confidente, je trouvais très précieux ces moments où il partageait avec moi son obscurité personnelle.

Il réussissait toujours à retrouver la pure lumière de son émanation. J'en étais émerveillée et je le suis encore. C'était là, pour moi, l'un de ses plus grands miracles: toujours retourner fidèlement à son émanation divine. C'était là l'essence de la maîtrise spirituelle que je voyais chez lui.

Le retour d'Isis

Lorsque je parle du retour d'Isis, je fais référence à deux aspects de celui-ci. L'un consiste en l'incarnation de ses émanations chez des personnes. L'autre, plus métaphorique, consiste en un retour de la gloire du féminin et de l'expression des qualités féminines éclairées. Cela se produit à travers les personnes. Ainsi, en 2009 et au cours des années qui suivront, de plus en plus d'enfants vont s'incarner avec une émanation divine. En fait, c'est déjà commencé.

L'humanité se trouve déjà ensemencée par l'intermédiaire de ces enfants qui possèdent une émanation divine. Isis est l'un des êtres divins qui envoient des émanations dans ce monde. Alors que ces enfants affecteront leur entourage, les attributs de lumière cascaderont dans l'humanité. Pour les parents des enfants illuminés, ce sera aussi intéressant que difficile. Vous êtes donc présentement témoins de l'ensemencement de l'humanité par des émanations divines incarnées chez de jeunes personnes.

Dans certains cas, des individus plus âgés (c'est-à-dire qui ne sont pas des enfants) s'aperçoivent soudain qu'ils sont porteurs d'une émanation divine.

Mais comprenez-moi bien. Tous les êtres possèdent une émanation divine, direz-vous, mais je ne parle pas ici de la divinité de chaque être humain. Je parle littéralement de l'incarnation d'un aspect d'une divinité dans le corps d'un individu. Qualitativement, c'est différent. Ces individus sont plus brillants et possèdent des pouvoirs de conscience que les autres n'ont pas. Vous ne verrez pas avant une vingtaine d'années les résultats de la présence de ces individus dans ce monde.

L'autre aspect du retour d'Isis est métaphorique. C'est simplement un changement d'impératifs culturels. Je veux dire par là que l'époque de la domination patriarcale est révolue. Cette domination prend fin par nécessité, car, malgré la lourdeur et l'apparente stupidité collective de l'humanité, un changement de conscience a lieu. Nous le verrons beaucoup plus clairement au cours des années qui viennent.

Nous reconnaîtrons que nous *devons* changer. C'est-à-dire que l'humanité doit changer sa façon de vivre en relation avec la Terre, Mère universelle, et que cela se manifestera dans toutes les expressions du féminin.

Un autre aspect de ce retour métaphorique d'Isis, c'est que de plus en plus de femmes, particulièrement chez les jeunes générations, prendront les rênes du pouvoir sans en demander la permission et que de plus en plus d'hommes, particulièrement chez les jeunes générations, les partageront avec plaisir car ils sauront avec une inébranlable certitude qu'il faut être deux – mâle et femelle – pour faire passer la civilisation humaine par le portail de ce temps.

La Cène de Léonard de Vinci

– La Cène *de Léonard de Vinci est l'une des plus belles œuvres de toute l'histoire de la peinture. D'après mes recherches, Léonard semblait faire partie d'un groupe de gens très cultivés que l'on appelait les literati et qui comportait des hommes et des femmes. Ce magnifique artiste semble avoir été un grand partisan de l'énergie féminine divine, et il est évident, sur ce tableau, qu'une présence féminine est assise à la table, à la droite du maître Jésus. Nous savons tous aujourd'hui que c'était vous. À l'époque (et peut-être même encore aujourd'hui), la personne assise à la droite de celle qui était la plus respectée, était la deuxième plus respectée.*

Ce tableau illustre un moment historique interprété par Léonard, car il n'y avait pas d'appareils photo à l'époque.

À mon avis, il n'y a que deux explications possibles. Ou bien Léonard était présent à l'époque et il a simplement retrouvé la mémoire cellulaire de cet événement… ou bien il savait comment accéder aux archives akashiques. Quand on regarde l'ensemble de son œuvre, qui est tellement géniale, on sait qu'il a dû se passer quelque chose d'extraordinaire en lui pour qu'il puisse la produire.

Est-il possible d'expliquer comment ce tableau a été inspiré à Léonard?

Ce dernier repas préparait-il les disciples de Jésus à poursuivre son œuvre? Puisque vous y étiez présente, pouvez-vous nous dire quel était le motif de ce rassemblement?

Et qu'est-ce que le Saint Graal??

Il est vrai que j'étais présente à ce souper que l'on appelle la Cène et j'étais effectivement assise à la droite de Yeshua, car, dans son esprit, j'étais la disciple qui avait atteint le plus haut niveau puisque j'avais reçu les enseignements les plus secrets.

Léonard a peint ce tableau (*La Cène*) à partir des Archives akashiques car il avait certainement l'esprit hautement développé. Il appartenait à une tradition artistique et intellectuelle qui comprenait la place du féminin et qui cultivait un savoir secret qu'il était dangereux d'afficher ouvertement parce que l'Église avait jeté un voile d'obscurité sur toutes les formes du féminin divin. Ceux qui partageaient ce savoir le répandaient donc clandestinement, faisant connaître la présence du féminin, mais sans jamais la montrer clairement. Cette connaissance du féminin, de la place de la déesse, avait des origines païennes remontant à une époque antérieure à la domination de la civilisation par l'Église.

La coupe qui fut utilisée lors de ce dernier repas en commun était un simple récipient en terre cuite. Elle ne possédait aucun ornement, contrairement aux représentations embellies qu'en ont faites les artistes des époques subséquentes. On a fini par prêter à cette coupe, le Saint Graal, des propriétés magiques. Les humains ont malheureusement tendance à croire à l'existence d'un pouvoir *extérieur* qu'ils peuvent posséder.

La véritable coupe du Graal est le ventre de la femme. Dans ce cas, il s'agissait du mien car j'avais conçu l'enfant de Yeshua. Il est à la fois ironique et tragique que les hommes aient recherché le Saint Graal alors qu'il se trouvait tout près d'eux, chez les femmes qui partageaient leur existence. L'époque présente est propice à la rectification de cette erreur. On peut maintenant reconnaître ce qu'est réellement la coupe du Graal, et la femme peut reprendre sa place, qui se trouve dans l'égalité et non dans l'infériorité.

Ce changement n'arrivera pas par les hommes, mais par les femmes, particulièrement celles qui ont le courage de dire ce qu'elles pensent, de faire des vagues sur le plan culturel et social. Elles sont les héroïnes de l'heure. Le monde a grandement besoin d'elles en ce moment.

Ce souper que l'on appelle maintenant la Cène fut pour moi un moment bien particulier.

Je savais que la situation atteindrait un certain paroxysme. Ce rassemblement avait pour motif la transmission d'un pouvoir spirituel. Par conséquent, quand Yeshua rompit le pain et qu'il en donna des morceaux à chacun, il ne nous donna pas seulement ce pain, mais un pouvoir spirituel. Cette transmission conférait une grande intensité à la soirée. Il s'agissait donc avant tout de transmettre un pouvoir. Yeshua savait qu'il devrait affronter l'initiation ultime.

Enseignements mal compris

Ayant reçu les enseignements secrets de Yeshua, je peux dire que ses enseignements publics ont été très mal compris. L'essentiel de ce qu'il essayait de faire comprendre à tous, c'est que chaque individu possède le pouvoir divin. C'est un don inné chez tous les humains, mais on doit le développer. Si l'on n'en prend pas soin, les semences de l'ignorance, les racines noueuses de la négativité humaine vont l'étouffer. Il parlait constamment aussi du besoin d'entretenir le jardin de l'âme.

Je crois qu'il enseignait par métaphores parce qu'il était un poète et qu'il comprenait que les métaphores étaient comme des portes s'ouvrant sur l'âme. Ainsi, quand il disait que notre foi avait la taille d'un grain de sénevé, il voulait dire qu'il ne fallait qu'un tout petit peu de foi. Il ne croyait pas cependant à la foi aveugle. Il croyait à la foi qui produit des résultats.

Il voyait que les semences de l'amour pouvaient se développer dans le cœur humain et changer le monde. Il croyait que cet amour venait du père et de la mère; en araméen, il commençait sa prière que vous appelez le Notre Père en nommant à la fois la mère et le père, mais cet élément a disparu dans la traduction.

Cette prière s'adressait à la fois à la Mère et au Père universels, mais le point d'entrée se situait dans le soi intérieur. Il croyait que la divinité vivante résidait à l'intérieur du *soi* et que l'on atteignait donc l'état global quand on priait le père et la mère à l'intérieur de soi. Cette prière semble donc s'adresser à quelqu'un se trouvant à l'extérieur de soi, mais, en réalité, elle s'adresse à l'aspect le plus profond de soi, qui transcende la personnalité.

Yeshua était l'héritier d'une lointaine tradition qui comprenait bien l'équilibre entre le mâle et la femelle; quand il priait, il s'adressait donc à la fois au père et à la mère. Ce n'est pas lui qui a créé le concept de la Trinité excluant le féminin. Ce sont des individus qui, plus tard, ont utilisé ses enseignements à leurs propres fins. En l'époque présente, ces erreurs peuvent être corrigées, la vérité peut être mise en lumière et les mensonges des deux derniers millénaires peuvent cesser. Qu'il en soit ainsi!

– *Pourquoi l'équilibre entre le féminin et le masculin a-t-il été ainsi «étouffé»?*

On peut voir de plusieurs façons l'enlèvement de l'épouse divine, l'éclipse du féminin divin commise par le patriarcat.

Les grandes civilisations matriarcales qui s'étendaient à travers la Méditerranée et jusqu'en Europe et en Afrique ont été profondément affectées par la chute de Rome. Dans le chaos qui a suivi, ce fut un acte de désespoir politique que d'unifier les nombreuses religions inconciliables. Il est certainement malheureux pour la suite de l'histoire que Constantin ait tenté de résoudre le problème en réunissant une assemblée constituée exclusivement d'hommes, mais cela est révélateur de la profondeur déjà atteinte par l'exclusion du féminin au moment du concile de Nicée. À partir de là, il y eut une escalade du détournement du féminin dans les enseignements présentés comme étant ceux de Yeshua.

Le plus tragique, à mon avis, c'est que les enseignements qui furent présentés comme étant ceux du Christ étaient très éloignés de ses véritables enseignements et qu'ils furent utilisés durant deux mille ans pour justifier la domination et la manipulation exercées par les pouvoirs terrestres. Alors que nous entrons dans un nouveau cycle temporel, cette erreur peut être corrigée et les distorsions créées dans l'esprit humain peuvent être guéries.

Pourquoi a-t-il fallu deux mille ans pour y parvenir? Pourquoi a-t-il fallu que le principe féminin soit ainsi rejeté dans l'ombre? Je n'ai pas de réponse précise à ces questions. Il s'agit peut-être d'un cycle temporel. Or, je me réjouis de réaliser que ce cycle de domination patriarcale et de suppression du féminin soit parvenu à sa fin. Le féminin divin ressuscite par l'esprit et le cœur des femmes et des hommes qui sont suffisamment évolués et courageux, et dont le nombre ne cesse d'augmenter.

Je considère ainsi la distorsion religieuse des deux derniers millénaires et le détournement de mes précieux enseignements comme de la poussière à balayer hors du temple vivant de l'esprit humain. Qu'aucun homme et qu'aucune femme ne s'interpose plus jamais entre vous et votre nature divine. Qu'il en soit ainsi!

Le retour du féminin divin – Votre vous divin

Je suis persuadée que le féminin divin apparaîtra dans le cœur, dans l'esprit et dans les actions des femmes.

La grande mère cosmique ne descendra pas du ciel, mais *elle* s'exprimera à travers les choix de vie que feront les femmes au cours des prochaines années.

Ce retour du féminin ne se manifestera pas uniquement dans les actions des femmes, mais également dans celles des hommes. Ceux-ci sont autant victimes de ce déséquilibre que les femmes, bien qu'ils détiennent assurément, en surface, les rênes du pouvoir. En refusant de céder aux femmes les rênes qui leur revenaient, les hommes se sont nui à eux-mêmes. Ainsi, le retour du féminin divin apparaîtra tout autant dans le cœur et dans l'esprit des hommes car ceux-ci comprendront – du moins ceux qui sont assez évolués pour s'en apercevoir – qu'ils ne peuvent plus continuer de vivre comme ils le font et que la Grande Terre, la Grande Mère sur laquelle ils vivent, a été blessée. Ainsi, le retour du féminin divin consistera partiellement en un changement d'attitude envers la planète puisque la Terre est effectivement un aspect féminin dans la psyché collective de l'humanité.

– *Comment pourrait-on expliquer que la réémergence du féminin divin n'est pas «une conquête de la planète par les femmes»? Je pense que c'est ce que plusieurs hommes craignent profondément.*

Au niveau de l'inconscient, plusieurs hommes de pouvoir sont réticents et craintifs devant la montée du féminin. À un niveau très fondamental, c'est lié à la survie. Les hommes qui détiennent un poste supérieur de pouvoir perçoivent comme une menace l'accession des femmes au même statut et au même revenu qu'eux. Peut-être qu'à un profond niveau inconscient certains hommes craignent la montée du pouvoir féminin parce qu'ils projettent dans le féminin l'image de Méduse en colère brandissant son épée pour les vaincre. Bien que ce soit là une forme du féminin adoptée par certaines femmes, ce n'est pas l'expression principale du féminin divin.

Le féminin divin cherche à être en équilibre avec sa contrepartie. Le désir de relation est profondément inscrit dans sa nature. Les hommes n'ont donc rien à craindre de la montée du divin féminin. En fait, je pense qu'ils se sentiront libérés de ne plus avoir à supporter l'illusion d'être les seuls responsables du monde, un concept vraiment illusoire.

Dans le *Manuscrit de Marie Madeleine*, j'ai fait allusion à un autre aspect du phénomène en disant que le passage le plus difficile pour l'homme était la séparation d'avec sa mère, à cause de sa grande dépendance à sa mère durant les premières années de sa vie. Cet asservissement est inscrit dans sa psyché. Chaque homme doit trouver lui-même le moyen de le transcender. Chaque homme doit trouver lui-même le moyen de dissocier de la mère de son enfance, la femme de sa vie. Le retour de l'équilibre de la femme par rapport à l'homme est donc une affaire très complexe. Elle affecte votre culture et votre psychologie à tous les niveaux. Aux hommes qui s'interrogent sur la signification de l'équilibre entre le féminin et le masculin, je dirais qu'il signifie une liberté nouvelle, la fin de l'illusion d'isolement, la fin de la nécessité du martyre, et la naissance d'un monde nouveau dans lequel il vaudra la peine de vivre.

La prière, Dieu et la création intentionnelle

Le grand dieu mère/père est un pouvoir impersonnel, une puissance créatrice qui agit indépendamment de la conscience humaine. C'est le processus incessant de la création cosmique. Il se produit grâce à une tension créatrice fondamentale entre la polarité mâle et la polarité femelle de la conscience. Il est impliqué dans la création, le maintien et la destruction de toutes les formes cosmiques. Il ne tient pas compte des êtres humains individuels. Ce n'est pas une conscience à qui l'on pourrait adresser ses « prières » comme à une personne. C'est le processus même de la création.

Ce processus de la création s'étend de l'immense cosmos aux créatures terrestres individuelles, y compris l'humain, et jusqu'aux atomes et aux particules qui composent votre corps.

C'est le dieu mère/père incarné en vous.

Yeshua comprenait que l'on pouvait communier avec cet aspect du dieu mère/père. Pour les besoins de la démonstration, laissons donc de côté le mot dieu/Dieu et utilisons plutôt l'expression « puissance créatrice ». Cette puissance créatrice existe en vous au plus intime de votre être. Elle est la source même de votre souffle et des battements de votre cœur. C'est elle qui vous permet de comprendre mes paroles. Elle existe à tous les niveaux de votre corps, du moindre atome aux molécules qui composent votre forme. Elle existe dans vos organes et même dans votre esprit, permettant votre expérience mentale du monde. Tout ce que vous êtes est une expression unique de cette puissance créatrice. Vos frères et vos sœurs, tous vos semblables sont aussi des expressions uniques de cette même puissance créatrice fondamentale. Par conséquent, métaphoriquement, vous avez/partagez la même mère et le même père. Toutes les créatures du monde, les animaux, les plantes, sont des expressions uniques de la même force fondamentale. Le don divin que possèdent les humains, c'est la capacité d'être conscients de cette puissance créatrice, de ce pouvoir divin qui *est* vous.

Donc, quand Yeshua disait « dieu mère/père », il parlait poétiquement de cette puissance créatrice. Parce qu'il avait été instruit dans l'ancienne connaissance, il comprenait que toute création procède de l'union des opposés. Pour lui, cette puissance créatrice n'était pas un pouvoir impersonnel. Il savait que l'on pouvait s'unir à elle dans le sanctuaire intérieur de l'âme. Il comprenait que là, dans le sanctuaire intérieur de l'être, la puissance créatrice était très personnelle. Ainsi, Yeshua s'unit à la puissance créatrice par cette porte intérieure et elle répondit à ses intentions, qu'il appelait des prières. À ceux et celles qui, en ces temps modernes, refusent le mauvais héritage laissé par l'Église et qui n'aiment pas utiliser le mot « prière », pas plus que l'expression « dieu mère/père », je suggère de remplacer le mot « prière » par l'expression « intentionnalité créatrice » et l'expression « dieu mère/père » par l'expression « puissance créatrice ».

Pour Yeshua, on n'avait pas besoin d'aller dans un temple pour prier; c'était tout à fait inutile, étant donné que la puissance créatrice se trouvait à l'intérieur de soi. C'est ce qui le rendait très impopulaire auprès des prêtres, à la fois ceux de son époque et ceux de l'Église catholique. Celle-ci a intégré le maître enseignant et en a fait l'emblème de son pouvoir, mais un aspect très fondamental de son enseignement portait sur l'absence de nécessité d'aller dans un temple ou dans une église pour se faire entendre, étant donné qu'il/elle n'entendait les prières que par le fond de l'être. *Quand on parle avec l'intention, les choses bougent. On peut faire bouger le monde entier.*

– *Qu'entendriez-vous par « relation sacrée » ?*

Une relation sacrée est celle qui est fondée essentiellement sur le roc de la vérité. Elle est très rare en ce monde, car ce type de relation exclut le mensonge et la manipulation. Les deux personnes en cause se rencontrent sur le terrain commun de l'authenticité et se révèlent la vérité mutuellement ainsi qu'à eux-mêmes, c'est-à-dire à la fois la vérité de leur nature glorieuse et leurs attributs négatifs. Alors, par le feu de la transformation, ces derniers peuvent se changer en une plus grande conscience et en un pouvoir spirituel; cette conscience accrue et ce pouvoir spirituel rejaillissent ensuite sur les deux personnes pour une transformation incessante de la fange en or, de l'ignorance en illumination. Il faut du courage, de la droiture, de la ténacité ainsi qu'un excellent sens de l'humour. Ce n'est pas un chemin facile à parcourir, mais c'est celui qui mène le plus rapidement au Grand Soi que l'on est.

Est-il possible d'atteindre une telle relation ? Cela dépend des individus concernés. Que l'on soit ou non dans une relation sexuelle importe peu. Si vous désirez tâter le terrain afin de voir si ce chemin vous convient, entrez en relation avec quelqu'un égal à vous-même. Engagez-vous à vous dire la vérité et vivez-en ensuite les terribles conséquences; elles sont terribles car elles sont à la fois insécurisantes et enivrantes. C'est la voie du guerrier spirituel.

– *Si vous aviez un message pour toutes les femmes de cette époque, quel serait-il?*

À toutes les femmes, je dirais ceci: ayez le courage de dire votre vérité. *Le retour de la déesse s'effectue dans le cœur et dans l'esprit de chacune. En disant votre vérité, vous changerez le monde.*

À chaque femme, je dis d'avoir le courage d'ouvrir la porte. Ne la laissez pas verrouillée! La porte dont je parle, c'est celle du cœur, car la femme porte dans son cœur une vérité redoutable. Cependant, c'est uniquement quand cette vérité est dite ou partagée que le monde peut changer. *C'est la caractéristique de la déesse.* Les femmes ont été entraînées à rester silencieuses, à demander la permission de parler.

En cette époque, ces femmes qui en ont le courage doivent se donner la permission de dire la vérité qui réside dans leur cœur, qu'elle soit joie ou tristesse, satisfaction ou colère.

Cette vérité doit être exprimée. Elle doit être dite. Et on doit l'écouter pour que ce monde change et qu'il survive. Il y a ici de multiples niveaux.

La Terre, en tant que Mère cosmique personnifiée, a parlé à travers sa perte, à travers les espèces qui disparaissent. C'est là sa vérité.

Il y a donc un parallèle entre la Terre et toutes les femmes. Peut-être que, en tant qu'individus, vous ne pouvez pas dire la vérité de la Terre, mais vous pouvez dire la vôtre. C'est la voix de la déesse qui parle à travers vous. Ayez le courage de parler. C'est ce que je dirais à chaque femme de ce temps.

– *Et à chaque homme?*

À chaque homme, je dirais ceci: ayez la force d'accepter la vérité des femmes. On vous a entraîné à ne pas écouter, à ne pas entendre, à ne pas reconnaître. Vous devez changer cette attitude. Vous et votre monde, vous êtes menacés de disparaître. En tenant les rênes sans les partager, vous menez le cheval de votre destinée dans une certaine direction sans vouloir en voir les conséquences. Quand les femmes exprimeront leur colère, ne craignez pas les vagues qu'elles feront car celles-ci vous libéreront si vous voulez bien les supporter.

Écoutez aussi votre propre cœur; les réponses à vos dilemmes ne se trouvent pas seulement dans votre esprit. On vous a formé à ne pas écouter vos sentiments, à ne pas reconnaître leur validité ou leur importance, eux qui constituent une partie cruciale de votre être. Rendez-vous compte que vous vivez parce que c'est un don de la Terre, la mère de tout ce qui existe en ce monde. Reconnaissez que votre mode de vie lui fait du mal. Si vous avez la force d'accepter la vérité des femmes, celle-ci vous libérera. Si toutefois vous continuez, comme vous l'avez fait collectivement, à réprimer la voix du féminin, tout sera perdu.

Le pouvoir d'ouvrir de nouveaux mondes de beauté, de grâce et de lumière réside dans vos choix les plus anodins. Les plus petites choses peuvent avoir les plus grandes conséquences. Soyez-en conscient. Sachez apprécier ces petites choses, les petits moments de la vie, spécialement dans vos relations avec les femmes de votre vie et avec la Terre.

– *En ce qui concerne le féminin divin, quel sera le plus grand défi de l'année 2009?*

Au niveau des réactions que suscitera le féminin divin en 2009, la vérité sera au premier plan. La pression augmentera pour que les femmes disent leur vérité ou pour qu'elles restent silencieuses afin de se protéger; il y aura donc une pression dans les deux directions opposées. Le destin de la planète et certainement celui de l'humanité se décideront selon l'aspect qui prédominera. La vérité sera-t-elle exprimée ou le silence sera-t-il prépondérant ? Chaque personne devra évaluer pour elle-même les conséquences de sa parole ou de son silence.

En définitive, l'humanité et la Terre vont survivre sous une forme ou sous une autre, mais si les pouvoirs qui veulent faire taire la vérité l'emportent, le monde vivra plusieurs années très difficiles sous le signe de la négativité avant que la vérité, la lumière spirituelle, finisse par prévaloir. Par conséquent, en disant la vérité – sa vérité – en cette époque, on fera se réaliser plus tôt le destin supérieur.

La vérité dévoilée…

Que ceux qui ont les yeux pour voir puissent voir.

Que ceux qui ont les oreilles pour entendre puissent entendre.

Que ceux qui n'ont ni les uns ni les autres continuent leur chemin.

Introduction de Judi
Les Hathors et Tom Kenyon

J'ai pensé que je pourrais également ajouter mon grain de sel à la section des Hathors de ce livre puisque c'est moi qui ai transcrit chacun de leurs messages depuis les huit dernières années. J'ai d'abord *rencontré* les Hathors par l'entremise de Tom Kenyon, mais j'avais déjà vu des images d'eux au cours d'une étrange visite chez un couple du Midwest dont la vieille maison de ferme comportait un temple qui leur était dédié. Il y avait sur les murs des images de ces êtres que je n'avais jamais vus auparavant. Je fus un peu étonnée de voir ainsi, dans une vieille maison de ferme du Kansas profond, cette pièce particulière ne contenant rien d'autre que des images de ces êtres dotés d'une mâchoire particulière, de grandes oreilles et d'une coiffure égyptienne. Mes hôtes me suggérèrent de m'asseoir un moment dans cette pièce leur servant de lieu de méditation, ce que je fis. Je dois avouer que je n'ai rien entendu ni ressenti de particulier lors de cette première rencontre avec ces images, mais je peux vous assurer que je n'étais plus au Kansas. Je me souviens de ce moment aussi clairement que si c'était hier, même si cela s'est passé il y a une vingtaine d'années.

C'est donc plusieurs années après être allée dans cette pièce remplie d'images des Hathors que j'ai rencontré Tom Kenyon et fait connaissance avec les Hathors personnellement et directement.

J'avais entendu parler de Tom Kenyon, mais je ne l'avais jamais rencontré et je ne savais pas vraiment ce qu'il faisait. Je savais seulement qu'il « enseignait » quelque chose et, comme je n'avais pas beaucoup de respect pour les instructeurs à ce moment-là, je n'étais pas particulièrement intéressée. J'en avais connu un trop grand nombre qui ne vivaient pas ce qu'ils enseignaient. En fait, ma déception était devenue un précepte de vie. Je considérais comme révolue l'époque où l'on devait hypocritement respecter les instructeurs qui ne mettaient pas leur savoir en pratique dans leur vie personnelle. Je m'étais donc promis de ne plus jamais travailler avec aucun instructeur, mais de me laisser plutôt instruire par les rivières, les arbres et les pierres, tout comme dans mon enfance.

Plutôt que de répéter ici une histoire que j'ai racontée dans *Le manuscrit de Marie Madeleine*, je dirai seulement que mon premier contact avec Tom et les Hathors a eu lieu lors d'une séance privée que j'avais organisée pour un ami en guise de cadeau de Noël. Je voulais lui offrir quelque chose d'unique et, chaque fois que j'y pensais, j'entendais mentalement la phrase suivante: « Trouve-lui les sons. » Je voulus engager des chanteurs ou un chœur, mais personne n'était disponible. Puis, un soir, une amie me dit ceci au téléphone: « J'aimerais te faire part de ce que dit Tom Kenyon au sujet du changement de paradigme » ou quelque chose du genre. Des cloches se mirent alors à sonner dans ma tête. Littéralement! Je lui demandai le numéro de téléphone de Tom et je l'appelai immédiatement, bredouillant sur son répondeur que je désirais l'offrir à quelqu'un comme cadeau de Noël... Quelques minutes plus tard, il m'appelait pour me demander ce que je voulais exactement. Je fis alors de mon mieux pour lui expliquer que je recherchais « les sons ».

Il me fixa un rendez-vous en compagnie de mon ami. Je ne savais pas qu'il était psychothérapeute; si je l'avais su, j'aurais été un peu embarrassée par ce que je lui avais dit.

Quelques jours plus tard, nous nous rendîmes donc à ce rendez-vous. Lorsque je frappai à la porte, celle-ci s'ouvrit sur le plus gros chien que j'aie jamais vu. Cet animal nommé Merlin s'était glissé devant son maître... Tom nous a alors conduits au sous-sol, où se trouvait son bureau. Après nous avoir invités à y entrer, il prit sa boule de cristal. Comme je ne savais pas du tout à quoi m'attendre, je me suis assise assez loin de mon ami afin que « les sons » (quelle que soit leur nature) lui parviennent directement. C'était son cadeau, pas le mien. Je restai immobile, les yeux fermés. Tom commença à émettre des sons qui ne ressemblaient à rien de ce que j'avais entendu jusque-là dans ma vie. Ayant déjà œuvré en publicité, j'avais passé des années dans des studios d'enregistrement. J'avais travaillé avec des musiciens, j'étais même diplômée en musique, et je n'avais jamais entendu quiconque produire de tels sons. J'ouvris les yeux pour m'assurer qu'il n'y avait personne d'autre dans la pièce et pour tenter de voir comment ces sons pouvaient sortir de son larynx. C'était ahurissant et profondément efficace. Je me sentis glisser dans un état de conscience altéré tout en demeurant consciente de mon environnement.

Les Hathors se présentèrent et commencèrent à parler à mon ami d'une vie que nous avions tous vécue ensemble à l'époque où Akhenaton tentait de transformer la vieille prêtrise. L'histoire m'était profondément familière, et des images apparurent sur mon écran mental, comme les scènes d'un film. Je fus envahie par l'émotion en entendant la description du temple d'Isis et de celui de Ra. Par la voix de Tom, les Hathors produisirent des sons pour mon ami. J'étais euphorique car j'avais trouvé les sons que l'on m'avait demandé de trouver. Je n'avais jamais – et je n'ai encore jamais à ce jour – entendu des sons comme ceux que Tom Kenyon émet au cours d'une session.

Quand ce fut terminé, Tom se tourna vers moi et me dit: « Judi, la déesse Hathor désire vous parler. » Aucun de nous n'a un souvenir conscient de ce qu'elle m'a dit, et elle n'est revenue qu'une seule fois depuis au sein d'un groupe.

Tom nous raccompagna ensuite jusqu'à la porte. Je suivais de près mon ami, qui se dirigeait vers la voiture, lorsque Tom me rappela.

« Judi, me dit-il, je dois vous avouer quelque chose. » Je me rapprochai de lui et je l'entendis me dire: « Je ne fais jamais ça. – Vous ne faites jamais quoi? lui demandai-je. – Je ne reçois jamais les gens chez moi et je ne donne pas de sessions privées. – Alors pourquoi avez-vous accepté de nous recevoir? – Parce que les Hathors me l'ont demandé. »

De retour chez moi, je fus hantée pendant des jours par ces sons. Jamais, de toute ma vie, je n'avais été autant affectée que par cette expérience avec les Hathors par l'intermédiaire de Tom Kenyon. Une semaine plus tard, je lui téléphonai encore pour lui dire ceci: « Si les Hathors vous ont demandé de nous recevoir une fois, pensez-vous qu'ils vous le demanderont encore? J'aurais quelques questions à leur poser. »

Il éclata de rire et me fixa un rendez-vous. C'est ainsi que tout a commencé.

Quelques années plus tard, mon ami a disparu au Danemark et je n'ai plus jamais eu de ses nouvelles, mais je pense toujours à lui avec beaucoup d'amour et de respect, en espérant qu'un jour il lira ces lignes et se souviendra des beaux moments que nous avons vécus ensemble. Après que l'épouse de Tom eut succombé à un cancer, notre amitié s'est transformée en une relation amoureuse de plus en plus profonde. Bien que les Hathors et d'autres déités nous aient révélé privément beaucoup de choses sur nous deux, nous avons choisi de ne pas partager ces révélations avec le public.

C'est donc après avoir « vécu » avec les Hathors depuis huit ans que je vous fais part de mes expériences de cette période.

Ils sont treize individus à parler par l'intermédiaire de Tom. Ils forment un groupe en ce sens que tous s'entendent sur ce qui peut être dit. Ils sont manifestement ici en tant qu'intelligence non intervenante. Ils n'essaient pas de nous influencer ni d'intervenir d'aucune façon dans notre vie. En huit ans, ils ne nous ont pas dit une seule fois ce qu'il fallait faire. Je leur ai demandé des informations précises sur notre avenir et celui de l'humanité, mais ils ne répondent pas à ce genre de questions. Ils ne nous disent que ce que nous avons « besoin de savoir ».

Je vais donc me répéter afin que ce soit très clair : un Hathor ne nous dit jamais ce qu'il y a à faire. Par conséquent, si vous entendez des voix s'identifiant à celles des Hathors et qu'elles vous disent ce que vous avez à faire dans votre vie ou vous donnent des directives, vous pouvez être sûr que ce ne sont pas des Hathors.

Quand nous les y avons invités, ils ont fait des *suggestions* à propos de notre vie et de notre travail avec eux. Au cours des sept dernières années, nous avons voyagé en des endroits où, selon eux, il était bénéfique d'ancrer des sons. Nous sommes allés en Russie parce qu'ils nous l'ont demandé. Nous sommes allés en Ukraine parce que, selon eux, il était bon pour la Terre que nous y ancrions des sons. Quand nous avons découvert que nous étions tout près de Tchernobyl, nous leur avons demandé pourquoi ils nous avaient suggéré de visiter ce site radioactif et ils nous ont expliqué que c'était utile. Ils nous ont dit littéralement qu'ils auraient placé Tom à l'intérieur du réacteur s'ils avaient pu le faire car la radioactivité pouvait retenir le son durant des milliers d'années.

Rétrospectivement, c'est aux îles Fiji que je me suis sentie le plus heureuse. Nous voulions y rester plus longtemps, mais on nous attendait au Japon. Nous avons demandé aux Hathors quelles seraient les conséquences si nous annulions notre voyage au Japon pour rester aux îles Fiji. Nous expliquant que les sons seraient très utiles à la Terre si nous les ancrions le plus près possible de la Corée du Nord, ils nous ont demandé de ne pas annuler le voyage au Japon. C'était il y a sept ou huit ans, quand la Corée du Nord menaçait de tester des armes nucléaires et que le monde était très inquiet. Les Hathors nous ont dit qu'ils voulaient que les sons soient produits le plus près possible de la Corée du Nord, que c'était très important, mais, bien sûr, que nous n'étions pas *obligés* d'y aller. Nous sommes donc allés au Japon, tel que demandé. C'est seulement récemment qu'ils nous ont dit à quel point il était important d'aller au Japon en cette occasion et qu'il en avait résulté un changement en Corée du Nord.

Toute communication est formulée comme une requête. C'est uniquement lorsque j'insiste en leur parlant directement par le truchement de Tom que j'obtiens une explication complète. C'est comme si la question conditionnait en quelque sorte la réponse et que le dialogue précisait grandement les réponses à des questions particulières. Par exemple, ils ont des temples du son au Nouveau-Mexique et en Amérique centrale. Il y a plusieurs années, Tom envisagea d'abandonner celui du Nouveau-Mexique à cause de l'immense frustration qu'il éprouvait à travailler avec un conseil d'administration. Il demanda aux Hathors s'il pouvait l'abandonner. Évidemment, ils acceptèrent. Ils lui dirent qu'il pouvait faire ce qu'il voulait. Refusant de croire que c'était aussi simple, je demandai à leur parler directement. Je voulais leur poser la question suivante. Je leur demandai donc quelles seraient les conséquences pour le monde si Tom abandonnait ce temple. Ils nous ont fourni, à Tom et à moi, la réponse dont nous avions besoin. Ils nous ont dit que ce serait une énorme perte si la conscience de Tom et son accès direct à ce groupe de Hathors n'étaient plus impliqués dans le contrôle total du temple; comme c'était lui qui possédait un accès direct aux Hathors, il était plus avantageux qu'il contrôle le temple pour que celui-ci continue à servir la Terre adéquatement. Nous avons donc conservé le site du temple et nous avons créé un organisme à but non lucratif pour le gérer et y faire des travaux supplémentaires. Il y a maintenant un temple sur un terrain privé au Costa Rica et un autre est projeté pour le Népal, afin de trianguler l'effet d'aiguille d'acupuncture qu'ils exercent sur la terre. La fondation que nous avons créée ensuite (*Sound Healing Foundation*), a entrepris plusieurs projets, dont le tout premier enregistrement de nonnes au Tibet.

En réalité, les endroits du monde où nous allons et ce que nous y enseignons sont un reflet direct des requêtes que nous a présentées l'Univers : soit la connexion aux Hathors ou maintenant la profonde relation que nous avons établie avec la conscience qui s'identifie comme étant Marie Madeleine et avec laquelle nous travaillons depuis l'année 2000.

Encore une fois, je veux que ce soit très clair : ni les Hathors ni Marie Madeleine ne nous disent jamais ce qu'il y a à faire. Ils nous indiquent simplement les conséquences possibles de diverses actions, autant pour la Terre que pour Tom et pour moi. Nous décidons alors de notre action après avoir reçu leur conseil, un peu comme si celui-ci émanait d'un avocat ou d'un comptable. (Même si, en superficiellement, il semble exister très peu de similitudes entre la consultation d'un groupe d'êtres interdimensionnels d'un autre univers et celle d'un avocat ou d'un comptable, je peux vous assurer que j'ai reçu d'eux beaucoup plus de conseils précieux que je n'en ai jamais eus d'un conseiller humain limité à sa dimension sur le plan de la pensée et de la conscience.) Quand on nous dit que nos voyages sont cruciaux pour une situation mondiale particulière sur la Terre, nous sommes très contents de faire ce que nous pouvons si cela nous est également bénéfique. Nous ne parlons pas de cela aux gens. En fait, nous ne disons que rarement pourquoi nous acceptons certaines requêtes plutôt que d'autres.

Nous ne faisons pas d'envois massifs de messages électroniques demandant à tout le monde de se tenir par la main en chantant « Aum » (Om) dans le désert. Nous n'annonçons pas d'avance où nous allons et nous ne faisons pas étalage de nos connaissances de la méditation par le son, sauf évidemment pour aider les gens qui assistent à une session particulière au cours d'un atelier. Je n'essaie pas de nous présenter comme des héros et je ne m'efforce pas d'être ambiguë.

Je peux simplement dire ceci.

En 2007 seulement, nous avons ancré des sons profondément dans les Alpes suisses, dans le Danube hongrois et dans tous ses affluents d'Europe de l'Est. Nous en avons aussi ancrés en Allemagne, en Autriche, en France et en Espagne. Avant de quitter les États-Unis pour ce voyage qui durerait un an, nous avons ancré profondément des sons à la fois sur la côte ouest et sur la côte est. Lorsque nous rentrerons au pays au début de 2009, nous aurons apporté les sons des Hathors des cryptes et des sanctuaires d'Égypte en Hongrie, à Vienne, en France et ensuite au Tibet, au Népal, à Bali, et enfin en Amérique du Nord, où l'on en a très sérieusement besoin aussi.

Je peux dire sincèrement que nous sommes honorés de servir ainsi.

Les Hathors n'ont jamais habité la Terre sous une forme corporelle. Ils envoyaient des émanations à certains artistes de l'Égypte ancienne, tout comme maintenant, pour que leur image anthropomorphique soit peinte ou gravée, mais ils n'ont jamais eu de corps. Ils existent sous forme de lumière dans leur dimension. Les images que j'ai vues dans le temple du Kansas étaient celles qu'ils « montraient » d'eux à certains artistes, qui les ont rendues selon leur perception, car toute information canalisée, qu'elle soit artistique, verbale ou musicale, est traduite par le filtre de la capacité évolutionnaire de l'artiste, du musicien ou du *channel.*

Cela est extrêmement important, étant donné l'abondance du matériel canalisé qui est accessible aujourd'hui dans le monde. J'ai connu dans ma vie, pour diverses raisons, de très nombreux channels et je peux vous dire que la clarté de ce qui passe à travers eux dépend entièrement de leur niveau d'évolution. Ils ne peuvent s'empêcher de filtrer ce qui est transmis par eux. C'est inhérent au processus. Donc, à votre place, je regarderais si l'humain est réellement évolué avant de prêter attention au message.

Pour avoir observé Tom Kenyon à la fois de loin et de près durant plus de quatorze ans, je peux dire qu'il vit quotidiennement ce qu'il enseigne. Je ne l'ai jamais vu aborder aucune situation autrement que de la façon la plus authentique et intègre qui soit. C'est un génie d'une immense stature, tant sur le plan mental que musical et vocal; c'est un véritable homme de la Renaissance. Quand on parle à des gens qui l'ont connu ou qui ont eu affaire à lui dans sa vie professionnelle ou personnelle, on entend toujours le mot « impeccable ». Il est distinctement impeccable, un homme vraiment honorable, d'une grande gentillesse et sans ego. C'est aussi pourquoi je voulais ajouter ici mon grain de sel. Ce sont là des choses qu'il ne dirait jamais lui-même, mais qui méritent d'être dites pour plusieurs raisons. Elles sont vraies et nous font réfléchir sur la source de toutes ces informations canalisées.

La gloire n'est pas synonyme de maturité spirituelle ou émotionnelle, et tout le monde peut publier des livres. Ce n'est donc pas parce que vous avez lu une chose « quelque part » qu'elle est vraie, particulièrement s'il s'agit d'une « nouvelle » comme celles que l'on « lit » couramment. (Vous avez remarqué que je n'ai pas dit « rapporte ». Les nouvelles ne sont plus rapportées et elles ne sont plus prouvées avant d'être lues, pas plus qu'il ne reste d'enquêteurs pour déceler ce qui est dicté par les autorités. Ce qui est « donné » est simplement lu, sans être remis en question ni analysé à haute voix par une personne connue, et ce que nous *appelons* toujours les nouvelles ne ressemble que peu ou pas du tout à la vérité. Soyez-en conscients et demeurez vigilants. Je vous recommande de tout remettre en question, comme je le fais souvent, afin de voir à quoi ressemblerait le contraire.) Comme Tom le dit souvent, filtrez ce que l'on vous dit à travers votre vision personnelle afin de voir ce qui a un sens pour vous. Acceptez ce qui fonctionne pour vous et rejetez ce qui ne vous sert pas.

Les Hathors

On nous a dit que c'est Sanat Kumara, un superviseur bienveillant de cette portion de l'univers, qui y a invité les Hathors. Il sentait qu'ils pouvaient y servir sans faire d'intervention. Il les invita pour qu'ils exercent précisément cette fonction d'aide, à cause de leur nature équilibrée sur le plan alchimique, c'est-à-dire leur équilibre masculin/féminin.

Au cours d'un dialogue avec Sanat Kumara, le 6 février 2007, il nous a dit ceci au sujet des Hathors et du déséquilibre de notre univers : *« La dualité de l'univers, à quelques exceptions près, est telle que le principe masculin surclasse le principe féminin. Il en est de même sur d'autres planètes et dans d'autres systèmes solaires de votre galaxie et de l'univers. J'ai donc demandé l'assistance de la civilisation des Hathors à cause de leur nature équilibrée. »*

En observant la trame temporelle, il semble que ce qui se produit présentement sur cette petite planète bleue au seuil de la création affectera tout l'univers au cours des prochaines décennies. Il savait que, en tant que civilisation, ils avaient atteint ce que nous avions la possibilité d'atteindre : *l'ascension et l'équilibre collectifs*. Ils y sont parvenus en écoutant les maîtres instructeurs de leur civilisation et en se focalisant tous simultanément sur le bonheur. Peut-être avons-nous ou avions-nous cette potentialité, mais les facteurs de contrôle et de peur qui nous ont été imposés au cours des quelques dernières années ont scellé notre destin au profit d'autres méthodes de changement de dimension qui ne sont pas toutes jolies. Les Hathors disent que nous pourrons accomplir cet exploit jusqu'à la toute dernière seconde. Le comportement que j'observe cependant chez mes congénères ne m'encourage guère à penser que nous réaliserons cette potentialité.

Les Hathors sont surtout connus pour leurs activités et leurs représentations en Égypte ancienne, mais ils nous disent aussi qu'ils ont étroitement contribué aux activités de Sanat Kumara au cours de l'existence qu'il a vécue sur l'île qui constitue maintenant le Japon. Ils ont également exercé une influence sur l'ancienne tradition Bon de ce qui constitue maintenant le Tibet, et plus loin au sud, en Afrique.

Tout comme Sanat Kumara, ils sont entrés dans cet univers il y a dix millions d'années et demie.

Ils sont venus d'un autre univers, par le portail de Sirius, jusqu'à Vénus et ensuite jusqu'à la Terre. Ils y ont été actifs avant l'existence de leurs temples en Égypte ancienne, mais on les connaît surtout pour le travail qu'ils ont effectué à partir de ces temples. Hathor est/était une déesse à qui les Égyptiens vouaient un immense respect; chaque ensemble de temples en comportait un qui lui était consacré. Elle était extrêmement déifiée. Elle était un être individuel, une déesse, et non un membre de la civilisation des Hathors. Comme c'est souvent le cas, la connaissance était détenue par un cercle d'initiés et l'image en était transmise aux masses. Celles-ci venaient aux temples d'Hathor pour adorer la déesse et lui demander des faveurs. Au sein du cercle d'initiés, les prêtres et les prêtresses savaient que les Êtres étaient différents de la déesse. Les Hathors œuvrent dans la cinquième dimension de la conscience et jusqu'à la douzième. Nous leur avons demandé récemment de qui sont les représentations qu'il nous reste, puisque l'être connu sous le nom de déesse Hathor n'appartenait pas à leur civilisation. Ils nous ont répondu que ce sont des représentations d'eux-mêmes, les Hathors. La déesse Hathor n'a pas de représentation artistique anthropomorphique. (L'égyptologie traditionnelle considère cependant que les représentations se trouvant en Égypte sont celles de la déesse Hathor, avec des oreilles de vache, ce qui est interprété comme un symbole de sa fertilité.)

Tom possède la remarquable capacité d'« accorder » son cerveau à n'importe quelle fréquence et d'appeler un être. Dans le cas des Hathors, il les reconnaît parce qu'ils l'approchent toujours par le cœur. Après avoir transcrit leurs paroles mot à mot depuis maintenant huit ans, je peux les reconnaître facilement. Ils ne voient pas le monde comme nous. Ils disent que leur état d'existence le plus bas correspond à ce que nous appellerions le bonheur. Ils vivent généralement en extase, un état qui n'est encouragé chez les êtres humains, ni par les religions ni par les gouvernements, ce qui explique peut-être pourquoi nous n'avons pas évolué davantage que l'illustrent nos actions actuelles dans le monde.

Ils œuvrèrent aussi en Lémurie et en Atlantide, bien que plus fortement en Lémurie, où l'on était centré sur le cœur.

Ce sont des maîtres du son et de l'amour. Je ne suis donc pas étonnée qu'ils aient choisi Tom pour transmettre leur témoignage en cette époque importante.

Quand il est en forme, Tom peut communiquer avec eux en quelques minutes. Ils parlent distinctement et je transcris leurs paroles *en direct*, telles qu'ils les émettent. Je suis assez rapide au clavier, et ils ont adopté une caractéristique de Madeleine. Ils me font maintenant tout relire afin de déterminer si c'est conforme à ce qu'ils désirent présenter collectivement. La civilisation des Hathors comprend des millions d'êtres, et eux ne sont que treize. Ce sont des maîtres instructeurs désignés comme porte-parole de la collectivité et non un simple groupe de treize êtres choisis au hasard ; ce qu'ils ont à dire a donc beaucoup plus de poids. Ils travaillent directement pour la plus haute autorité de leur civilisation et ils ne disent donc rien qui ne soit permis de révéler.

Je les trouve très attentionnés, mais non sentimentaux. Ils sont intellectuellement et scientifiquement brillants, et ils ont le sens de l'humour ; ils trouvent très drôle la vie sur la Terre. (Nous présumons que c'est parce qu'ils n'ont pas à payer de loyer ni à voter.)

Bien que leurs paroles soient très utiles, ce sont leurs sons émis par l'intermédiaire de Tom qui transforment la vie et qui ont le pouvoir de guérir. Je vois cela comme une simple science du cerveau.

Quand Tom donne un atelier, que ce soit sur le taoïsme, sur le bouddhisme tibétain, sur l'hindouisme, sur la haute alchimie égyptienne ou sur le christianisme ésotérique, il fournit une bonne quantité d'information qui va à l'hémisphère gauche du cerveau de l'auditeur, qui la déchiffre selon ses capacités de compréhension et son degré d'évolution. Cette information reste toutefois dans l'hémisphère gauche. Elle peut créer un moment d'émerveillement lorsque certains éléments de dogme sont exposés à la lumière de la vérité et que les gens sont libérés des contraintes qui les retenaient, mais cela reste une expérience de l'hémisphère gauche, tout comme lorsque vous lisez ces lignes.

C'est le son – le son pur, sans paroles déchiffrables – qui active l'hémisphère droit. Tom l'enseigne dans ses ateliers de sons guérisseurs, et je suis toujours étonnée de constater que la plupart des gens ne voient pas à quel point cette information peut changer la vie. Il peut se produire de la magie quand quelqu'un enseigne en combinant les mots et le son pur. Avec un tel instructeur, vous avez non seulement la potentialité de comprendre ce qui est enseigné par la parole, mais aussi celle de vivre un changement énorme, une transformation majeure ou une guérison, ou les deux, durant une méditation par le son qui active l'hémisphère droit. C'est ce que font les Hathors. Ils utilisent la voix de Tom pour livrer des codes sonores qui ouvrent les portes et les fenêtres de la perception, de la transformation et de la guérison. C'est ce qu'ils veulent dire quand ils affirment qu'ils sont des maîtres du son et de l'amour.

En huit ans, je ne les ai jamais vus, ni eux ni Madeleine, fournir de l'information inexacte. Aucun être d'une autre dimension ne peut réellement comprendre le temps tel que nous devons en faire l'expérience, mais, aussi loin que l'information canalisée puisse aller dans cette direction, les Hathors et Marie Madeleine ont été très précis dans leurs messages et dans leur synchronisation.

Les Hathors ont commencé à nous transmettre ce qu'ils appelaient des « mises à jour planétaires » il y a environ quatre ans, ainsi que des instructions claires sur l'holon de l'équilibre, qui selon eux est crucial pour conserver notre équilibre. Ils affirment que le tétraèdre étoilé est un excellent véhicule pour voyager à travers les diverses sphères ou dimensions. Toutefois, pour trouver l'équilibre au sein du chaos, l'holon d'équilibre, cet octaèdre imaginaire placé autour du corps, est excellent. Ils nous encouragent à le maîtriser afin de pouvoir le placer autour de nous à volonté. Ils nous encouragent aussi continuellement à trouver la joie et à la conserver par l'extase du cœur.

Message de Tom Kenyon

Je vous fais la même recommandation qu'à tous ceux qui assistent à mes ateliers : ayez toujours près de vous une « boîte imaginaire ». Si vous trouvez que mes propos n'ont aucun sens ou s'ils sont contraires à votre vision de la réalité, mettez-les simplement dans cette boîte. Ne *gobez* pas comme des vérités les propos de quiconque sans les passer au crible de votre propre *expérience de vie*, de votre propre *raisonnement* et de vos propres *valeurs*.

Avaler des idées sans les mastiquer ni les digérer adéquatement peut mener à une indigestion mentale ou spirituelle, et il n'existe malheureusement aucun antiacide instantané pour ce genre de malaise.

Certains disent que l'on doit oublier sa pensée rationnelle quand on entre dans la sphère de l'expérience spirituelle et s'abandonner entièrement à la foi, sans laisser la raison intervenir. Personnellement, je pense que cette attitude est dangereuse. Nous avons besoin de toute notre intelligence et de toutes nos aptitudes intellectuelles pour ne pas nous laisser berner dans notre quête d'illumination spirituelle. Nous cherchons la vérité de la lumière de la conscience de soi, non la fausse luminosité de certains fantasmes et désirs personnels. À cet égard, la pensée rationnelle n'est pas l'ennemie des communications canalisées, mais plutôt son alliée critique.

L'information que vous êtes sur le point de lire ne m'est pas venue d'une manière ordinaire, mais à travers un *état d'esprit canalisé*. Je parlerai davantage du *channeling* dans un instant, mais je désire tout d'abord affirmer très clairement que cette aptitude est inhérente à nous tous. Elle est liée à un aspect de notre être qui s'appelle l'interdimensionnalité.

Qu'est-ce que j'entends exactement par « interdimensionnalité » ? Pour l'expliquer, considérons la chose sous divers points de vue puisque je suis interdimensionnel !

Alors que vous lisez ces lignes ou que quelqu'un vous en fait la lecture, les centres du langage de votre cerveau donnent un sens au babil que nous appelons le français. En même temps, vous entendez peut-être un son provenant de l'extérieur, comme le bruit d'un klaxon ou le cri d'un animal, ou peut-être aussi vous sentez-vous respirer. Tous ces événements – la lecture de ces lignes, les sons que vous entendez et votre respiration – sont des dimensions de la conscience.

Vous pouvez devenir conscient de n'importe laquelle de ces dimensions en y dirigeant votre attention. C'est l'attention que vous prêtez à un événement qui le rend conscient. Si vous n'y prêtez pas attention, vous ne remarquerez rien. Si, par exemple, vous êtes complètement absorbé dans la lecture de ce livre, vous ne remarquerez pas votre respiration ni les bruits de l'extérieur. Ils existent indépendamment de la conscience que vous en avez, mais, dans le monde de votre perception, ce sera comme s'il ne s'était rien passé.

Le monde de notre perception intérieure possède plusieurs dimensions dont la plupart nous sont inaccessibles parce que nous avons été formés à nous focaliser uniquement sur une étroite catégorie d'expériences internes considérées comme significatives, nommément celles qui nous rendent plus productifs ou plus utiles à la société. Même si l'importance de tels états d'esprit pratiques ne fait aucun doute, ils ne sont pas les seuls auxquels nous ayons accès.

Pour connaître ce monde de perception intérieure, il vous faut modifier l'activité de votre cerveau par la méditation ou par une autre méthode. Vous pourrez alors faire directement l'expérience de ce monde et du phénomène plutôt étonnant qui a lieu en vous. Mais tant que vous n'en avez pas directement fait l'expérience, c'est comme si ce monde n'existait pas puisqu'il échappe à votre perception.

La capacité d'accéder à ces dimensions supérieures ou à ce monde créatif se trouvant à l'intérieur de nous, bien qu'elle soit plutôt ésotérique, offre des avantages pratiques uniques. Par exemple, ces autres dimensions de la conscience révèlent souvent des solutions à des problèmes et offrent des aperçus créatifs qui ne sont pas apparents dans notre mode normal de pensée et de perception.

L'histoire de la science regorge de percées et de visions nouvelles inspirées par ces états mentaux non ordinaires. Permettez-moi d'être un peu plus précis ici afin de mieux expliquer ce à quoi je fais allusion.

La science est habituellement considérée comme le pinacle de la raison humaine. La méthode scientifique est fondée sur l'observation rationnelle et sur la résolution logique des problèmes. Cependant, en réalité, ceux qui se consacrent à la science, c'est-à-dire les scientifiques, rapportent que parfois la solution à un dilemme scientifique leur vient par des moyens non rationnels.

Prenons comme exemple le chimiste allemand Kekule, qui a découvert la structure moléculaire du benzène. Il a affirmé qu'il avait lutté très longtemps contre ce dilemme. C'était pour lui une véritable obsession, et aucune solution ne lui semblait possible.

Puis, une nuit, il rêva à un serpent se mordant la queue. À son réveil, il se rendit compte que c'était là, en fait, la structure de l'anneau de benzène. Après avoir traduit sa vision en langage mathématique, il put prouver que sa vision nocturne était juste.

Ce qui est intéressant à souligner au sujet de l'image vue en rêve par Kekule, c'est qu'il s'agit d'un symbole classique de l'alchimie européenne, l'ouroboros.

Je crois d'ailleurs que plusieurs symboles alchimiques et oniriques, tel l'ouroboros, expriment l'interrelation de la matière et de la conscience.

Ce qui importe de rappeler ici, c'est que la solution à un problème extrêmement pratique, celui de la structure du benzène, fut révélée par un état mental non ordinaire et non rationnel, c'est-à-dire un rêve.

De l'information utile peut donc nous être révélée quand nous pénétrons dans d'autres dimensions de notre conscience. Le physicien Albert Einstein a rapporté qu'il avait découvert les principes de la relativité générale grâce à une série de visions. Il a même dit un jour que l'on ne pouvait résoudre un problème si l'on se trouvait au même niveau que celui-ci. On doit passer à un niveau supérieur pour le résoudre.

Depuis très longtemps, la question des dimensions intrigue les physiciens et les mathématiciens. Ce qu'il faut considérer en premier en matière de dimensionnalité, c'est le point de vue sous lequel on voit les dimensions. Par exemple, les mathématiciens les voient différemment des physiciens.

Une façon de concevoir la dimensionnalité, bien qu'inhabituelle, c'est de la considérer comme les dimensions de la conscience. Pour aborder le sujet, prenons un livre intitulé *Flatland*, écrit en 1884 par le satiriste victorien Edwin Abbott.

J'évoque ce roman parce qu'il explore le paradoxe fascinant de l'impossibilité, pour ceux qui vivent dans une dimension donnée, de comprendre parfaitement les autres dimensions que la leur.

En voici un bref résumé, forcément incomplet.

Il y avait un jour un monde imaginaire appelé *Flatland* (Terre plate) qui ne comportait que deux dimensions : la longueur et la largeur. Ceux qui vivaient dans ce monde s'appelaient les Flatlanders. Aucun d'entre eux n'avait jamais rien vu de tridimensionnel puisque Flatland était plat.

Un jour, une sphère (une balle) traversa Flatland. Lorsqu'elle y pénétra, les habitants virent apparaître dans leur monde un simple point, qui devint rapidement un petit cercle, lequel se mit à s'agrandir. À un moment donné, il devint très gros ; c'était évidemment au moment où la balle passait le plus près de Flatland. Puis, sans raison apparente, le cercle se mit à rapetisser jusqu'à redevenir un simple point, lequel disparut aussitôt.

Les Flatlanders émirent plusieurs hypothèses sur ce qui s'était produit, mais personne ne savait réellement ce que c'était. Ils ne pouvaient imaginer aucun objet ressemblant à une sphère, car ils ne pouvaient rien concevoir qui ne fût pas conforme à leur monde bidimensionnel.

Je pense que nous nous trouvons dans la même situation.

Nous vivons dans notre monde tridimensionnel en pensant que rien d'autre n'existe. Si le temps est la quatrième dimension, comme certains l'ont suggéré, nous en avons alors presque tous une bonne notion. Ce que je veux dire, c'est que nous pouvons dire quelle heure il est et nous présenter à nos rendez-vous *à temps*. Pour la plupart d'entre nous, c'est tout ce qui importe.

Le paradoxe du temps

Il y a toutefois d'autres façons de considérer le temps. Notre perception mécaniste moderne n'en est qu'un aspect. Quand nous transcendons le temps ou cessons de le percevoir (comme par la méditation ou par d'autres pratiques ésotériques), cela devient très intéressant.

En effet, quand nous sortons ainsi du sillon du temps perçu, nous entrons plus facilement dans d'autres sphères de l'expérience humaine. Ces états mentaux et physiques inhabituels ont été décrits depuis fort longtemps par des mystiques, des yogis et d'autres êtres illuminés.

La description de leurs rencontres avec le numineux (terme jungien pour désigner les sphères d'existence remplies de lumière), ils l'ont évidemment exprimée à travers le filtre culturel de leur époque. Ainsi, le langage des grands mystiques et contemplatifs chrétiens est différent, à première vue, de ses pendants judaïque et islamique. De plus, ces descriptions sont certainement encore plus différentes de leurs contreparties asiatiques, soit celles issues du yoga bouddhique et du yoga hindou, ainsi que des alchimies taoïstes de la Chine. Cependant, sous la surface de leurs différences apparentes résident de profondes similitudes.

Ces similitudes ne sont pas liées à la croyance, à la filiation spirituelle ou au dogme. En effet, plusieurs traditions mystiques ont des points de vue totalement opposés au sujet de dogmes fondamentaux. Malgré ces différences, il existe de frappants points communs entre les méthodes utilisées pas ces disciplines mystiques et yogiques pour entrer dans le numineux. En outre, l'altération de la perception du temps, qu'elle soit atteinte par la transe méditative, par la prière contemplative ou par le chant, est au centre de toutes ces traditions.

Du point de vue de la neurophysiologie moderne, nous pourrions effectivement dire que c'est par cette altération de la perception du temps (et par les changements afférents de l'état du cerveau) que tous les yogis, les mystiques et les saints appréhendent ce qu'ils appellent le Divin, le Soi transcendant ou le Tao (selon leur tendance philosophique ou intellectuelle).

Autrement dit, les expériences mystiques et religieuses se produisent (au niveau neurologique) par suite de divers changements dans le fonctionnement du cerveau. Je ne veux pas dire que les expériences mystiques peuvent se réduire à des changements physiques dans le cerveau ni en être le simple résultat, mais elles se caractérisent incontestablement par des événements simultanés dans le système nerveux. Certains pourraient dire que nous coupons ici les cheveux en quatre, mais, pour ceux qui sont engagés dans la poursuite d'une compréhension scientifique des états d'esprit mystiques, il est essentiel d'être le plus rigoureux possible.

Personnellement, je suis convaincu que la sphère du numineux (c'est-à-dire l'expérience mystique) nous ouvre un territoire de potentialité humaine d'une richesse fascinante, mais seulement une fois démantelée la prison du dogme (religieux et/ou culturel).

Du point de vue de la neuropsychologie, l'information canalisée n'est qu'une expression de plus du potentiel de notre esprit et de notre cerveau, une expression similaire, sous certains aspects, aux états mystiques de l'esprit.

Le channeling n'est cependant pas un acte religieux. C'est plutôt une incursion dans le territoire inconnu de la psyché (le numineux) pour voir ce qui en émergera en matière de *contact* (avec d'autres intelligences) et d'*information* (sous la forme de nouvelles visions).

En tant que psychothérapeute engagé dans la recherche sur le cerveau depuis plus de dix ans, je considère les *channelings* en général comme un type d'expérience transpersonnelle de la psyché.

En effet, de mon point de vue, le *channeling* est simplement l'art de modifier l'activité des ondes du cerveau de diverses façons, ce qui crée en retour des expériences et des informations transpersonnelles.

Le processus du *channeling*

Quiconque fait du *channeling* y parvient en altérant sa conscience d'une façon ou d'une autre. Quelle que soit la méthode utilisée, il en résulte que le *channel* entre dans un état de conscience profondément altéré ou *internalisé* (transe). Pendant la période de temps que dure la *communication*, il est plus ou moins détaché et en quelque sorte suspendu de sa façon normale d'être dans le monde, y compris de sa perception du temps. Cela résulte directement de changements à l'état de son cerveau, c'est-à-dire d'une augmentation de l'activité alpha et thêta.

Aussi étrange que puisse paraître l'état propre au *channeling*, je crois que c'est une aptitude innée chez la plupart des humains, sinon tous. Il s'agit simplement d'apprendre à changer volontairement l'état de son cerveau.

Il y a toutefois un autre élément du phénomène du channeling qu'il est crucial de comprendre. C'est la question des filtres. Personnellement, je ne crois pas qu'un *channel* puisse être entièrement « clair ». Il peut s'approcher de l'état de *channel ouvert et clair*, faire de son mieux pour être impeccable, mais la *Présence* ou l'*Information* qui se présente à travers lui est nécessairement affectée par son état émotionnel, par ses croyances inconscientes et par ses *miasmes* (distorsions toxiques personnelles).

Cet inévitable filtrage de l'information dans l'état de channeling est la raison pour laquelle j'ai affirmé plus haut qu'il fallait toujours avoir près de soi une boîte imaginaire. Si une partie d'un message canalisé n'a aucun sens pour vous, jetez-la dans la boîte. Ne l'acceptez pas comme une vérité. Mettez-la à l'épreuve à l'aide de votre propre discernement, par votre propre expérience de vie et par vos propres valeurs.

J'ai l'espoir que vous agirez ainsi en lisant ces messages. Voyez ce qui fonctionne pour vous et rejetez le reste.

À mon avis, l'une des pires choses que l'on puisse faire de cette information, ce serait de la *déifier*, de l'instaurer en un culte du Nouvel Âge. Considérez plutôt ces *messages* comme une simple information provenant d'une autre dimension de la conscience, un point de vue unique sur notre monde, qui vous permettra sans doute de posséder davantage de ressources et d'être plus heureux dans la gestion de votre vie.

Tom Kenyon

Introduction des Hathors

Salutations fraternelles à vous tous qui lisez cette information. C'est avec un immense plaisir que nous contribuons à ce projet littéraire. Nous sommes les Hathors. Avec beaucoup d'amour, nous vous annonçons un nouveau rêve pour votre Terre. Un rêve qui sous peu, deviendra votre nouvelle réalité. Si vous êtes prêts à construire le nouveau monde, nous vous invitons à vous joindre à nous pour un voyage de l'esprit et du cœur.

Nous sommes vos frères et sœurs aînés. Nous vous avons accompagnés pendant une très longue période de votre évolution sur cette planète. Nous étions avec vous dans un lointain passé, même en ces temps reculés dont aucune trace ne subsiste dans votre histoire écrite. Nous sommes d'une nature énergétique et interdimensionnelle. Nous venons d'un autre univers par le biais de Sirius, qui est un portail de votre univers, et depuis Sirius nous avons atteint votre système solaire, et finalement Vénus.

Par le passé, nous avons travaillé particulièrement avec Hathor, la déesse de la fertilité de l'Égypte ancienne. Nous avons aussi établi un contact avec des lamas tibétains au cours de la période de développement du bouddhisme tibétain. Bien que nous ayons été en interaction avec quelques civilisations terrestres primitives, nous sommes une civilisation intergalactique avec des postes s'étendant dans certaines parties de votre univers connu et aussi au-delà. Nous sommes ce que vous appelleriez une civilisation ascensionnée, un groupe d'êtres existant dans un champ vibratoire spécifique, tout comme vous possédez votre propre signature énergétique. Notre taux vibratoire est tout simplement plus élevé que le vôtre. Néanmoins, nous faisons tous partie du mystère, nous appartenons tous à l'amour qui maintient tout l'univers.

Nous avons évolué comme vous, en nous élevant vers l'Unique Source de tout ce qui est. Nous avons grandi dans la joie et dans la peine, tout comme vous. Nous sommes un peu plus haut que vous dans la spirale de la conscience; par conséquent, nous pouvons vous offrir ce que nous avons appris, en tant qu'amis, mentors et compagnons voyageurs sur le chemin conduisant à la souvenance de Tout ce Qui Est.

Nous ne sommes pas des sauveurs; nous ne sommes pas messianiques. Nous voulons clairement nous situer en dehors de cette projection afin que le lecteur comprenne que nous sommes simplement des frères et sœurs aînés vous offrant nos connaissances. Vous pouvez les accepter ou les rejeter, mais nous vous les offrons librement. Selon notre compréhension, la croyance que diverses intelligences extraterrestres vont venir sauver l'humanité n'est qu'une projection de la conscience humaine. L'espoir que vous serez sauvés par quelque chose ou par quelqu'un, que vous n'aurez vous-même, aucun changement à effectuer, ou encore que vous n'aurez pas à assumer de responsabilité, est tout simplement irréaliste. C'est pure déraison que de croire que vous pouvez demeurer dans des schèmes de léthargie et d'inconscience, et qu'ensuite, vous prendrez ou l'on vous donnera quelque chose qui vous transformera sans aucun effort de votre part. Cela n'arrivera pas. Bien sûr, il est prévu que des intelligences extraterrestres atterrissent car il en existe certainement, mais ces humains qui comptent sur les autres pour leur procurer l'ascension et l'élévation sans aucun travail de leur part seront très déçus. L'ascension est un processus d'éveil de soi et de maîtrise à tous les niveaux, et elle requiert que l'on élève inévitablement tous ces niveaux de son existence. C'est ainsi que nous pensons et que nous agissons depuis des millénaires.

En vous offrant notre aide, cependant, nous ne désirons aucunement interférer avec vos autres aides spirituels ou vos autres relations cosmiques, ni avec vos croyances religieuses ou avec les organisations qui vous sont utiles. Néanmoins, nous avons beaucoup à partager avec vous.

Nous connaissons bien Sanat Kumara, car c'est lui qui nous a demandé d'entrer dans cet univers. En tant que maître ascensionné, Sanat Kumara a assumé de nombreuses responsabilités liées à l'élévation de la planète Terre et de ce système solaire. Comme nous, il travaille à l'ascension, à l'évolution de la conscience dans le système solaire.

Nous désirons vous dire aujourd'hui que vous êtes au seuil d'un énorme changement et que le monde tel que vous l'avez connu jusqu'ici est en renaissance. Alors qu'il arrive au stade de la naissance à des dimensions supérieures, une grande partie de ce que vous considérez comme allant de soi n'existera plus. Vous avez atteint le portail temporel par où vous devez passer, et l'accélération est indiscutablement amorcée.

Ce moment du temps constitue une occasion rare et précieuse. Nous ne parlons pas ici du *petit soi*, mais du *grand soi* que vous êtes. Cet aspect supérieur de vous, cette réalité interdimensionnelle que vous êtes, reçoit un immense coup de pouce évolutionnaire par l'acte d'incarnation en cette époque. Le *grand vous* est au-delà du temps et de l'espace tels que vous les concevez. Le vous personnel est comme une facette d'un bijou complexe qui en possède plusieurs. Les expériences que vous créez pour vous-même dans ce monde ajoutent à vos connaissances et à la profondeur de votre être.

Votre monde comporte plusieurs forces. Certaines tentent de vous dominer et continuent d'emprisonner votre mental, votre cœur et votre esprit, mais leur funeste emprise sur vous et sur votre destinée se relâche car elles-mêmes supportent difficilement l'accélération du temps.

Si nous n'avions qu'un seul message à vous livrer à ce stade-ci, ce serait le suivant : *vivez dans toute votre plénitude*. Ne vous laissez pas leurrer par l'illusion d'être un petit humain insignifiant et limité. Ceux qui désirent contrôler la destinée de l'humanité entretiennent cette illusion. Nous vous disons donc de vivre à partir de votre plénitude, c'est-à-dire de votre nature interdimensionnelle, car ces aspects supérieurs de vous-mêmes vous feront découvrir de nouvelles solutions aux problèmes que vous affrontez. Le portail de cette réalité interdimensionnelle de vous-mêmes existe au-delà des contraintes du temps, de l'espace et de l'histoire. Vous n'êtes pas limités par elles à moins que vous ne le désiriez.

Le portail menant à cette réalité de vous-mêmes, à la liberté qui est votre nature, réside dans quelque chose de très simple. Si simple, en fait, qu'on l'a oublié et qu'on vous dirait que la solution ne peut pas être aussi anodine. Pourtant, par cette porte quasi secrète, vous atteindrez une

Le pouvoir du son

La révolution chantante

– *J'ai entendu récemment une histoire fascinante au sujet d'un film présentement en circulation et qui s'intitule* La révolution chantante (The singing revolution). *Il s'agit d'un mouvement stratégiquement non violent créé par les Estoniens pour mettre fin à des décennies d'occupation soviétique. Les Estoniens se disaient que, tant qu'ils ne verseraient pas de sang, les Soviétiques (dirigés à l'époque par Gorbatchev) ne pourraient envoyer des chars d'assaut pour écraser la manifestation. Les gens de ce pays se mirent donc à chanter. À un moment donné, ils étaient un million à chanter en même temps.*

Je trouve assez incroyable qu'un acte aussi simple que celui de chanter ait pu avoir un tel effet! Je comprends que le chant n'était pas le seul facteur en cause, mais il semble avoir joué un rôle très important. Comment les sons peuvent-ils avoir un effet si puissant sur une telle situation? Que se passe-t-il alors au niveau vibratoire?

Nous ne commenterons pas cet événement particulier (en Estonie), mais nous pouvons commenter l'action exercée par le son dans une telle situation.

Tout d'abord, la voix humaine possède la capacité naturelle de communiquer l'émotion, les formes-pensées et les énergies subtiles. Quand la voix est associée à l'*intention*, le son possède un pouvoir qu'il n'a pas autrement.

Quand on réunit deux personnes ou davantage, on crée alchimiquement une troisième force, une troisième énergie qui dépasse les individus. C'est l' « union » des « pouvoirs d'intention » générés par les personnes en présence. Ainsi, si plusieurs centaines ou milliers d'individus chantent avec une intention commune une chanson que chacun connaît bien, plusieurs phénomènes peuvent se produire, et c'est ce qui pourrait expliquer le départ soudain des chars et des soldats.

Considérons la chose sous trois aspects.

Premièrement, *la troisième force*. Elle se compare à un individu qui ne posséderait pas de corps ; c'est un phénomène énergétique. Elle est créée par l'intention et par les sons, par les chansons chantées par les individus. La troisième force est un rassemblement collectif d'énergie, possédant une force palpable qui affecte les individus d'une façon bien particulière. Elle peut conférer du courage, de la force et de la détermination. Elle peut aussi, selon l'intention qui l'anime, briser la carapace autour d'un cœur fermé. Évidemment, des soldats qui entreprennent une action militaire doivent par nécessité fermer leur cœur sinon ils ne pourraient exercer la violence contre leurs semblables.

Par conséquent, si des milliers de personnes chantent la même chanson avec la même intention, particulièrement si celle-ci est non violente, la troisième force ainsi créée traverse « l'armure » autour du cœur de ceux qui sont rassemblés pour les attaquer. Étant donné que l'ouverture du cœur et une action individuelle, certains soldats éprouveraient cette ouverture avant d'autres. Inévitablement, cela mènerait à l'abandon de l'action militaire entreprise.

Le deuxième aspect implique la physique interdimensionnelle et résulte de l'interaction de la troisième force avec une probabilité future. Il s'agit d'un sujet plutôt ésotérique, et nous tenterons donc de le simplifier.

Lorsque des soldats sont envoyés à un certain endroit en vue d'une attaque, une probabilité s'insère dans la trame temporelle du proche avenir où un tel événement peut vraisemblablement se produire. De par sa nature même, la troisième force, qui, paradoxalement, est créée à l'intérieur des contraintes du temps, en l'occurrence par ceux qui chantent une chanson, agit hors du temps. Alors, parce que l'intention est non violente, la probabilité s'insère dans la trame temporelle et rencontre celle d'une attaque par les soldats. Les deux intentions interagissent créativement dans un vortex d'énergie interdimensionnelle, une réalité que votre science ne fait que commencer à comprendre.

Le troisième aspect est lié à ce que nous appellerions le *soi supérieur* de chaque personne. Cet aspect se situe « hors » du temps et de l'espace, mais il peut affecter directement les événements se produisant dans le temps et dans l'espace. Cet aspect supérieur du *soi* est actif quand l'individu est dans un état d'amour, de compassion et de non-violence. C'est un registre vibratoire particulier de la conscience. Si une seule personne barrait la route aux chars, cela n'aurait pas le même effet. C'est uniquement lorsque des centaines de personnes se rassemblent et s'unissent dans une intention commune de compassion et de non-violence que leur expression supérieure se révèle.

Pour des soldats dans une telle situation, c'est une expérience bien particulière que de voir soudain disparaître ce qui leur cachait la lumière ainsi que leur connexion aux autres humains, et de s'apercevoir qu'ils ont une arme à la main. C'est surréaliste. L'essentiel, ici, c'est qu'il s'agit d'un acte individuel pour chaque soldat que d'abaisser son arme et de permettre à la troisième force et à l'expression supérieure du *soi* de l'influencer. Et c'est un moment créateur dans le temps, celui où une chanson, une vibration sonore, jointe à l'intention, particulièrement celle de la non-violence et de la compassion, change la probabilité d'une catastrophe en une éclosion de l'esprit humain.

Le son et la guérison

– *Le passage à la quatrième dimension affecte beaucoup notre biologie, c'est le moins que l'on puisse dire. C'est différent pour chaque personne, mais il y a un phénomène qui semble toucher plusieurs travailleurs de la Lumière : les bourdonnements d'oreilles. Que se passe-t-il exactement quand cela arrive ?*

Le lien entre le son et la guérison est très complexe. Nous allons tenter de le décomposer en ses divers éléments, mais c'est l'action combinée et simultanée de ces éléments qui confère aux sons leur pouvoir guérisseur.

Le premier niveau, bien compris par vos neurosciences, résulte du contact du son avec l'oreille, ce qui crée des changements dans le cerveau par l'intermédiaire des canaux auditifs. Cela altère l'activité des ondes cérébrales, la réaction des neurotransmetteurs, celle des systèmes sympathique et parasympathique, et se répercute dans chaque organe et chaque système du corps. Nous ajouterions cependant que la vibration sonore pénètre chaque *cellule*, ce que votre science n'a pas encore découvert.

Une autre composante du son en tant que technologie curative, c'est le fait que les sons audibles affectent le champ énergétique du corps, que les Anciens appelaient l'aura. Votre science étudie aussi ce phénomène dans le domaine de la médecine de l'énergie subtile. Certains types de sons, spécialement quand ils sont unis à l'intention, peuvent affecter profondément le champ énergétique du corps, qui enveloppe chaque cellule.

Poussant plus loin notre examen du phénomène sonore, considérons maintenant l'intéressante relation qui existe entre le son et la lumière.

Essentiellement, de notre point de vue, ce que vous appelez la réalité matérielle ainsi que toutes les formes d'énergie que votre science a identifiées sont l'expression d'un seul phénomène fondamental : l'interchangeabilité de la matière et de l'énergie. Ainsi, à un niveau d'expression très subtil, le son qui est produit d'une façon particulière entre en contact avec le continuum de la lumière.

Pour illustrer ce phénomène, imaginez un piano qui posséderait des touches supplémentaires au-delà des 88 touches habituelles. Si un pianiste jouait les notes se trouvant au-delà de la 88e, elles deviendraient lumière, de sorte qu'il pourrait créer un accord de lumière tout comme un accord sonore, un accord composé de différentes couleurs. Mais vous ne l'entendriez pas car il vibrerait trop rapidement. Par contre, si l'on transposait ces notes sur les 88 touches habituelles, vous entendriez un accord, et il y aurait une relation directe entre les sons que vous entendriez et les couleurs que vous verriez.

Quand le son est articulé et produit avec un haut niveau de compréhension et de maîtrise, il peut changer l'énergie en matière et vice-versa.

Soyons maintenant plus précis. Il est possible que des sons produits ainsi touchent une tumeur et la transforment de sa forme matérielle physique en lumière, en énergie, de sorte qu'elle disparaisse.

Il est possible aussi d'ajouter quelque chose qui manque au corps physique au niveau atomique, ou moléculaire, en activant un schème dans la sphère de la lumière et en changeant l'énergie en matière. C'est là une maîtrise du son très avancée, et l'une de ses potentialités.

Ce que nous entendons par « quelque chose qui manque », c'est tout le continuum du corps physique dans la forme. Il est plus facile de susciter l'expression d'une molécule ou d'un schème atomique, et l'on peut donc ajouter au corps une hormone qui manque au continuum de la lumière, ou neurotransmetteurs cruciaux. C'est le même principe quand on passe au groupement des molécules et à l'organisation des organes, mais il faut une maîtrise beaucoup plus grande pour remplacer un organe à partir de la sphère de la lumière que pour remplacer une molécule. Or, comme nous l'avons dit, le principe est le même.

Alors que l'humanité entrera dans une expression supérieure de sa nature spirituelle au cours du prochain siècle et malgré toute preuve apparente du contraire, des guérisseurs pourront accomplir leur travail avec le son. Et vous assisterez effectivement, au cours des années à venir, à une renaissance de la médecine utilisant toutes les applications possibles du son, autant technologiques qu'intuitives, ce qui implique l'utilisation de la voix pour effectuer la guérison.

Les bourdonnements d'oreilles

Les bourdonnements d'oreilles peuvent avoir plusieurs causes, l'une d'elles est la simple détérioration neurologique du tympan et du conduit auditif.

Une deuxième cause réside dans le processus des centres auditifs du cerveau. Votre science distingue maintenant entre deux types d'acouphène :

celui qui résulte d'une dégénérescence nerveuse et celui qui est causé par des changements dans le cerveau.

Il existe une troisième cause aux bourdonnements d'oreilles, et elle est liée au champ énergétique du corps.

Alors que les individus évoluent spirituellement, leur *champ*, l'aura des Anciens, subit plusieurs changements. Il existe dans le champ énergétique plusieurs petits vortex d'énergie en pulsation. On peut imaginer le champ aurique sous la forme d'un gros œuf luminescent entourant complètement la forme physique. À l'intérieur de cet œuf lumineux se trouvent une variété de formations de lumière géométriques. Quand l'une d'elles est activée pour une raison d'évolution intergalactique, planétaire ou personnelle, cette zone change de taux vibratoire et provoque parfois dans le cerveau une réaction perçue comme un son extérieur. Il s'agit souvent d'une simple note ou d'une petite suite de notes récurrentes.

Pour composer avec ce phénomène des bourdonnements, la méthode consiste à y concentrer votre attention. S'ils sont causés par des changements dans le cerveau ou dans le champ énergétique, ils cesseront; s'ils ont pour origine une dégénérescence nerveuse, ils persisteront.

Il s'agit simplement de les écouter. Au bout de quelques minutes, ils changeront ou disparaîtront. Idéalement, si vous concentriez toute votre attention sur eux pendant quelques minutes, vous percevriez l'émergence d'une autre série de sons, plus subtils. Et si vous les écoutiez, vous percevriez une troisième série de sons encore plus subtils. Autrement dit, vous pouvez « chevaucher » ces sons pour atteindre des niveaux de conscience de plus en plus subtils.

Cette méthode vous permet en réalité de suivre le chemin du son subtil jusqu'à une tranquillité absolue. Une ancienne technique de yoga fait usage de cette connaissance; en Inde, on l'appelle le nada yoga. De notre point de vue, ce savoir est lié de près au dogme et à la filiation. En séparant le dogme du savoir, nous aimerions vous dire ceci. Tous les êtres – humains, animaux, plantes et autres – possèdent un champ énergétique vibratoire car ils *sont* des champs d'énergie vibratoire. Les plus petites particules subatomiques vibrent et oscillent, et si vous possédiez la technologie nécessaire, vous pourriez rendre ces sons, ces vibrations, perceptibles à l'oreille humaine. Vous les appelleriez des mélodies, bien que très inhabituelles. Vos scientifiques estiment que le corps humain contient approximativement un billion de cellules constituées d'un nombre encore plus grand d'atomes et de molécules. Chaque unité de matière possède sa propre mélodie vibratoire. Vous êtes donc très réellement une symphonie ambulante, quoique certains parmi vous soient plus harmonieux que d'autres.

Au cours du processus d'évolution spirituelle, le mental et les attributs sensoriels s'affinent. Lequel de vos aspects s'affinent, cela dépend de plusieurs facteurs, dont votre propre constitution et votre nature spirituelle, la culture dans laquelle vous baignez et les tabous religieux qu'elle comporte. Chez certains individus, c'est la perception de la lumière spirituelle qui augmente. Autrement dit, ces derniers voient des couleurs qui ne sont pas présentes physiquement. Chez d'autres, c'est le sens de l'ouïe qui s'affine. Ceux-là entendent facilement davantage de sons extérieurs.

Nous recommandons à ceux qui entendent des sons extérieurs de considérer ceux-ci comme des manifestations de leur propre champ énergétique. Vous êtes témoins d'une expression vibratoire de votre propre énergie, de votre propre être physique. De notre point de vue, c'est le premier signe de la clairaudience, la faculté de percevoir des impressions auditives psychiques.

Même si votre question n'y faisait pas spécifiquement allusion, nous désirons inclure, puisque que nous traitons de ce sujet, ceux qui expérimentent un accroissement de leur conscience émotionnelle ou kinesthésique.

De la même façon que l'on peut évoluer sur le plan de la clairvoyance, c'est-à-dire en jouissant d'une vision spirituelle accrue, on peut aussi évoluer sur le plan de la clairaudience, c'est-à-dire la faculté spirituelle d'entendre, ou de la clairsensitivité, c'est-à-dire la faculté de sentir physiquement des réalités de nature spirituelle.

Pour les individus clairsensitifs, cette époque comporte des difficultés particulières. Un clairsensitif est aussi un *réactif émotionnel*, un empathique, qui ressent les sentiments des gens de son entourage. Cela fait partie de son aptitude clairsensitive.

Alors que ce monde passe par le portail de la transformation radicale, plusieurs individus en sont angoissés, bouleversés. C'est que le monde tel qu'ils le perçoivent subit des changements qui échappent à leur contrôle. Comme cela crée de l'angoisse chez la plupart des humains, les empathiques perçoivent celle de plusieurs individus.

De fait, pour les empathiques qui évoluent rapidement, cela peut s'avérer encore plus difficile, car il est possible de devenir un empathique planétaire, c'est-à-dire quelqu'un qui ressent les vagues émotionnelles de toute la planète. Cet individu est alors envahi par les émotions et les sentiments collectifs de l'humanité, et aussi du règne animal puisque les animaux peuplant votre terre connaissent également une grande transition. Certains empathiques et clairsensitifs peuvent aussi recevoir de l'information de Gaïa elle-même, déesse énergétique vivante matérialisée en tant que Terre. Pour ces individus, cette époque est assurément difficile.

Nous suggérons ceci à ceux qui sont empathiques de nature et qui sont en train de développer la faculté de clairsensitivité : il est vital pour vous de trouver un moyen de séparer vos propres émotions de celles que vous recevez des gens de votre entourage. Il est primordial pour tous les empathiques et les clairsensitifs de prendre cette mesure, sinon leur vie peut devenir très angoissante. Une autre approche serait de vous dire que vous devez être le *souverain de votre propre réalité* et de bien définir vos droits de souverain par rapport à votre entourage. Pour un empathique ou un clairsensitif, la clarté conduit à la liberté.

Après avoir traité des difficultés que doivent affronter les empathiques en cette époque, nous vous offrons maintenant des moyens spécifiques d'y remédier. Nous serons très clairs. Ceux qui lisent cette information ne sont peut-être pas empathiques en ce moment. Ils sont peut-être davantage clairvoyants (vision psychique) ou clairauditifs (ouïe psychique), mais la faculté de clairsensitivité et de réaction empathique finira par se développer chez tous les humains. Par conséquent, même si cette information ne s'applique pas à vous aujourd'hui, elle peut très bien s'appliquer dans un mois ou dans un an. Si vous survivez à ce passage dans votre corps actuel, vous aurez certainement des réactions empathiques après 2030; la plus grande partie de l'humanité jouira alors de la faculté psychique émotionnelle.

Que voulons-nous dire par là? Il sera très difficile de mentir. Cela dépendra évidemment de l'évolution des individus, comme en toutes choses. À l'époque que nous venons d'évoquer, certains seront extrêmement psychiques à tous les niveaux: la clairaudience, la clairsensitivité et la clairvoyance. Il sera absolument impossible de les duper. De plus, des humains moins évolués auront alors subi une évolution émotive, et leurs aptitudes empathiques ou clairsensitives se seront accrues suffisamment pour qu'ils sentent qu'on leur ment quand ce sera le cas. Contrairement au clairauditif-clairvoyant-clairsensitif hautement développé, le simple empathique ne saura peut-être pas en quoi exactement on lui ment, mais il saura avec une inébranlable certitude qu'on ne lui dit pas la vérité. C'est pourquoi les politiciens tels que vous les connaissez maintenant seront alors une espèce disparue, comme les dinosaures.

Voici donc quelques suggestions simples pour ceux qui ont remarqué un accroissement de leur réaction empathique au monde. Ce sujet pourrait occuper un livre entier, mais nous tenterons de le ramener à quelques points essentiels.

Les individus empathiques trouveront très utile de composer avec leur propre structure géométrique et leur signature émotionnelle personnelle. Que voulons-nous dire par là? Essentiellement, ce qui se passe pour un empathique, c'est que toutes les portes sont ouvertes sur le monde et que tout, n'importe quoi, ce qui est élevé comme ce qui est déformé, peut passer par ces portes et entrer dans la maison, pour ainsi dire.

Certains empathiques ont l'impression d'avoir pris l'engagement dans une vie antérieure de s'ouvrir au monde. Pour plusieurs, cet engagement fut pris en Lémurie, car les Lémuriens avaient un rapport au monde dominé par l'ouverture du cœur, contrairement aux Atlantes, dont le rapport au monde était dominé par le mental, déconnecté du cœur. Le problème, pour les guérisseurs lémuriens maintenant réincarnés, c'est que les temps ont changé, mais que l'âme ou l'essence ne l'a pas reconnu. En Lémurie, les guérisseurs avancés recevaient leurs pouvoirs en ouvrant toutes les portes et les fenêtres de la maison du *soi*. Ils pouvaient alors recevoir empathiquement de l'information sur la personne à guérir, ainsi que le savoir provenant des sphères spirituelles supérieures et qui était nécessaire pour effectuer la guérison.

Il était essentiellement requis de ces guérisseurs lémuriens qu'ils ouvrent, symboliquement, la maison de leur soi au cosmos et au monde ainsi qu'à la personne qui se trouvait en leur présence et qui avait besoin d'une guérison. Autrement dit, aucune fenêtre, aucune porte, aucune ouverture ne devait demeurer fermée. De notre point de vue, cette stratégie est contreproductive à l'époque actuelle, car la civilisation lémurienne a disparu depuis longtemps; celle dans laquelle vous vivez maintenant étant hautement toxique, il n'est vraiment pas recommandé d'y ouvrir au monde toutes les portes et les fenêtres de la maison du soi.

Ces individus doivent donc savoir qu'ils ont la capacité et le droit, le droit souverain, de fermer les portes et les fenêtres de la maison du soi quand c'est nécessaire. C'est là le paradoxe essentiel des empathiques hautement développés, car il leur est difficile et même douloureux de fermer leur ouverture au monde. C'est contraire à leur nature. Ils doivent cependant trouver le moyen de reconnaître quand ils sont dans une situation toxique, c'est-à-dire en contact avec des gens ou des situations qui ne servent pas leurs meilleurs intérêts, car l'énergie de ces gens ou de ces situations devient une toxine, une énergie négative pour leur corps empathique.

Nous suggérons donc ceci: fermez les fenêtres; fermez la porte d'en avant et celle d'en arrière. Fermez aussi la porte du sous-sol. Et quand quelqu'un frappe, regardez qui c'est avant d'ouvrir. Voilà le principe.

Voici maintenant en quoi cela est lié à la structure géométrique. Le champ aurique d'un empathique est ouvert au monde. C'est comme si des canaux connectés directement au monde extérieur passaient littéralement dans l'œuf lumineux. Nous suggérons aux individus empathiques d'expérimenter la structure géométrique que nous appelons l'holon d'équilibre. En fait, nous suggérons cette structure à tous les individus qui évoluent en cette période. Vous trouverez un peu plus loin dans ce livre les instructions complètes sur la façon de la créer. Parce que l'holon est un solide platonique spécifique, il confère l'équilibre et constitue donc une excellente protection pour les empathiques. Vous découvrirez que l'holon d'équilibre ne vous ferme pas au monde, mais qu'il procure plutôt une frontière perméable, laquelle, de notre point de vue, est nécessaire à la santé mentale, spirituelle et émotionnelle.

En ce qui concerne la signature émotionnelle, l'empathique doit devenir fortement conscient de ses propres émotions ou sentiments et les séparer du reste. Cela lui servira alors de boussole pour traverser l'océan des multiples émotions conflictuelles. C'est seulement s'il a appris à reconnaître sa propre réaction personnelle authentique et à l'utiliser comme boussole qu'il pourra espérer franchir la mer de confusion générée par l'émotion humaine, particulièrement en ces temps d'accélération vibratoire.

Nous avons consacré un temps inhabituel à traiter de la réaction empathique parce que, comme nous l'avions dit précédemment, cette faculté va s'accroître chez tous les humains. En effet, on pourrait décrire le processus spirituel de l'évolution comme ceci : l'individu est centré sur l'ouverture du cœur, et, lorsque celui-ci s'ouvre, la réaction empathique augmente, de sorte que la frontière entre l'amour de soi et l'amour du monde se modifie. De notre point de vue, il est crucial d'ancrer son soi dans la vérité de son propre être. Que l'on soit en évolution de clairvoyance – un accroissement de la vue psychique – ou de clairaudience – un accroissement de l'ouïe psychique – , on doit tôt ou tard composer avec sa réaction empathique aux autres, et la façon dont on le fait constitue la grande aventure de la maîtrise spirituelle.

Les holons

L'holon d'équilibre

Nous vous suggérons de jouer avec cette forme géométrique très simple jusqu'à ce que vous la maîtrisiez. Portez-la dans votre conscience à tout instant afin de pouvoir la recréer à volonté au besoin, à la fois pour vous-même et pour ceux à qui vous êtes liés.

Elle s'appelle un holon, et la forme spécifique dont il est question ici se nomme l'octaèdre ou l'holon d'équilibre. Imaginez que vous êtes à l'intérieur d'une pyramide de lumière s'étendant au-dessus de vous et d'une pyramide semblable se trouvant au-dessous de vous. Il s'agit de pyramides à la base carrée, dont l'une pointe vers le haut et l'autre vers le bas. Vous êtes au centre. Si vous vous couchez, vous êtes sur le carré, où les deux moitiés des octaèdres se touchent, et la pyramide supérieure correspond parfaitement à la pyramide inférieure. Vous pouvez la créer aussi grande ou aussi petite que vous le désirez, pourvu que vous soyez complètement enfermé à l'intérieur.

Que vous soyez assis ou debout, l'axe de l'octaèdre passe par le centre de votre corps, de sorte que si vous traciez une ligne allant du sommet de la pyramide supérieure au sommet de la pyramide inférieure, cette ligne passerait par le centre de votre corps. Cet octaèdre équilibre l'énergie. Il effectue l'équilibrage de l'aspect masculin et de l'aspect féminin de la conscience. Ne vous laissez pas leurrer par sa simplicité. Il s'agit d'un puissant outil pour équilibrer les énergies subtiles.

– *Les holons produisent-ils un son?*

Aucun humain ne pourrait percevoir les sons produits par les holons. Il serait impossible de les reproduire dans l'état actuel de la technologie et de la compréhension humaines.

– *Les Hathors travaillent-ils avec les holons?*

Nous ne travaillons pas avec les holons car ils font partie de notre géométrie naturelle innée. Nous avons créé l'holon d'équilibre et l'holon de guérison comme outils pour nos frères et sœurs humains de cette époque.

Quelques observations de Tom Kenyon

L'octaèdre est l'une des cinq formes géométriques tridimensionnelles appelées « solides platoniques ». Il a huit côtés, d'où son nom, *octa* signifiant « huit ». La pyramide du haut et du bas possèdent chacune quatre côtés et leurs bases se touchent pour former un carré. On trouve des solides platoniques dans la nature, spécialement sous la forme de structures cristallines. Sur le plan ésotérique, chaque solide platonique possède des effets énergétiques particuliers. Certaines personnes nous ont demandé par courrier électronique si l'octaèdre était la même chose que le tétraèdre étoilé. Non, ce n'est pas la même chose. Le tétraèdre étoilé consiste en deux pyramides de base triangulaire et non unies par leur base. Elles fusionnent plutôt l'une dans l'autre. En outre, le tétraèdre étoilé a des effets énergétiques différents de ceux de l'octaèdre.

J'ai trouvé simpliste la première information sur l'holon d'équilibre que j'ai reçu des Hathors. Or, les choses les plus simples sont parfois les meilleures. Il ne fait aucun doute dans mon esprit que l'utilisation de cet holon procure un sentiment d'équilibre et de protection.

Description de l'holon d'équilibre

Tout d'abord, cette information s'adresse à ceux qui ont besoin d'une explication plus élémentaire de cet holon particulier (l'octaèdre). Elle ne s'adresse pas à l'étudiant avancé de la géométrie sacrée. J'ai voulu que cette description demeure simple pour deux raisons. Premièrement, il n'est pas nécessaire de comprendre toute la complexité de l'holon d'équilibre pour l'utiliser. Deuxièmement, plusieurs personnes sont rebutées par la géométrie complexe. Comme cet holon est extrêmement efficace et simple à utiliser, j'ai choisi de ne pas compliquer les choses inutilement. Autrement dit, j'ai choisi de ne pas présenter en détails les subtilités des divers solides platoniques non plus la complexité de leurs utilisations ésotériques.

Voici un dessin représentant un octaèdre, puisqu'une image vaut souvent mille mots.

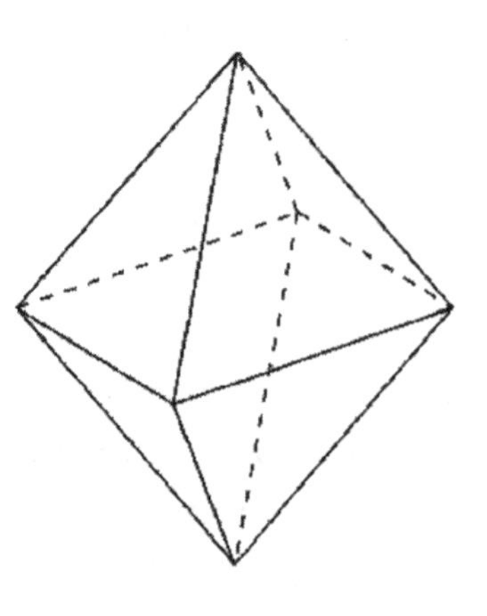

L'octaèdre est fondamentalement constitué de deux pyramides à la base carrée unies par cette base. Vous créez l'holon d'équilibre en formant un octaèdre de lumière autour de vous par le pouvoir de votre imagination.

La couleur que vous lui donnerez importe peu. Elle peut changer spontanément, selon votre état d'esprit. Personnellement, quand je crée le mien, il est d'un blanc lumineux, mais il s'agit là d'une préférence, non d'un dogme. En fait, il n'y a pas beaucoup de dogmes en cette matière.

Le plus important, c'est que vous soyez complètement enfermé dans l'espace de l'octaèdre. Si, par exemple, vous êtes couché, la base des deux pyramides (là où elles se touchent au milieu de l'octaèdre) se trouvera juste en dessous de vous. Vous pouvez cependant vous placer n'importe où à l'intérieur de cette forme géométrique. Vous pouvez vous placer tout en haut ou tout en bas, ou bien vous glisser dans un coin. Cela n'a aucune importance. Et vous n'avez pas à vous tourner dans une direction en particulier, comme le nord, le sud, l'est ou l'ouest. Il n'y a pas de prière ni d'incantation ni de respiration spéciale à faire. Tout est très simple, et c'est sans doute là d'ailleurs l'un des nombreux avantages, outre le fait que cela fonctionne.

Que vous soyez debout ou assis, l'axe de l'octaèdre (c'est-à-dire la ligne imaginaire passant par le sommet des deux pyramides pour aboutir au centre) passe très probablement par l'axe central de votre corps (par la couronne du sommet du crâne et par le périnée). Vous pourriez toutefois vous imaginer en haut, près du sommet de la pyramide supérieure, ou en bas, près du sommet de la pyramide inférieure. Autrement dit, le plan central de l'octaèdre – l'endroit où les deux pyramides se touchent en formant un carré – peut être aligné n'importe où sur votre corps. Peut-être l'alignerez-vous sur votre cœur ou bien sur votre tête, ou même sur vos pieds. C'est sans importance, du moins en ce qui concerne l'effet d'équilibrage. En fait, certains alignements du carré central sur votre corps (c'est-à-dire l'endroit où le carré vous traverse) peuvent vous affecter davantage que d'autres. Alors, expérimentez! Découvrez ce qui fonctionne le mieux pour vous. Je répète: peu importe où vous vous placez dans l'octaèdre, dans quelle direction vous l'orientez ou quelle couleur vous lui donnez. L'important, c'est d'être complètement à l'intérieur.

Un dernier détail quant à sa forme. L'octaèdre est-il la même chose que le tétraèdre étoilé? Non. Ce sont deux formes géométriques distinctes. Comme je ne veux pas détailler leurs différences, je vous suggère, si vous désirez davantage d'information à ce sujet, d'utiliser votre moteur de recherche Internet pour explorer le monde fascinant de la géométrie et celui de son complément, la géométrie sacrée. Il y a là tout un trésor d'information à découvrir. Il suffit de cliquer avec votre souris!

Au cours d'un message précédent, les Hathors ont offert de l'information sur l'envoi de l'holon d'équilibre dans un lieu ou à des personnes en détresse afin de leur fournir une énergie d'équilibre. Dans ce cas-ci, la création de l'holon d'équilibre (l'octaèdre) est très similaire au cas précédent, sauf que vous n'êtes évidemment pas à l'intérieur. C'est plutôt la personne ou les individus à qui vous le transmettez, ou bien la région du monde où vous l'envoyez, qui s'y trouve. Autrement dit, si j'envoie un holon d'équilibre dans une région de la planète, j'imagine que cette région est à l'intérieur du holon.

On peut envoyer des holons d'équilibre n'importe où sur la Terre et même ailleurs dans l'univers (si vos croyances vous y incitent). Ce geste est un acte bienveillant, mais il y a une précaution à prendre: ne vous mêlez pas à la réalité des autres. Autrement dit, chacun a droit à sa souffrance.

Ce n'est pas parce qu'on aimerait que quelqu'un soit dans un état plus serein que cette personne aussi le désire. On a tous le droit d'être triste, fâché, confus ou dans quelque autre état, aussi longtemps qu'on le veut. Parfois, c'est un peu compliqué. Il peut arriver qu'un ami ou un membre de la famille soit en détresse et qu'on veuille l'aider. Je pense toutefois que de projeter ses intentions sur d'autres quand ce n'est pas là leur désir constitue une mauvaise utilisation de l'énergie subtile. Par conséquent, ma suggestion d'envoyer des holons d'équilibre n'est pas une prescription, mais une invitation ; une bouffée d'air frais, en quelque sorte. Si l'on envoie un holon en considérant ce geste comme une offre d'équilibre énergétique à ceux qui choisiront de l'accepter et sans attendre aucune réaction de leur part, je pense qu'on le fait alors de la manière appropriée.

En fait, je vous suggère d'apprendre à créer l'holon d'équilibre comme s'il s'agissait d'un jeu. Jouez avec lui, faites-le tourner, donnez-lui diverses couleurs, découvrez à quel endroit vous vous sentez le mieux à l'intérieur. Exercez-vous à n'importe quel moment de la journée, créant l'holon d'équilibre dans n'importe quel lieu où vous vous trouvez. Personne ne saura ce que vous faites. Créez-le en faisant vos emplettes, en sortant les poubelles, en nourrissant votre animal de compagnie, en faisant une promenade ou pendant les satanés messages commerciaux qui parsèment les émissions télévisées que vous regardez. La liste des moments ou des lieux où vous pouvez faire une « pause holon » est virtuellement infinie. Il s'agit de vous y exercer suffisamment pour pouvoir, quand vous vous sentirez décentré émotionnellement ou énergétiquement, créer l'holon d'équilibre sans même y penser. Il constituera alors un puissant allié. Il deviendra l'un de vos meilleurs amis et, contrairement à un chien, vous n'aurez pas à le nourrir ni à le promener, et il ne mâchouillera jamais votre journal.

Retour des Hathors

L'holon d'immunité

En raison de la destruction de votre écosystème et de certaines autres conséquences de votre mauvais usage de la technologie, les bactéries et les virus mutent à un taux record, et de nouvelles formes apparaissent. Cet holon exercera un effet puissant sur votre système immunitaire. Il ne se substituera pas à l'entretien normal de votre personne, mais il s'y ajoutera; si vous tombez malade, il pourra vous faire un bien immense.

Il s'agit essentiellement d'un cylindre qui vous entoure du dessus de la tête au dessous des pieds. À son sommet, la forme est courbe comme celle d'une banane dirigée vers l'avant. À sa base, elle va dans la direction opposée. Donc, si on la regardait de côté, elle ressemblerait beaucoup à une banane tordue. Certains l'appellent l'holon dauphin. Il s'agit de sentir cette forme autour de votre corps en maintenant l'impression qu'elle est argentée, un peu comme un ballon de mylar argenté. Vous n'avez pas besoin de voir cette couleur, mais seulement de l'imaginer. Elle est spécifiquement liée aux propriétés antibactériennes et antivirales de l'argent colloïdal. Sentez cet holon autour de vous et, quand votre esprit s'égare, ramenez-le à cette sensation. Cette forme géométrique particulière calme les énergies subtiles à l'intérieur de vous et en même temps les régénère de manière à renforcer le système immunitaire. Nous vous suggérons donc d'ajouter cet holon à votre « trousse de premiers soins »...

– *Le son est-il mieux absorbé par notre conscience quand nous dormons et que notre mental est en quelque sorte inactif? Si c'est le cas, à quel point est-il plus efficace durant le sommeil?*

Nous dirions que, sous l'aspect de la passivité, il vaut probablement mieux recevoir des sons en dormant que d'en écouter à l'état d'éveil. Cependant, c'est un niveau de réception inférieur.

Nos connaissances et nos méthodes impliquent la cocréation consciente entre le récepteur et les sons qu'il capte. Autrement dit, c'est la concentration mentale sur les vibrations sonores qui crée la plus grande transformation. Il est certain que, chez une infime minorité d'individus, les problèmes personnels font obstacle. Leurs distorsions, leurs conflits égotistes peuvent les empêcher de s'aligner sur le son quand ils sont à l'état d'éveil conscient. Pour ces individus, c'est une bonne méthode que d'écouter en dormant, mais, d'une façon générale, il vaut beaucoup mieux assumer la responsabilité de la cocréation, car cela conduit à une plus grande maîtrise. La concentration mentale totale sur la texture et la pulsation du son crée une cascade d'effets à plusieurs niveaux de votre être. C'est la meilleure façon d'écouter tous les types de sons destinés à la guérison.

Dans le contexte de l'écoute consciente et de la cocréation, c'est-à-dire lorsque vous écoutez le son avec toute votre attention, plusieurs phénomènes peuvent se produire. L'un d'eux est l'alignement des vibrations sonores sur certaines parties du corps physique ou du champ énergétique. Si cela se produit, dirigez votre conscience vers la pulsation de votre corps autant que vers le son. C'est là une façon puissamment catalytique d'écouter.

Plusieurs états de conscience apparaissent quand on écoute consciemment, y compris, paradoxalement, des états d'apparente inconscience profonde. C'est comme si, tout en écoutant, on était soudain ailleurs. On n'a plus aucune conscience du son. On n'a plus aucune conscience de soi. On a peut-être l'impression d'être parti quelque part sans savoir où, ou bien on vit une simple période de « black-out » où l'on entre dans un état d'inconscience profonde qui n'est pas le sommeil. Il y a plusieurs raisons à cela. Parfois, un individu entre dans un état de quasi-inconscience lorsqu'il passe dans une autre sphère de son être. C'est parce qu'il n'a pas de pont, pour ainsi dire, pour passer de sa conscience éveillée à d'autres dimensions de lui-même. Ainsi, les vibrations sonores peuvent produire chez cet individu une réaction qui le fait voyager dans d'autres sphères de lui-même dont il n'a pas conscience. Quand il revient à la conscience du corps et au son, il se rend compte qu'il a été inconscient.

D'autres fois, le son crée une activité très basse ou très lente des ondes cérébrales, ce que vos scientifiques appellent l'état delta. C'est le domaine du sommeil. Alors que l'individu réagit au son, si celui-ci le porte vers l'intérieur, c'est-à-dire dans le monde de sa perception intérieure, l'activité cérébrale minimale augmente, un état que vos scientifiques appellent thêta. C'est le domaine des rêves, des visions et de l'imagerie transformationnelle ; en passant à cet état inférieur thêta, on est au seuil de l'état delta, celui du sommeil. Ainsi, chez quelques individus, le son les mène vers l'intérieur, et une partie de ce processus les plonge dans l'inconscience. Ce type d'inconscience est un état de traitement de l'information à l'intérieur du système nerveux et non pas un passage à d'autres sphères de l'être. Donc, plusieurs états et phénomènes peuvent survenir en réaction au son, spécialement quand on l'écoute consciemment.

– *J'ai beaucoup réfléchi depuis un certain temps sur « le son et la grossesse ». Quand un enfant arrive, l'aspect interdimensionnel s'amoindrit à un point tel que je me demandais si le son pouvait aider d'une façon quelconque à ralentir ce processus. Je sais que, lorsqu'un enfant naît, il est toujours étroitement lié au divin, et que cette connexion disparaît lentement au niveau conscient.*

Durant le dernier trimestre de la grossesse, le fœtus reçoit clairement des vibrations sonores par les canaux auditifs de son cerveau et de son système nerveux. Avant ce stade, les canaux auditifs ne sont pas assez développés pour reconnaître parfaitement des différences subtiles. Cependant, le champ énergétique du fœtus en gestation réagit fortement au son et aux vibrations autant qu'à l'émotion, et particulièrement à l'état émotionnel de la mère. Le champ énergétique de l'adulte est aussi très réceptif aux vibrations sonores, mais, en général, celui de l'enfant est plus perméable, moins structuré et moins rigide.

Selon nos connaissances, si un enfant perd contact avec le divin, comme vous l'avez mentionné, ou, comme nous le dirions, avec ses aspects interdimensionnels, ce n'est pas tellement dû à un manque de soutien pendant la grossesse, mais plutôt à l'enculturation. Pendant la grossesse, l'enfant est dans l'environnement de la mère. Elle est comme une déesse pour le petit embryon qui se développe et qui flotte, pour ainsi dire, dans la Grande Mer utérine. Le monde de l'enfant est circonscrit par celui de la mère. Les réactions émotionnelles et les formes-pensées de cette dernière exercent un effet puissant sur la réalité globale de l'embryon.

Au moment de la naissance, toutefois, le nouveau-né quitte l'environnement maternel pour se retrouver soudainement dans le monde ; son champ énergétique très perméable s'étend dans l'environnement extérieur, et il est profondément impressionné et façonné par ce qu'il y rencontre. Les enfants ont par nature le cœur ouvert, mais, en composant avec la culture actuelle, ils apprennent à le fermer ou à s'en déconnecter. La perte du contact interdimensionnel est donc un phénomène culturel.

Quand nos enfants naissent, nous nous rassemblons peu de temps après pour chanter ce que nous appelons le *Chant de la destinée supérieure.* Nous le faisons avec l'intention d'éliminer les obstacles pour l'enfant en envoyant les vibrations sonores de nos voix dans la trame temporelle de son être. Avec le recul, ce soutien s'avère très efficace pour aider l'enfant à entrer dans notre monde.

Pour ce qui est d'aider l'enfant avant sa naissance, nous exhortons la mère à chanter pour l'embryon et nous exhortons aussi le père à le faire s'il est disponible. Voici quelques suggestions à cette fin. Ce chant devrait être une berceuse issue du cœur de la mère ou du père. Il suffit de ressentir une authentique gratitude pour l'existence de cet enfant. Si vous ne ressentez pas une telle gratitude, il vaut mieux ne pas chanter pour l'enfant car il y aura alors conflit entre votre réalité et ce que vous tenterez de lui communiquer au moyen de la berceuse. Le fait de chanter à l'enfant, à partir du moment de sa conception et jusqu'à sa naissance, exerce un effet très positif si c'est fait de cette façon.

Ceux qui sont suffisamment éveillés peuvent ajouter un autre élément. Il s'agit d'une utilisation plus subtile de l'intention et de la forme-pensée. Alors que, mère ou père, vous chantez pour l'enfant une berceuse de gratitude issue du cœur, entretenez la pensée ou la croyance que le son que vous produisez ouvre la voie à l'aspect interdimensionnel ou divin de l'enfant et lui facilite l'avenir. C'est là une forme avancée de communication ; si vous en êtes capable, vous comprendrez immédiatement comment le faire à partir de notre brève description. Si ces propos vous laissent perplexe, ne vous en souciez pas. Chantez simplement à votre enfant avec gratitude une berceuse issue du cœur.

Quel cadeau merveilleux ce serait pour ce monde si tous les enfants étaient introduits ainsi dans la sphère terrestre !

– *Notre centre spirituel semble être l'une des choses les plus importantes en préparation aux années à venir. Mais, pour certaines raisons, il est difficile à trouver et facile à perdre quand on l'a trouvé. Pourquoi donc ? Est-ce dû simplement à un manque de discipline ?*

Quand quelqu'un a trouvé son centre spirituel, le vrai point central de son être, rien ne peut l'en déplacer. Ce qui se produit, c'est que plus les gens approchent de leur centre, plus la paix, la certitude et la stabilité souple augmentent. Ce que nous voulons dire ici, c'est que la capacité d'être à la fois stable et souple est requise dans toute situation de la vie. Ainsi, quelqu'un peut s'approcher de son centre et penser l'avoir trouvé, mais, alors que les vibrations augmentent la confusion et le chaos, le terrain stable vacille et l'individu pense avoir perdu son centre. Nous vous disons cependant : « Vous ne l'avez jamais réellement trouvé. » Parce que, une fois qu'on l'a trouvé, on ne peut plus le perdre. Il y a ici d'autres facteurs à considérer.

D'un certain point de vue, nous dirions que plusieurs facteurs convergents découragent l'individu de trouver son centre spirituel. Les religions et les institutions sociales vous conduisent dans la mauvaise direction si vous cherchez votre centre. Pour certains individus, ce n'est pas un but valable que de trouver le point central de leur être, mais, pour ceux qui sont venus dans cette vie afin de se transformer, il est important de trouver leur centre spirituel. Cela dépend donc si le but de votre vie est extérieur ou intérieur. Pour ceux qui se dirigent uniquement vers l'extérieur, ce centre n'offre aucun intérêt.

– *Vous avez dit, au cours d'une autre communication: «Les agroglyphes sont des signatures, le registre vivant d'une conversation interdimensionnelle entre la terre et des visiteurs interdimensionnels.» Pourriez-vous être plus précis quant à cette «conversation»?*

Nous limiterons nos commentaires aux véritables et authentiques agroglyphes, c'est-à-dire ceux qui n'ont pas été créés par des humains.

Pour nous, ils forment une charmante conversation entre la Terre, en tant qu'être conscient que vous nommez Gaïa dans certains milieux, et ses nombreux visiteurs cosmiques. Parmi ceux-ci, nous incluons des intelligences intergalactiques ainsi que des interactions avec les énergies de l'espace profond qui traversent le système solaire en ce moment. Ainsi, certains agroglyphes sont des messages de visiteurs intergalactiques et d'autres sont des réponses de la Terre. Certains sont liés à l'histoire passée de la planète et d'autres sont une tentative pour vous amener à voir dans ces motifs l'information complexe qu'ils contiennent quant à votre destinée glorieuse, si vous voulez bien lui donner forme.

Il est très intéressant, sur le plan énergétique, d'observer le mouvement de l'information partant de la Terre et traversant les grains, les plantes ou les substances qui créent les cercles. Les formes se complexifient toutefois beaucoup avec les années, car la conversation entre la Terre et ses visiteurs intergalactiques ou les ondes cosmiques devient de plus en plus complexe. Alors que ce phénomène s'est accru et que la conversation s'est complexifiée, davantage de royaumes déviques se sont mis à y participer. C'est ainsi que les plantes elles-mêmes, les formes biologiques vivantes qui tendent à créer les agroglyphes, ne sont pas passives, mais font partie d'un processus dynamique entre l'intelligence de la terre, celle des « visiteurs cosmiques» et la volonté du royaume dévique de participer à la création d'un registre de la conversation. S'il n'y en avait aucun registre physique, très peu d'humains en devineraient l'existence.

Vous voici donc devant une série croissante de formes géométriques complexes. Celles-ci constituent, un langage que vous observez, un peu comme les premiers égyptologues regardaient les hiéroglyphes sans en comprendre le sens. Ils en avaient néanmoins un. Nous dirions que vous êtes présentement au même stade quant aux agroglyphes. Il s'agit d'un langage intergalactique et planétaire.

Si vous désirez approfondir le sujet, nous vous suggérons de regarder les photographies des agroglyphes, depuis les premiers qui furent découverts jusqu'à ceux de la prériode actuelle, et d'observer leur complexité changeante. En méditant sur ces images, vous pourrez commencer à comprendre leur langage.

Nous nous rendons compte que la quête d'une telle information est très personnelle et liée à l'évolution de l'individu. Il n'existe malheureusement pas de pierre de Rosette dans ce cas-ci (le fragment de stèle qui a permis aux égyptologues de traduire les hiéroglyphes). Sous plusieurs aspects, en rapport avec les humains, les agroglyphes sont un test d'intelligence. Nous pouvons vous offrir quelques suggestions pour déchiffrer le sens profond de ces formes géométriques constituant le registre d'une conversation.

Regardez à deux niveaux. D'abord celui de la structure atomique, y compris la liaison entre les structures moléculaires; l'autre niveau est intergalactique et cosmique en proportion, le microcosme étant le niveau atomique/moléculaire et le macrocosme étant le niveau cosmique. Les formes géométriques, particulièrement celles qui sont apparues au cours des trois dernières années, peuvent être superposées à certaines structures moléculaires atomiques autant qu'à des configurations d'étoiles, de galaxies, de quasars, de nébuleuses et de trous noirs, ainsi qu'aux autres réalités astronomiques de l'univers. Autrement dit, cette conversation est multidimensionnelle et concerne des changements et des transformations tant aux niveaux atomique et subatomique que galactique, et porte sur toutes les réalités astronomiques de votre univers. Il s'agit d'une conversation très complexe.

L'extase du coeur

Dans cette section, nous désirons vous entretenir sur la façon de créer l'extase par la concentration sur le cœur. Nous ne parlons pas ici du chakra du cœur, mais plutôt du cœur physique, le muscle cardiaque lui-même.

Cette technique implique à la fois la concentration de votre attention et le sentiment de gratitude. Sachez que dès que vous dirigez votre attention sur le cœur, vous remarquez peut-être un flux énergétique subtil. De notre point de vue, la concentration de votre attention agit un peu comme le point central d'un vortex énergétique. C'est particulièrement vrai à l'intérieur de votre corps physique et du champ énergétique qui l'entoure, ce que vous appelez l'aura.

La concentration de l'attention n'est pas simplement une activité cérébrale. C'est une activité qui implique plusieurs niveaux de conscience. Quelle que soit la partie de votre corps ou de votre champ énergétique sur laquelle vous dirigez votre attention, une énergie subtile y affluera immédiatement; elle aura un effet revitalisant sur vos cellules et/ou sur les fibres de lumière qui forment votre corps énergétique.

La concentration exerce un effet de distorsion au niveau subatomique, ce que vous appelleriez un effet de champ quantique. Cet effet crée en vous des flux énergétiques, géométriques et harmoniques distincts.

L'altération du champ quantique par le pouvoir de la concentration est une aptitude importante que nous vous exhortons à maîtriser. La création de l'extase n'est qu'une de ses nombreuses applications.

Suivant cette méthode, vous maintenez votre concentration en y joignant le sentiment de gratitude. Celui-ci exerce un effet de cohérence sur votre champ énergétique et sur les émanations magnétiques rythmiques de votre cœur physique. Cette combinaison de la concentration profonde et de l'émotion peut s'utiliser pour générer de grands états extatiques.

Comme nous l'avons dit précédemment, la création d'états extatiques de conscience est un catalyseur évolutionnaire important. Nous vous suggérons fortement d'apprendre à créer des états extatiques au quotidien.

Nous savons bien que, pour plusieurs d'entre vous, la vie quotidienne n'est pas toujours propice à la création de tels états, mais nous vous exhortons à trouver du temps dans la journée pour vous exercer à atteindre ces états pendant au moins quelques minutes à la fois. Vaut mieux passer un peu de temps en extase que pas du tout.

Par cette pratique, vous établirez une relation avec la Terre en tant qu'être vivant et avec les vagues harmoniques d'évolution catalytique qui s'écoulent à travers la galaxie.

Comme mentionné précédemment, cette technique consiste à concentrer votre attention sur le cœur physique tout en créant le sentiment de gratitude. Non pas la simple pensée de la gratitude, mais le *sentiment.* La simple pensée n'activera pas les énergies subtiles nécessaires pour créer l'extase; seul le sentiment peut activer en vous les vortex d'énergie.

Alors que vous vous concentrez sur le cœur physique et que vous créez le sentiment de gratitude, une onde énergétique commence à parcourir votre corps, portée par le champ magnétique du cœur; elle émane du cœur physique pour englober tout le corps. Alors que ce flux énergétique commence à se répandre dans le corps, une extase spontanée débute, une extase cellulaire.

Explorez cette technique. Sentez ce qui se passe dans votre corps alors que vous vous concentrez sur votre cœur tout en créant ce sentiment de gratitude. Ressentez physiquement ce qui semble se produire au niveau cellulaire alors que les quelques billions de cellules de votre corps reçoivent cette énergie de gratitude.

Lorsque vous aurez développé cette capacité de créer l'extase et que vous pourrez la générer à volonté, commencez à expérimenter avec votre champ énergétique, que certains nomment l'énergie subtile du corps.

Donc, concentrez toute votre attention sur le cœur en produisant un sentiment de gratitude. Lorsque vous sentez l'extase apparaître dans votre corps, dirigez votre attention sur le champ qui entoure celui-ci. Ce champ d'énergie ressemble beaucoup à un œuf lumineux quand on le voit par clairvoyance. La partie la plus large de cet œuf lumineux se situe autour des épaules et sa partie la plus étroite se situe autour des pieds. Une ligne centrale traverse ce champ ainsi que votre corps physique, du sommet du crâne au périnée. Cette ligne est l'axe central du champ magnétique qui comprend le corps énergétique subtil. Ce corps ou ce champ s'étend à quelques centimètres ou même à quelques mètres au-dessus de la tête et au-dessous des pieds. Lors de certains états hautement chargés d'énergie, l'axe et le corps énergétique subtil peuvent s'étendre beaucoup plus loin encore.

En concentrant votre attention sur cet axe central et sur le champ entourant votre corps, vous faites passer l'extase du corps physique au champ énergétique, ce qui crée de puissants schèmes harmoniques qui vous mettent en résonance avec les ondulations d'évolution accélérée qui circulent dans votre galaxie.

Ne sous-estimez pas le pouvoir de cette technique. Bien qu'elle soit très simple, elle est profonde et efficace. Elle vous placera dans un état supérieur de résonance et de vibration, ce qui, de notre point de vue, est crucial pour franchir les portails énergétiques et les énergies transformationnelles dont votre Terre fait maintenant l'expérience.

Nous aimerions bien vous dire certaines choses au sujet de votre nature et de votre destin, mais vous ne pourriez les comprendre à moins d'être dans un état d'extase.

C'est que le point de référence de la conscience n'est pas établi uniquement par la croyance de l'individu, mais aussi par ses harmoniques émotionnelles. Si vous n'êtes pas dans un état d'extase, ce serait comme de décrire un coucher de soleil à un aveugle qui n'a pas la capacité de percevoir directement ce dont vous parlez. Pour cet individu, vous décririez un monde fictif. Cependant, si soudain il pouvait voir, il percevrait le soleil directement et il saurait que votre description du monde est juste. Ce qui était auparavant relégué au domaine du mythe serait alors vu comme réel.

Ainsi, vous vous parlons en ce moment de quelque chose qui peut avoir l'air d'un mythe, mais qui pour nous est une évidence. Vous êtes des êtres créateurs en train de créer votre avenir et celui de générations du futur. Vous possédez dans votre cœur la clé du Mystère des Mystères. Et le seuil, l'ouverture de ce mystère réside dans votre capacité d'entrer en extase. Ayez l'audace de trouver votre voie, votre façon de vous élever à cet état supérieur. Sachez toutefois que l'extase n'est pas le but du parcours. Elle n'en est que le début.

Essayez donc la méthode que nous vous avons exposée ici. Explorez celles que nous vous avons données précédemment ou que nous vous fournirons dans un proche avenir. Entrez en extase à n'importe quel moment. Sachez que, ce faisant, vous entrez en communion avec tous les êtres élevés et les maîtres qui ont servi l'humanité ou qui la servent présentement. Vous entrez en communion avec votre Soi.

L'année 2008 et les suivantes...

Avant de passer à la partie essentielle de notre message, nous aimerions développer un peu deux autres sujets: les bouleversements climatiques qui iront en s'intensifiant et l'influence américaine dans le monde.

Les bouleversements climatiques

Le premier principe à retenir au sujet du climat, c'est que celui-ci est influencé par la conscience humaine de façon encore inconnue de votre science.

Vos scientifiques observent les causes physiques des changements climatiques, lesquelles sont effectivement un facteur fondamental, mais ce qu'ils ne reconnaissent pas encore à ce stade-ci de votre trame temporelle, c'est que vous êtes les cocréateurs de votre réalité multidimensionnelle, y compris de votre expérience physique de la terre.

Étant donné votre trame temporelle, nous vous disons que vous possédez le libre arbitre et que vous pouvez changer tout ce qui se présentera à l'avenir. Ce que nous voyons, ce sont des probabilités. C'est uniquement quand vous arrivez au moment présent que les probabilités s'effondrent et que la réalité apparaît. Ainsi, vos « points de choix » tout le long de la trame temporelle sont d'importants moments de pouvoir. Autrement dit, vous pouvez changer ce que nous voyons.

Cela dit, nous nous attendons à une intensification de l'instabilité du climat. Certaines régions connaîtront d'extrêmes sécheresses, et d'autres, d'énormes inondations, comme en 2007. Il y aura très probablement une augmentation du nombre des tornades dans des régions du monde où il n'y en avait que très peu auparavant. Nous nous attendons à un accroissement de la force des ouragans et des cyclones. Aucune région du monde n'est à l'abri de ces anomalies climatiques.

Nous avons déjà parlé du Cercle de feu, qui s'étend énergétiquement à partir du nord-est de la Russie, qui traverse la Sibérie, la Chine, le Japon, l'Indonésie, l'Australie et la Nouvelle-Zélande, et qui remonte la côte ouest de l'Amérique du Sud, de l'Amérique centrale et de l'Amérique du Nord, pour aboutir au large de l'Alaska, pas très loin de son point d'origine, au large de la côte russe. C'est le premier cercle *résonnant*, et, à partir de là, il y a des lignes énergétiques qui affectent d'autres régions du monde sujettes aux tremblements de terre.

Il existe des relations énergétiques complexes entre le Cercle de feu et d'autres failles. Celles-ci comprennent des lignes apparemment non reliées entre elles et qui traversent des parties de la Chine, de l'Inde, du Pakistan, de la Turquie, de la Grèce et de l'Italie. Vos géologues n'ont pas trouvé de relation directe entre elles car celle-ci est d'une nature subtile, mais, selon notre vision des énergies terrestres, nous observons cette relation directe, pas tant par les structures classiques des failles que par les relations harmoniques entre les divers niveaux de la planète, tels que sa croûte et les couches inférieures. Ces relations harmoniques ne sont pas gouvernées uniquement par les mouvements des plaques tectoniques, mais aussi par l'activité solaire. Il s'agit d'un phénomène énergétique. Le soleil est présentement dans une période d'activité accrue qui se poursuivra pendant au moins quelques années encore.

Nous nous attendons cependant à une augmentation de l'activité sismique et à celle de son intensité partout dans le monde. Cela inclut aussi une activité sismique inattendue sur la côte est des États-Unis et du Canada. Sachez cependant qu'il n'y a pas nécessairement lieu de s'alarmer et d'avoir peur. L'activité sismique existe depuis des millénaires, et ces bouleversements terrestres sont l'expression des changements que traverse la planète. Nous incluons les volcans dans ces prévisions. Certaines personnes considèrent la projection des futurs bouleversements terrestres comme une forme d'autotorture visant à perpétuer la peur ; mais si vous comprenez que le phénomène dont nous parlons est affecté par la conscience, il est possible de traverser un tremblement de terre et un intense bouleversement climatique en faisant du phénomène un catalyseur d'évolution rapide. Tout dépend du regard que vous posez sur la situation.

L'influence américaine dans le monde

Lors d'une communication précédente, nous avons évoqué la probabilité d'un revers de l'économie américaine. Il y a deux ans, nous avons indiqué que novembre 2007 constituait probablement la dernière fenêtre temporelle pour un tel développement et c'est effectivement ce qui s'est produit.

En observant la trame temporelle, nous voyons la très grande probabilité d'une diminution de l'influence américaine dans le monde au cours de la prochaine décennie. Cette baisse sera due à des raisons politiques et économiques. Entre-temps, d'autres pays prendront les devants, mais, à court terme, l'influence américaine restera très forte dans le monde, même s'il se produit un déclin du pouvoir et de l'influence économique.

Ce qui primera au cours de la prochaine décennie sur les plans politique et économique, c'est que certains pays porteront de plus en plus leur attention vers le bien-être de leurs citoyens ainsi que sur le soin réel de l'environnement et des ressources naturelles. Ceux qui seront de « sages gestionnaires » prospéreront et les autres connaîtront des difficultés. Encore une fois, nous voyons la conscience affecter le résultat. Au cours de la prochaine décennie, nous nous attendons à une augmentation de l'évolution spirituelle ou du moins de ce que l'on pourrait appeler, la communauté planétaire.

Selon cette nouvelle vision du monde qui se répandra dans la famille humaine, la vieille domination politique et économique perdra de son importance et surtout de son influence. Même si le l'humanité en général n'endossera pas immédiatement l'égalité entre les nations, ce sera un idéal au moins dans les cœurs et les esprits de la communauté planétaire, et plusieurs y travailleront.

En guise de préparation, nous vous conseillons de reconnaître que vous êtes les cocréateurs de tout ce qui se produit autour de vous. Vous n'êtes pas passifs même si vous sentez que l'on « agit sur » vous; même votre passivité est une forme de création active, c'est-à-dire une création par défaut d'assumer votre responsabilité. Nous dirions qu'il est vital, dans les temps à venir, de reconnaître votre souveraineté comme force créatrice, d'éviter le contrôle mental et la manipulation par ceux qui occupent des postes de pouvoir, d'utiliser votre propre jugement pour déceler la vérité et de ne pas croire tout ce qu'on vous dit, car le mensonge vous entoure. Vous devez utiliser le meilleur de votre cœur et de votre esprit pour détecter la vérité propre à chaque situation. Vous devez en venir à reconnaître que votre cœur et votre esprit, c'est-à-dire votre nature qui pense et qui sent, sont de puissantes forces qui, combinées, constituent un dynamo créateur. Vous êtes collectivement au seuil d'un nouveau monde. Le degré de difficulté de cette naissance dépend de vous et de tous vos congénères.

Reconnaissez qu'il s'agit là d'une grande aventure. Que vous surviviez physiquement ou non à une période particulière de cette transition n'a aucune importance du point de vue de l'être supérieur auquel vous appartenez; votre incarnation présente est comme une facette d'un diamant et ce que vous faites de votre vie en cette époque incroyable vous renforce ou vous affaiblit. Ce ne sont pas les situations elles-mêmes qui vous renforcent ou vous affaiblissent, mais la façon dont vous y réagissez. C'est là votre plus grand pouvoir, et aucun pouvoir terrestre ne peut vous l'enlever. Quand on sait cela, on est invulnérable. Ce que nous voulons dire par là, c'est que la possession de ce pouvoir personnel vous rend indifférents à la mort, car vous avez trouvé votre centre spirituel et vous savez avec la plus grande certitude que vous êtes un être spirituel non limité par le temps, par l'espace ou par l'histoire. Chacun de vous est un être de lumière qui vit une expérience humaine.

Transcendez votre monde et transformez-le

Nous désirons vous parler maintenant du passage périlleux où vous vous trouvez actuellement. Même si cette information est fournie au début 2008, elle est valide pour tout le reste de 2008 et pour les années suivantes. Une grande partie des prédictions contenues dans nos communications passées s'est réalisée. Compte tenu de ce que nous vous avons dit plus tôt, vous verrez encore davantage de changements terrestres, de bouleversements climatiques, de déstabilisation politique et de menaces à l'écosystème au cours des années à venir.

Il ne s'agit cependant pas du passage périlleux que nous évoquions pour le présent. Nous faisons plutôt allusion à votre vie émotionnelle, celle de votre cœur et de votre esprit, car il ne fait aucun doute que les événements qui se dérouleront au cours des prochaines années frapperont émotionnellement ceux qui ont le cœur sensible et qui rêvent d'un monde meilleur.

Nous partageons nos commentaires en deux secteurs : la transcendance et la transformation. Lorsque débute la phase chaotique de la nouvelle création, qui est celle où vous vous trouvez maintenant, toutes les structures sont remises en question. Les destinées planifiées en fonction d'un résultat attendu se dissolvent. C'est un temps d'immense confusion, où les émotions primaires, comme la peur et l'hostilité, sont exacerbées. Plusieurs forces sont alors à l'œuvre, et nous désirons vous en parler.

Cette phase chaotique est en partie le simple résultat du passage d'une dimension de la conscience à une autre. Alors que la Terre et l'humanité passent de la conscience de la quatrième dimension à la conscience de la cinquième dimension, laquelle échappe aux contraintes du temps et de l'espace telles que vous les percevez collectivement, il se crée une tension entre le vieux monde et le nouveau. C'est exactement ce que vous vivez présentement.

Alors que de plus en plus de gens font l'expérience du changement de paradigme suscité par le progrès soudain de leur compréhension spirituelle, le vieux monde est ébranlé. Le nouveau, avec ses nouvelles présomptions culturelles, politiques et économiques, n'a pas encore éclos, et vous êtes donc dans un genre de *no man's land* où les vieilles visions ne fonctionnent plus, mais où les nouvelles n'ont pas encore trouvé une expression utilisable. C'est l'une des raisons des difficultés que vous connaissez pendant ce changement dimensionnel.

Il y a cependant un autre élément plus insidieux qui joue ici. Certains intérêts financiers désirent que le vieux monde de domination et de contrôle subsiste et ils prennent tous les moyens à leur disposition pour en assurer la pérennité.

Le genre de contrôle dont nous parlons ici est si omniprésent et si intégré au tissu de votre société qu'on l'oublie souvent, résultat que recherchent exactement ceux qui désirent vous contrôler. Il n'y a pas qu'une seule personne ou un seul groupe qui soit responsable de ce genre de contrôle. Ce dernier provient de plusieurs directions et de plusieurs sources que vous n'oseriez jamais soupçonner, dont les institutions religieuses, politiques et économiques. Les tentatives pour vous contrôler ne s'arrêtent toutefois pas là. Plusieurs éléments manipulateurs de votre monde proviennent également d'une interférence interdimensionnelle et galactique.

Cependant, quelle que soit la source de ces tentatives, les jours de ceux qui essaient de contrôler votre destinée à leurs propres fins égoïstes sont comptés. Tout comme la naissance d'un jour nouveau, on ne peut empêcher le passage de la conscience quadridimensionnelle à la conscience quinquadimensionnelle. L'évolution de la conscience terrestre est au cœur d'un changement dynamique dont vous constituez une partie vitale.

Cependant, nous désirons vous informer que la transition de votre réalité quadridimensionnelle à la cinquième dimension (et aux autres) ne sera pas facile. En raison du chaos inhérent à tout changement dimensionnel et de l'interférence causée par des pouvoirs terrestres ainsi que par des intelligences interdimensionnelles et intergalactiques, la transition sera beaucoup plus difficile.

Cela ne veut pas dire que vous ne pourrez pas amoindrir les événements négatifs de votre avenir par des actions que vous entreprendrez, mais cela veut dire qu'il est bien improbable qu'une transition collective aux dimensions supérieures se fasse en tout élégance.

Nous avons toujours évité de vous présenter de l'information alarmiste, mais il nous faut également êtres directs et honnêtes dans nos affirmations.

Tout au long de l'année 2008, il y aura à la fois une intensification du changement dimensionnel et un accroissement de la manipulation et du contrôle planétaires. Ces deux événements parallèles – l'élévation vers le prélude de la réalité à la cinquième dimension (foyer d'une conscience planétaire supérieure) et les tentatives mondiales pour contrôler l'esprit humain s'opposeront dans une lutte opiniâtre, virtuelle et réelle. En fait, cette guerre pour le contrôle de l'esprit humain est déjà commencée.

Il n'y a pas grand-chose qu'un seul individu puisse faire pour adoucir la destinée collective de l'humanité. Toutefois, en vous soustrayant à la manipulation et au contrôle mental collectifs qui hypnotisent le monde en général, vous avez la possibilité d'affecter votre propre destinée sous plusieurs aspects. Pour ce faire, vous devez trouver un moyen de transcender vos propres limites, et nous parlons ici des limites de votre pensée, celles qui vous ont été imposées par vos institutions, vos gouvernements et vos religions. Vous devez trouver des moyens de transcender les messages de peur et de terreur projetés dans la conscience humaine par les événements qui se déroulent sous vos yeux. Il y aura beaucoup de manipulations et de peurs cachées. Pour survivre à cette période, vous devez transcender ce qui arrive ou semble arriver autour de vous. Vous devez trouver votre centre spirituel. Nous vous avons déjà expliqué ce principe.

Il n'existe pas de formule magique pour y arriver. Vous disposez tous de plusieurs chemins qui vous conduiront au point d'immobilité de votre conscience, à la réalisation de votre propre dignité ; c'est de là que vous pourrez vous détacher plus facilement des événements qui se dérouleront autour de vous. Vous aurez appris à transcender le monde. L'un de vos plus grands instructeurs spirituels a dit un jour : « Soyez dans le monde, mais sans être de ce monde. » C'est là un excellent conseil pour les temps qui viennent.

Il ne suffit pas toutefois de vous détacher et de transcender le monde. Vous devez aussi le transformer. Nous ne parlons pas ici du monde en général car vous n'avez pas la capacité de l'affecter. Nous parlons plutôt du monde qui vous entoure, c'est-à-dire votre communauté locale d'amis et de proches, et la terre qui se trouve réellement sous vos pieds. C'est de ce monde que nous parlons et c'est ce monde que vous devez transformer, même si le monde en général semble se détériorer et s'effondrer partout autour de vous. Il y faudra une grande maîtrise spirituelle. Nous ne disons pas que c'est facile ou que ce le sera, mais nous disons qu'il est absolument impératif que vous transcendiez votre monde et le transformiez – les deux à la fois – afin de pouvoir passer par le chas d'une aiguille.

Ainsi, quand vous serez découragé par l'état du monde, transcendez cette complaisance, transcendez la manipulation et le sentiment d'isolement qui sont projetés sur vous, transcendez la forme de l'esprit de groupe. C'est une entreprise délicate, car vous devez trouver votre propre voie vers la joie de votre cœur, même au sein de la souffrance qui vous entoure peut-être. Au cours des années qui viennent, il y aura des moments où les individus spirituellement sensibles éprouveront le désir d'abandonner. Ce sera le temps de vous touver une nouvelle inspiration. À vous de choisir comment le faire, mais voici quelques suggestions.

Détournez votre attention de vous-mêmes et de vos propres problèmes pour la porter sur le monde qui vous entoure, sur la terre qui se trouve sous vos pieds, sur votre communauté locale, sur vos amis, sur les inconnus vivant autour de vous, sur vos proches. Découvrez ce que vous pouvez faire pour améliorer le monde dans lequel vous vivez. Ce peut être par des gestes très simples. Un sourire, une parole réconfortante ; céder la place à une voiture qui fait demi-tour devant vous ; offrir de la nourriture à celui qui a faim ; fermer la télévision, cet appareil de contrôle de l'esprit, et jouer plutôt avec vos enfants ou vos animaux. Planter un arbre. La liste des occasions d'influer le monde qui vous entoure est infinie. Vous vous rapprocherez ainsi de votre communauté locale, même si les forces qui manipulent le monde tentent de le détruire.

Comprenez que la simplicité possède un pouvoir ; c'est pourquoi nos messages sont habituellement très simples. Comme toujours, nous vous suggérons de cultiver l'holon d'équilibre comme moyen hautement efficace de composer avec les instabilités énergétiques lorsqu'elles apparaissent. Nous vous encourageons aussi à vivre consciemment dans la gratitude, car les harmoniques subtiles créées par cet état émotionnel vous protégeront et vous élèveront même si le monde est dans une spirale descendante.

Chers amis, saisissez les bons moments de votre vie même si votre culture et votre économie traversent des temps difficiles. Trouvez en vous la force de vous détacher de ce qui paraît se produire autour de vous et de le dépasser. Peut-être vivrez-vous alors une expérience très intéressante. Vous constaterez la blague cosmique. Toute la situation qui règne sur votre planète vous apparaîtra comme une transition à la fois intéressante et amusante à une conscience supérieure.

L'aspect amusant ne peut toutefois être perçu que par la conscience à la cinquième dimension ou à une dimension supérieure. Il n'est pas toujours facile de voir l'humour inhérent aux situations quand elles ont lieu dans un univers dualiste, particulièrement si l'on en est prisonnier. C'est pourquoi nous vous encourageons à transcender votre monde – c'est-à-dire le monde tel que vous croyez qu'il est – et à passer à une octave supérieure de conscience. Un nouvel univers regorgeant de possibilités vous y attend.

Nous sommes les Hathors.

Note de l'éditrice:

Cet article a tout d'abord paru dans le bulletin de nouvelles de Tom Kenyon (Soundings). Après sa lecture, j'étais totalement émue et impressionnée par son élaboration. J'ai pensé qu'il serait également intéressant pour vous de lire comment la production du CD Immunity a vu le jour. C'est un exemple remarquable d'unité de la part des sphères supérieures.

La production d'un CD très spécial

L'histoire

Tout cela a commencé de la façon la plus inattendue. Je répondais à des questions vers la fin d'une session d'entraînement de thérapie sonore, à Seattle, dans l'État de Washington, en septembre 2005, quand une femme leva la main et me dit qu'elle travaillait avec des patients séropositifs en Afrique, par l'entremise d'un organisme à but non lucratif. Elle me demanda si je possédais des enregistrements ou des motifs sonores qui pourraient être utiles, car la situation devenait extrêmement sérieuse dans toute cette partie du monde. Je lui répondis que je n'avais rien de substantiel à lui offrir puisque mon travail de psycho-immunologue à cette époque était centré sur l'immunité générale et non sur une maladie spécifique.

Elle me dit alors qu'elle avait une requête à formuler, en réalité un défi. Je me souviens clairement de ce moment où la salle s'emplit soudain d'une présence spirituelle pendant qu'elle parlait. « J'ai une faveur à vous demander. Je sais que vous êtes très occupé, mais l'Afrique est en détresse et je sais que vous pouvez l'aider. »

L'idée d'ajouter un projet à la liste déjà longue de ceux que je m'étais engagé à réaliser me contrariait beaucoup. J'étais sur le point de bafouiller quelque chose en ce sens lorsque j'aperçus par clairvoyance un être se tenant à ma droite. C'était un shaman africain qui venait ajouter son poids à la requête. Puis tous mes guides vinrent à moi et soudain la scène était très remplie. Je me suis alors entendu dire: «Je vais trouver le temps qu'il faut pour le faire.»

Je n'avais aucune idée de la manière dont je pourrais y arriver car je travaillais de quatorze à seize heures par jour à d'autres projets d'enregistrement et d'écriture. J'étais vidé, comme on dit, d'autant plus que Judi et moi étions en train de faire nos valises pour une autre tournée mondiale d'enseignements.

Quelques jours après cette rencontre, je fus éveillé à trois heures du matin par mon groupe de treize Hathors, qui me dirent qu'il était temps de commencer à travailler au programme d'immunité. Ils précisèrent qu'il consisterait en de purs sons vocaux, sans l'utilisation d'aucune fréquence électronique, et qu'il serait canalisé avec l'assistance de thérapeutes spirituels appartenant à plusieurs sphères de conscience. Ils m'informèrent aussi que la plus grande partie de l'enregistrement aurait lieu habituellement vers trois heures du matin, car c'est à ce moment que les formes-pensées collectives, y compris les miennes, produisaient le moins d'interférence. Autrement dit, ils me prévenaient que je ne dormirais pas beaucoup au cours des prochaines semaines.

En fait, il fallut quatre semaines pour enregistrer les trente-deux pistes. Sur chacune, un être différent canalisait sa lumière spirituelle en un son audible. Cette expérience époustouflante et transcendante me fit repousser plus loin les frontières de mes propres croyances et paradigmes personnels.

Les deux premières pistes furent enregistrées par les Hathors. Ils me dirent qu'elles seraient utiles pour traiter plusieurs types de cancers en plus du sida et d'autres problèmes immunitaires. Ils me dirent aussi que l'enregistrement final aborderait l'immunité à plusieurs niveaux; non seulement physique, mais également émotionnel et spirituel. Au début, je ne voyais pas très bien comment je réaliserais cet exploit, mais, à mesure que le processus de l'enregistrement se déroulait, je percevais mieux l'ensemble. L'immunité n'est pas seulement une réaction physique de notre système immunitaire aux menaces immunologiques. Elle est à la fois le sentiment biologique de soi et le sentiment spirituel de son identité.

Après les deux premières pistes, l'énergie vibratoire des guérisseurs spirituels changea considérablement. Un shaman africain m'apparut par clairvoyance et m'indiqua qu'il désirait m'offrir l'assistance de la médecine spirituelle par les plantes, ce qui signifiait qu'il faisait appel aux esprits de certaines plantes pour aider à soulager ceux qui souffrent de maladies physiques et spirituelles. Je connaissais ce type de thérapie car j'en avais fait moi-même l'expérience à deux reprises par les soins de deux thérapeutes distincts. Cette médecine par les plantes semble appartenir à une très longue tradition dans une grande partie de l'Amérique du Nord et de l'Amérique du Sud, ainsi qu'en Afrique. Il en est peut-être de même dans d'autres parties du monde également, mais je ne suis pas au courant.

Ce qui me frappait le plus chez ce shaman thérapeute, c'est que, de toute évidence, il ne s'était pas réincarné sur la Terre depuis très longtemps, car plusieurs des plantes qu'il utilisait pour la guérison n'étaient plus disponibles en Afrique. Il s'agissait d'espèces disparues depuis longtemps. Pendant un moment, il sembla triste et incrédule de constater ce fait. Je le vis ensuite traverser les étoiles et les mondes spirituels pour retrouver ses frères et ses sœurs spirituels (sa médecine par les plantes) dans d'autres sphères de conscience. Il fit alors appel à eux et ramena leur médecine spirituelle sur la Terre dans les sons qu'il chanta par ma voix. Quand j'eus terminé cette séquence, je pleurai, en raison des puissantes énergies en cause et aussi du pathétique de ce dont j'avais été témoin. En sortant de la cabine d'enregistrement, j'aperçus par claivoyance, un grand Africain dans le studio. Un guerrier Masai. Il s'inclina et nous avons communiqué silencieusement pendant quelques instants, lui me remerciant d'avoir tenu ma promesse et moi le remerciant de sa visite.

Au cours des années, dans le cadre de mon travail, je m'étais habitué à canaliser plusieurs différents types d'énergies et d'êtres spirituels, mais je n'avais jamais canalisé autant d'énergies différentes en si peu de temps, et cette expérience modifiait profondément ma perception des mondes spirituels.

Je reconnaissais certains des êtres qui projetaient leur thérapie dans le monde du son depuis les sphères de lumière : des lamas tibétains, des guérisseurs de l'Égypte ancienne, de l'Inde, de la Perse. Certains étaient des alchimistes de haut rang tandis que d'autres étaient des dieux et des déesses créateurs appartenant à des époques lointaines et à des lieux dont les noms mêmes se sont perdus.

Vers le tiers de la période d'enregistrement, un groupe d'anges commencèrent à « télécharger » leurs codes de guérison. À chacun de ces codes étaient associées des formes géométriques précises de lumière. Chaque fois qu'un ange chantait à travers moi, je m'élevais si haut que je titubais littéralement en sortant de la cabine d'enregistrement après avoir terminé sa séquence. Certains de ces êtres angéliques appartenaient à la tradition chrétienne ou islamique.

D'autres m'étaient cependant inconnus. Hormis leur majesté et leur ouvoir, la seule impression qu'ils me faisaient tenait au fait qu'ils avaient été envoyés du cœur du Divin pour contribuer à l'immense tâche de la guérison planétaire.

Il y une session que je n'oublierai jamais. J'étais à mi-chemin du processus d'enregistrement quand je vis que l'énergie du Tao envoyait du Ciel une forme de pur chi (ou force vitale) dans un motif sonore. Ce son ne semblait pas appartenir à ce monde, mais, en même temps, il semblait profondément guérisseur. Chaque cellule de mon corps était à la fois confortée et nourrie par ces sons primordiaux. Au cours d'une session, je vis le Bouddha bleu de la médecine faire venir du Sambhogaya (le royaume tibétain du pur son et de la pure lumière) une forme exquise de lumière curatrice. Je le vis tisser la lumière spirituelle et en abaisser la fréquence vibratoire pour qu'elle devienne un son spirituel.

Au cours d'une session, un shaman mongol appela le dieu guérisseur à tête de cheval que les Tibétains appellent Hevajra. En voyant celui-ci se manifester dans les sphères de lumière, j'aperçus des milliers de chevaux sauvages courant dans les plaines de Mongolie, un puissant symbole du pouvoir de guérison transmis par ces sons.

Lors d'autres sessions, des shamans et des sorciers amérindiens chantaient et invoquaient les pouvoirs de guérison au moyen de leur intention. L'une en particulier me toucha profondément: la Femme bison, une figure légendaire possédant un immense pouvoir de guérison. Ses sons étaient empreints d'une telle force que je restai émerveillé et reconnaissant devant ce pouvoir féminin de guérison.

Pendant vingt-huit jours, aux petites heures du matin, ces divers êtres extraordinaires s'unirent dans un but commun: *libérer dans le monde une potentialité de guérison à un moment où il en a désespérément besoin.* Des lignées spirituelles qui se rencontrent rarement et qui furent souvent en conflit dans ce monde s'unissaient pour créer un pouvoir de guérison qui me laissa stupéfait et sans voix.

Vers la fin du processus d'enregistrement, Madeleine et Yeshua ajoutèrent leurs voix au chœur de guérison, ce qui eut pour moi un effet à la fois calmant et intégrateur. Tout au long de la période d'enregistrement, j'écoutais chaque nouvelle voix qui s'ajoutait aux précédentes. Parfois, les sons étaient trop catalyseurs, trop forts et trop volatils. Nous étions alors ébranlés, moi et ceux qui écoutaient, par une trop grande décharge de négativité personnelle. Lorsque Madeleine et Yeshua s'ajoutèrent, la négativité était toujours présente, mais nous avions une impression de confort et de stabilité. Le terrain propice à la guérison était établi. Il n'y manquait plus que les germes d'intention que chaque auditeur sèmerait en écoutant les codes. Il est maintenant évident pour moi que cet unique programme psychoacoustique est une matrice cocréatrice. C'est une piste auditive de lumière spirituelle où les intentions et les énergies de guérison de ces thérapeutes spirituels peuvent s'unir aux intentions des auditeurs.

Pensées sur l'immunité, la croyance et la guérison

J'en suis venu à voir l'immunité dans un contexte beaucoup plus large que celui de nos réactions physiques aux agents pathogènes. D'un point de vue biologique, notre système immunitaire sert à distinguer le soi du non-soi. Si quelque chose fait intrusion dans notre corps (par exemple, une bactérie ou un virus), notre système immunitaire vérifie rapidement si cet agent nous appartient ou non. S'il ne le reconnaît pas comme nôtre, il mobilise toutes ses ressources pour détruire cet envahisseur toxique.

La réaction immunitaire physique est un processus très complexe, une combinaison de plusieurs facteurs, dont les gènes, l'alimentation, les facteurs environnementaux, la vitalité personnelle ainsi que les schèmes mentaux et émotionnels. Ce dernier aspect de l'immunité est souvent appelé psycho-immunologie ou psychoneuro-immunologie. Ce secteur de recherche étudie comment nos pensées, et particulièrement nos émotions, affectent notre système immunitaire. Alors que des réalités aussi éphémères que la pensée et le sentiment ne sont qu'une infime partie du puzzle immunitaire, ils en constituent un aspect aussi intrigant qu'important.

Au niveau pratique, si vous désirez améliorer votre fonction immunitaire, vous devez être conscients de l'air que vous respirez, de l'eau que vous buvez et surtout de la nourriture que vous mangez, et en accroître la qualité. Il a été démontré que des périodes régulières de repos ont une influence bénéfique sur la fonction immunitaire. Ces périodes de repos salutaires se caractérisent par une augmentation de l'activité alpha et thêta du cerveau. Certains types de méditation sont idéaux pour produire ces états du cerveau qui réduisent le stress. La recherche a démontré que ceux qui méditent vingt minutes une ou deux fois par jour ont une meilleure fonction immunitaire et se portent mieux que ceux qui ne le font pas.

Le type d'immunité dont je parle ici n'est toutefois pas limité à la réaction physique de notre système immunitaire. Dans son sens le plus large, l'immunité est une expression de ce que j'appelle la signature vibratoire.

Notre signature vibratoire (ou tonalité) est liée à notre vie émotionnelle, et plus précisément à ce que nous ressentons à tel moment donné, notamment les émotions habituelles qui sont une composante quotidienne de nos habitudes personnelles de pensée et de sentiment. Conceptuellement, je classe les divers états émotifs en deux catégories : les émotions cohérentes et les émotions incohérentes.

Les émotions cohérentes sont les sentiments comme l'amour, la gratitude, la paix mentale, etc. Les émotions incohérentes sont les sentiments comme la haine, la jalousie, l'impression de pénurie, l'agitation mentale, etc. La plupart des gens préfèrent vivre des émotions cohérentes, car elles exercent un effet apaisant sur le corps et sur le mental. Les émotions incohérentes créent en nous un malaise car elles sont perturbatrices à un niveau énergétique subtil.

Des études fascinantes démontrent que les émotions incohérentes (comme l'hostilité) affectent négativement notre réaction immunitaire physique, voire notre rythme cardiaque. Cependant, il reste encore beaucoup à découvrir sur le plan scientifique quant aux effets des émotions sur la santé. À ce stade-ci, je ne désire pas m'étendre sur les mécanismes psychologiques et physiologiques de l'immunité physique. Je veux plutôt traiter ici de l'immunité au sens large, comme je l'ai mentionné plus haut.

De ce point de vue métaphysique, nous sommes quotidiennement bombardés de toutes sortes de toxines et d'agents pathogènes ; mais ces toxines ne sont pas confinées simplement au domaine physique, sur lequel la science se concentre par nécessité. Ce type de contamination inclut également ce que j'appelle la toxicité mentale, émotionnelle et même spirituelle.

Lorsque une personne nous ment, ou bien un groupe ou toute une société qui nous ment, c'est là une toxine mentale émotionnelle ou spirituelle. Cette forme de désinformation existe depuis longtemps au sein des familles, des sociétés, des religions dogmatiques, sans compter celle qui est aujourd'hui disséminée par les gouvernements et les sociétés commerciales. Il s'agit là d'un sujet déroutant et je ferai donc de mon mieux pour en simplifier les concepts fondamentaux.

Commençons par les familles. Dans une famille idéale – ce qui, soit dit en passant, n'existe pas – , la relation entre les parents est équilibrée, et les enfants intègrent cet équilibre dans leur propre bagage psychologique en grandissant et en entrant en interaction avec ces deux figures parentales idéales. Dans la vraie vie, toutefois, il existe rarement un équilibre des pouvoirs. Habituellement, l'un des deux parents exerce son pouvoir sur tout le monde. Dans le kaléidoscope fascinant que constitue l'expérience humaine, le parent dominant peut être direct ou passif dans sa manipulation du pouvoir. Il peut devenir un taureau furieux quand on ne lui obéit pas, faisant suer toute la famille, ou il peut être ce que certains appellent un « tyran subtil » pour se faire obéir.

Les tyrans subtils sont passivement agressifs et ne font jamais face à une situation directement et honnêtement. Ils exercent leur pouvoir dans l'ombre (c'est-à-dire dans l'inconscient, que ce soit leur propre inconscient et/ou cellui de leur entourage) et souvent sous un vernis d'impuissance et de culpabilité. Certains utilisent la maladie ou la menace de maladie, par exemple, comme moyen d'obtenir ce qu'ils veulent.

En grandissant au sein d'un système familial, les enfants assimilent et acceptent inconsciemment ses croyances sous-jacentes (les formes-pensées) sur la vie, sur les relations et sur le monde, ainsi que sur leur place ou leur manque de place dans ce monde. Les schèmes émotionnels que nous avons vus à l'œuvre quand nous étions enfants se sont également intégrés dans notre être. Habituellement, nous assimilons ces schèmes et ces croyances, ou, dans certains cas, nous nous rebellons contre eux. L'enfant qui se rebelle ainsi court alors le risque d'être perçu par les membres de sa famille comme un mouton noir, quelqu'un qui refuse de se conformer aux croyances et aux attentes familiales.

Si, sur le plan du pouvoir ou des croyances, une manipulation familiale s'oppose à la nature authentique de l'un des membres de la famille, cela crée un énorme conflit psychologique et même physiologique chez celui ou celle qui ne souscrit pas au « programme ». Dans certaines familles, la rébellion légère est tolérée jusqu'à un certain point. Dans d'autres, cependant, tout le monde doit se plier à une norme très rigide de vie mentale et émotionnelle.

Par exemple, dans certaines familles, le port des cheveux longs peut créer un grand conflit. Dans d'autres, le fait de fréquenter quelqu'un d'une autre religion, d'un autre groupe culturel ou d'une autre race peut susciter de l'hostilité. Certains enfants ont même été déshérités parce qu'ils avaient choisi une autre carrière que celle que l'on désirait leur voir épouser.

Ce que je veux souligner ici, c'est que nos croyances (nos formes-pensées) et nos émotions deviennent partie intégrante de nous-mêmes par un processus d'assimilation mentale et émotive. Autrement dit, nos pensées et nos émotions deviennent une partie de notre chair. Notre corps n'est pas composé uniquement de la nourriture que nous absorbons et des liquides que nous buvons, mais aussi de nos pensées et de nos sentiments.

Je crois que la coercition mentale et émotive est l'un des principaux obstacles à notre évolution spirituelle, mentale et culturelle. Qu'elle se manifeste en famille, en amitié, au travail, dans les lieux de culte, dans la façon de concevoir le divin et de le contempler, ou dans les institutions politiques, le mécanisme de la toxicité est toujours le même.

Quand on nous force à penser ou à ressentir certaines choses qui vont à l'encontre de notre nature et de nos meilleurs intérêts, cela peut devenir une forme de toxicité mentale ou émotionnelle. Certains peuvent s'en accommoder, mais d'autres en deviennent malades physiquement ou même spirituellement (c'est-à-dire que la vitalité de leur esprit s'en trouve amoindrie ou supprimée). Je crois que la science aura beaucoup à dire au cours des quelques prochaines décennies sur ce processus d'assimilation mentale et émotive – comment nos pensées et nos émotions deviennent physiques ; or, pour l'instant, de tels concepts sont marginaux, bien sûr. Mais alors, disons-le franchement, tout cet enregistrement immunitaire l'est aussi.

Pour certains, il est absurde de penser que des êtres spirituels puissent, par l'intermédiaire de la voix de quelqu'un, chanter des codes de guérison qui aideront vraiment un individu. Pour d'autres, cette idée est pleine de sens. Tout dépend de ce que vous croyez possible dans la réalité et dans votre expérience de vie.

J'ai dû constamment agrandir ma propre boîte perceptuelle en travaillant avec ces thérapeutes spirituels, car ma perception de la réalité fut sérieusement bafouée en plusieurs occasions. Toutefois, le plus souvent, j'éprouvais une profonde gratitude pour ce qu'ils orchestraient ainsi au profit de notre humanité. De plus, j'étais profondément impressionné par la qualité vibratoire de chacun d'entre eux. Après écoute, je ressentais presque toujours des émotions profondément cohérentes, comme l'amour, la gratitude et un fort sentiment de paix et de guérison intérieures. Après chaque session d'enregistrement, j'étais ému par le pouvoir d'élévation que leurs voix communiquaient.

Il devint très vite évident que leurs hautes vibrations spirituelles exerçaient également sur moi un effet catalytique. L'un des principes de la guérison vibratoire, c'est qu'une vibration supérieure élimine ou transforme une vibration inférieure. Ainsi, après avoir écouté les enregistrements de ces êtres, je prenais souvent conscience de l'infériorité de mes propres formes-pensées (c'est-à-dire des formes-pensées qui limitent la liberté d'expression et l'évolution).

Parfois, je me rappelais les incidents passés qui avaient suscité ces pensées et ces croyances, tandis que, d'autres fois, je sentais simplement qu'ils me laissaient sans aucun souvenir.

J'en suis ainsi venu à considérer cet enregistrement comme une puissante forme de purification spirituelle et c'est peut-être là, en réalité, la principale source de son pouvoir.

En chantant pour nous, ces guérisseurs spirituels ont transformé la lumière spirituelle en sons audibles. Ceux-ci agissent en nous comme une sorte de transformateur spirituel, évacuant la négativité (toxicité) mentale, émotionnelle et spirituelle, et créant un espace pour que notre propre lumière spirituelle innée s'ancre plus profondément et se manifeste plus clairement.

Je crois que ce processus peut également améliorer notre aptitude naturelle à l'autoguérison.

Question à Tom Kenyon :

– *La lecture de l'article (que j'ai trouvé assez incroyable) et l'écoute de la musique furent deux expériences différentes. Imaginer (voir) tous ces êtres alors qu'ils émettaient leurs sons guérisseurs à travers vous fut en soi une expérience très intense et je pense que mes lecteurs ont beaucoup aimé la lire. Je voulais qu'ils sachent comment on peut réaliser un CD de musique interdimensionnelle.*

Voici ma question : comment tous ces sons différents peuvent-ils produire finalement un ensemble cohérent ? Nous passons des Hathors à l'énergie du Tao, puis à un shaman africain avec ses herbes médicinales, et ensuite à plusieurs autres… Et pourtant, pour une oreille non exercée, les sons semblent finalement similaires. Comment faites-vous pour recevoir tous ces sons différents et émettre ce qui semble être « un » son ?

Si vous entendiez jouer simultanément les trente-deux pistes à un volume égal, vous entendriez une cacophonie de sons discordants.

En les mixant, toutefois, j'en ai fait ressortir la cohérence inhérente ; il m'a fallu dix heures d'écoute et de prémixage pour trouver l'équilibre adéquat entre les pistes.

Bien que je ne l'aie pas mentionné dans l'article, il s'est produit un incident intéressant à mi-chemin du processus d'enregistrement. Les voix dominantes étaient extrêmement catalytiques et les gens qui écoutaient l'enregistrement avaient une intense réaction purificatrice. Ce n'est que lorsque les voix plus calmantes et moins catalytiques eurent été ajoutées que l'on put écouter sans trop réagir.

Toutes les voix sont présentes sur l'enregistrement, mais certaines dominent les autres. Elles contribuent toutes à l'énergie de l'enregistrement, même si certaines sont plutôt à l'arrière-plan.

Merci.

Tom Kenyon

Troisième partie

Le Haut Conseil de Sirius

Que vos décisions soient faciles
ou difficiles à prendre, votre âme sera guidée.
Vous trouverez votre chemin.

Message de Patricia Cori

Il y a une dizaine d'années, alors que je me trouvais dans un agroglyphe, je me suis étendue sur le sol et j'ai perdu conscience durant environ deux heures. Quand j'ai réintégré mon corps, je n'étais plus la même femme. J'avais été « équipée » pour recevoir les pensées d'un magnifique groupe d'êtres de lumière qui se sont identifiés comme étant les « Porte-parole du Haut Conseil de Sirius ». Que ce soit au moyen de la parole écrite ou des agroglyphes, ces êtres viennent à notre rencontre sur plusieurs plans en cette époque passionnante où nous nous éveillons à notre nature de semences d'étoiles. Je les remercie encore pour l'amour inconditionnel et la compassion qu'ils manifestent en nous aidant à comprendre la nature infinie du Cosmos et de toute la Création.

Comme j'ai toujours usé de prudence et de discernement quant aux *channels* et aux médiums, et à la provenance de leurs visions, je trouvais un peu étrange d'être soudain dans la même situation qu'eux, servant de véhicule pour transmettre au monde les messages d'êtres multidimensionnels soucieux de notre évolution et de la dynamique planétaire.

En tant que voix du Haut Conseil de Sirius, ce fut pour moi une expérience incroyable que de transmettre la sagesse et la compassion de ces êtres à un public croissant et de chercheurs spirituels qui, comme vous, s'apprêtent à se libérer de la programmation mentale restrictive limitant depuis trop longtemps la perception que nous avons de notre véritable statut d'êtres galactiques.

Leurs ouvrages, *Les Révélations de Sirius*, nous ont montré les chaînes qui nous maintenaient dans la peur et la résignation, tout comme ils nous ont indiqué les moyens de notre libération. Ils sont le « maintenant » de notre expérience alors que nous traversons le corridor de notre transition, au bout duquel nous entrerons dans la vive lumière de l'Arrivée.

Nous activons nos réseaux énergétiques, à la fois à l'intérieur et à l'extérieur de notre être physique. Nous rassemblons les parties qui ont été perdues, oubliées, éparpillées, et, surtout, nous nous rappelons qui nous sommes et pourquoi nous sommes ici. Ce faisant, nous assumons la responsabilité du monde que nous avons créé et nous reconnaissons que nous avons *choisi* d'être ici. C'est là le secret: nous avons choisi cette expérience! À partir de cette décision libre, nous ne pouvons conclure qu'à cette évidence: il est utile à notre âme d'expérimenter tout ce qui se produit en cette époque d'incertitude et d'anticipation. Pleinement conscients et adéquatement préparés à tout ce qui évolue en cette grande période de transition, nous sommes plus forts encore si nous comprenons que nous disposons du libre arbitre sur le plan de la manifestation créatrice.

Quand nous surmontons la peur suscitée en nous par ceux qui nous maintiennent dans la servitude, nous reconnaissons que nous vivons le moment le plus grandiose de l'histoire de l'humanité, celui de notre réunion avec la famille galactique, nos véritables ancêtres, un moment qui coïncide avec un immense progrès dans l'évolution de toute vie qui existe sur notre planète. Malgré l'obscurité qui précède l'heure de notre délivrance, nous sommes prêts à renaître dans la lumière d'une aube nouvelle et c'est là la plus remarquable de toutes nos attentes.

Invitée à contribuer à la création de cet ouvrage discutant des potentiels et probabilités de l'année 2009, je suis heureuse de vous présenter ici la vision et les enseignements du Conseil depuis la ville sainte d'Abydos, en Égypte, où me sont révélés certains éléments des anciens secrets. Je les exposerai en détail dans mon prochain ouvrage intitulé « Où vivent les pharaons », qui rassemblera les pièces éparses de l'histoire de l'Atlantide et du voyage des Atlantes vers de lointains rivages.

Alors que nous approchons davantage de la date ultime du calendrier maya (21 décembre 2012), nous nous projetons de plus en plus dans l'avenir. Et pourtant, selon le Conseil, l'avenir est une illusion, une simple projection de nos pensées et de notre expérience collective. Ses membres nous rappellent donc que nous le créons nous-mêmes, cet avenir, et que nous participons à sa manifestation. Leur message nous invite à ne plus avoir peur, à rester nobles et aimants, et à élever la vibration de notre corps et de notre esprit de façon à faire briller notre lumière intérieure sur le monde qui nous entoure.

Même si nous consultons des voyants ou lisons des prophéties pour tenter de connaître l'avenir, n'oublions jamais que Gaïa est le produit de son propre karma, auquel chacun de nous participe. Chacune de nos pensées, de nos émotions et de nos actions lui passe dans le cœur et dans l'âme, et elle nous les retourne avec force pour que nous comprenions et ressentions notre intention de groupe.

En trouvant dans ce livre un aperçu de l'avenir que nous savons illusoire, n'oublions jamais que c'est dans l'instant présent que nous pouvons influencer notre Terre bien-aimée; nous pouvons en élever la vibration, par le cœur, faisant ainsi du monde intérieur et extérieur un endroit plus lumineux. Soyons fiers de cette responsabilité et consacrons chaque jour de notre existence à faire briller dans l'obscurité l'amour du Cœur unique, éclairant ainsi ceux qui sont en proie à la peur et au désespoir.

Comme le disent éloquemment mes maîtres et guides bien-aimés du Haut Conseil de Sirius: « Soyez braves comme le lion, vifs comme l'aigle et doux comme la colombe. Ne doutez jamais de votre force ni du chemin à suivre. N'oubliez jamais que vous êtes la vibration croissante de Gaïa. »

Tous mes remerciements à Martine Vallée
pour m'avoir accueillie dans ce projet
et pour son engagement à faire ressurgir
la sagesse d'Alexandrie des bûchers de l'ignorance passée.

Mon amour vous enveloppe.

Patricia Cori
« Trydjya », scribe du Haut Conseil de Sirius.

Introduction du Haut Conseil de Sirius

Salutations, chères semences d'étoiles. C'est avec un immense plaisir que nous communiquons avec vous à ce moment-ci de votre espace-temps. Étant les porte-parole du Haut Conseil de Sirius, nous représentons la conscience d'innombrables Siriens qui communiquent avec la Terre depuis le système stellaire de Satais ou Sirius B. Nous sommes beaucoup plus vieux que vous et nous connaissons très bien la race humaine car nous avons participé à la Grande Expérience que fut l'ensemencement de votre race.

À certains moments clés de votre développement, nous nous sommes matérialisés sur le plan terrestre, nous cristallisant dans la matière afin de mieux servir l'humanité, semence d'étoiles de l'Univers. Nous l'avons fait à l'époque du deuxième cycle de l'Atlantide, alors que vous vous épanouissiez dans la lumière de cette civilisation; nous l'avons fait également dans l'Égypte ancienne et nous le ferons de nouveau bientôt, à l'achèvement du calendrier maya.

Nous sommes venus vous servir à ce moment-ci de votre évolution dans le corps de lumière, car nous savons ce qui vous attend, ayant déjà vécu ce processus. Nombreux sont les êtres de lumière qui observent maintenant la transition de la Terre; la conscience des Pléiades et celle d'Andromède, entre autres, qui travaillent avec vous et se joignent à nous pour élever les vibrations.

Nous commençons donc notre intervention en vous disant que tous les êtres conscients du Cosmos de l'Âme voyagent dans la spirale allant des ténèbres à la lumière. Étincelles de lumière infinie, nous nous séparons d'abord du Premier Créateur, puis nous sautons dans l'abysse des ténèbres, pour connaître la magnitude de tout ce qui est contenu dans l'esprit de Dieu. Lorsque nous perdons notre fascination pour les mystères des régions de l'ombre, nous commençons à monter dans la spirale de l'expérience du « Je suis », pour atteindre finalement la pleine illumination et retourner nous fondre de nouveau dans l'absolu de l'Unité avec toute la Création : l'Atum, l'atome, le Tout qui Est.

Il en est ainsi pour toutes les « unités » biologiques vivant sur votre planète et pour chaque être sensitif de l'univers, à chaque station du Cosmos où la vie se développe sous une forme ou sous une autre. Elle se trouve dans le règne minéral, où les unités moléculaires de conscience se déplacent si lentement dans cette densité qu'elles *paraissent* ne pas manifester la conscience, alors qu'elles sont pourtant bien conscientes. Elle se trouve aussi dans le règne animal de la terre, de la mer et du ciel, et finalement dans l'espèce de l'Homo sapiens, la plus haute forme d'intelligence de votre monde. Elle abonde dans la microsphère, dont vous avez une conscience très limitée. Malgré ses innombrables formes et aspects, dont chacun a son propre tempo et son rythme particulier (car c'est là la nature de la musique de l'existence), toute vie fait partie du même crescendo musical qui finit par passer des ténèbres à la lumière dans toutes ses manifestations.

Étincelles de conscience en explosion, nous sommes comme des tisons dans un feu, surgissant des flammes et y retombant ensuite pour se fondre dans leur source. Essentiellement, nous passons une éternité à nous rappeler que nous retournons à l'endroit d'où nous venons et que c'est là l'expérience ultime. Chères semences d'étoiles, c'est ce que nous sommes venus apprendre, c'est ce que nous sommes venus nous rappeler.

Nous oublions tous notre divinité quand nous faisons ce plongeon audacieux dans la matière la plus dense, nous séparant (en un sens) de la Source pour nous enfoncer profondément dans l'abysse. Nous sommes alors distraits par notre propre illusion, les champs d'opposition, les ténèbres et la lumière, car c'est l'exploration de l'œuvre du Créateur dans toutes ses nuances et sa complexité qui nous donne une raison d'exister en tant qu'unités individuelles de la grande lumière de l'Esprit, dotées du libre arbitre.

Au cours de ce voyage d'autodécouverte, nous passons beaucoup de temps dans la sphère physique où vous vous trouvez présentement, soit la troisième dimension, et nous lui procurons une énergie incalculable. Après notre émergence de la nuit apparemment non divine, chacun de nous se retrouve devant un choix : ramper, marcher ou courir à travers les champs de l'illusion. Nous évaluons chaque expérience de ténèbres et de lumière, lesquelles constituent la dualité des sphères inférieures, et nous décidons librement de la durée de notre séjour dans les ténèbres, mais en sachant, au niveau absolu de l'essence de l'âme, que tout finit par s'élever dans la spirale.

Nous sommes assistés dans ce voyage par ceux qui nous ont précédés. Ils nous laissent leurs repères, c'est-à-dire leurs enseignements, pour nous aider à monter les marches jusqu'aux cieux, sur le chemin du retour.

Ces ouvrages proviennent souvent d'êtres hautement évolués, qui laissent un témoignage sur leur quête de la compréhension de leur propre immortalité, comme dans le cas de plusieurs hautes civilisations ancestrales de Gaïa.

Sachez que nous avons travaillé avec le « véhicule », Trydjya (Patricia Cori), depuis son apparition dans un corps au cours du cycle médian de l'Atlantide, où elle officiait comme Gardienne des Cristaux. À l'instar de plusieurs d'entre vous, elle a repris une forme physique durant la dernière génération de la civilisation atlante, à cause d'une dette karmique qui vous a ramenés, vous les enfants de l'Atlantide, pour servir en cett époque actuelle. Sous notre tutorat, notre *channel* Trydjya s'est transporté dans le Saint des Saints, l'Osireion, sur la terre de Khemit (l'Égypte), dans sa recherche de cette lumière. Sa mission comportera bien des défis, car les véritables initiations, les grandes transformations, sont souvent accompagnées d'obstacles et de plusieurs épreuves.

Nous sommes en mesure d'entrer en résonance avec elle alors qu'elle s'harmonise avec ces très puissants niveaux vibratoires et qu'elle subit ce changement intérieur de fréquence. Sous plusieurs aspects, il s'agit d'une densité différente – beaucoup plus légère – que celle à laquelle nous sommes habitués dans la cité où elle réside (Rome), et tous jouissent d'une vibration beaucoup plus élevée au moment où nous entrons en communication. C'est un portail entre la vie et la mort, entre la matière et l'esprit, un accès aux Salles d'Amanti.

Alors que notre esprit collectif danse sous les rayons de lumière d'anciennes gravures, le culte des dieux, nous célébrons avec elle. Nous la sentons s'émerveiller tandis qu'elle marche dans les salles des idoles pharaoniques, les dieux du Panthéon d'Abdu (Abydos). Nous connaissons les grands travaux dont l'humanité est capable et nous contemplons la renaissance de vos ancêtres déchus, qui sont sculptés dans ces murs autant qu'ils sont inscrits dans votre esprit et gravés dans votre inconscient collectif. Et nous sentons monter son adrénaline alors qu'elle scrute les sombres tunnels de l'histoire pour découvrir les vérités qui s'y cachent.

Plusieurs d'entre vous sont en résonance avec le champ de conscience où les porteurs de lumière de l'ancienne Atlantide reconstruisent les civilisations archétypales de ces terres déchues, et nous comprenons votre soif d'en savoir davantage maintenant que l'Atlantide refait surface dans vos souvenirs et dans votre expérience collective. Et nous nous souvenons, car l'empreinte de Sirius se trouve là également, immortalisant la mort de nos Aînés. Nous avons guidé Patricia jusqu'au Saint des Saints afin d'en révéler, du point de vue de Sirius, la signification sur votre réalité changeante à ce moment de l'évolution humaine, et, depuis ce lieu très sacré, nous accueillons votre demande de vous fournir notre vision de ce point du continuum spatiotemporel que nous nommerons 2009.

Comme une lumière brillant sur une marquise, ce lieu du continuum spatiotemporel est le point de référence qui vous servira à marquer les poussées les plus significatives du crescendo d'énergies célestes se préparant à l'ascension stellaire. Votre grande mère Gaïa ébranlera votre confort comme elle ne l'a jamais fait auparavant. Ra, votre Soleil, vous enverra les plus incroyables orages énergétiques, dans votre atmosphère et au-delà, ce qui vous causera bien des difficultés.

La conscience dominante du matérialisme sera amoindrie et, malgré la difficulté pour plusieurs d'abandonner leurs biens et leurs besoins, il y aura un retour croissant à la simplicité de l'échange et du partage.

L'année 2009 en sera une de manifestation, alors que vous vous préparerez pour l'Âge de l'Esprit. Vous accrocherez-vous à ce que vous estimez vôtre ou bien lâcherez-vous prise et vous abandonnerez-vous à Dieu?

Que vos décisions soient faciles ou difficiles à prendre, votre âme sera guidée. Vous trouverez votre chemin. Que ce soit avec réticence ou en vous précipitant avec confiance vers l'inconnu, vous affronterez le nouveau sans crainte, curieux et prêts à l'accepter.

Vous êtes bénis, semences d'étoiles, de vivre en ce moment de révélation. Nous vous embrassons dans la lumière de tout ce qui est partagé sur la spirale de l'être infini, où chacun est Tout et où Tout est Un.

Nous sommes le Haut Conseil de Sirius.

Avant d'aborder le motif de la présente mission de Patricia en Égypte, j'aimerais, à l'intention de mes lecteurs, discuter un certain aspect de l'Égypte qui demeure mystérieux. Plusieurs d'entre nous qui vivons aujourd'hui ont connu une ou plusieurs existences dans ce pays après l'engloutissement de l'Atlantide.

– *Selon mes recherches, l'Égypte ancienne semble s'être développée à un rythme extraordinaire comparativement aux autres civilisations de la même époque. On dirait presque une planète en soi. Ce n'est pas étonnant puisque sa population était composée des survivants de l'Atlantide. Ils semblent avoir formé la société la mieux organisée de cette époque, tout en étant en avance sur les autres civilisations, sous plusieurs aspects.*

Comme la fin de l'Atlantide était connue longtemps à l'avance, pouvez-vous nous dire, étant donné votre contribution à l'histoire de l'Égypte, si le Haut Conseil de Sirius avait simplement décidé de concentrer ou de poursuivre les connaissances de l'Atlantide dans un autre endroit de la planète à cause de ce qui allait se produire dans l'avenir?

Nous vous rappelons que chaque âme de n'importe quelle sphère de conscience est maîtresse de sa propre destinée individuelle et qu'elle est cocréatrice de l'expérience collective avec laquelle elle vibre en harmonie. En tant qu'êtres terrestres de la troisième dimension, vous êtes donc cocréateurs de l'expérience terrestre. À son tour, la Terre cocrée l'expérience de votre être stellaire, Ra, dont elle est un aspect et un reflet.

Nous, intelligences des dimensions supérieures, nous nous focalisons sur les événements se déroulant dans notre réalité, qui sont inévitablement le produit des âmes qui ont évolué avec nous jusqu'à ce point de la spirale de conscience. Cependant, comme Tout est Un dans le Cosmos, la conscience de chaque individu, de chaque dimension est un reflet du

Tout, et nous sommes donc influencés par votre réalité autant que nous l'affectons.

En ce qui concerne l'Atlantide, il faut considérer que le savoir de ce monde ancien n'était pas limité au territoire de l'Égypte ancienne, le Khemit. Il était répandu en plusieurs endroits sur la Terre, car ce continent, qui s'étendait des régions glaciales aux régions équatoriales avait sur ses terres tous les peuples indigènes imaginables.

Vous en prenez conscience maintenant, en découvrant la philosophie des Atlantes, leurs constructions, leur magie et leurs alignements astronomiques sur presque tous les continents de votre monde moderne. Vous découvrez des thèmes récurrents dans l'histoire des peuples anciens. La nature de vos véritables origines et votre véritable code génétique deviennent de plus en plus évidents, et bientôt les secrets de l'Atlantide, ainsi que tout ce qui s'y est produit, vous seront également révélés. La Salle des Archives se trouvant sous le grand Sphinx a déjà été localisée, mais il reste à l'activer. Il existe une autre chambre secrète à l'intérieur de la pyramide elle-même ; elle a été découverte, mais sa fonction vous est encore inconnue, car ceux qui en détiennent présentement l'accès n'appartiennent pas à la lumière et ils ne vivent pas cette expérience avec amour. Ces êtres cherchent désespérément dans les champs solaires du complexe énergétique de Gizeh, incapables d'en rassembler les éléments, car leur propre âme est fragmentée.

N'ayez peur et ne nourrissez pas de sombres illusions dans votre esprit. Les maîtres de la lumière de votre grande planète réussiront à activer Gizeh et toutes les autres stations de pouvoir atlantes quand sera venu le temps d'activer les Salles. Que ceux qui se demandent si nous avons réellement dit que « les maîtres de la lumière de votre grande planète activeront Gizeh » sachent que nous l'avons bien dit ! Les êtres humains très évolués *sont* des êtres de lumière. Il y en a plusieurs parmi vous en ce moment et plusieurs autres atteindront l'illumination au moment de la Grande Transformation, guidés par les Maîtres ascensionnés. Vous avez conscience de certains d'entre eux, tandis que d'autres ne sont pas encore apparus dans votre conscience.

Une fois les bonnes coordonnées du continuum spationemporel,les sables du temps révéleront ce qu'ils ont englouti. Tout est dans l'ordre alors que vous approchez du moment de votre accélération hors de la densité et vers la lumière. Les treize crânes de cristal atlantes seront alors réunis. Les générateurs de lumière mentale de l'Atlantide illumineront les corridors. Les Salles d'Amenti se matérialiseront sous vos yeux. Cela se produira de votre vivant.

N'oubliez jamais qu'une grande partie de cette sagesse monumentale, de ce savoir et de cette technologie de l'expérience atlante était remplie de lumière, bien qu'une partie fût d'une intention très sombre car tout le millénaire de l'Atlantide fut marqué par des cycles d'obscurité et de lumière d'une intensité extrême. Un tel cycle se déroule actuellement dans votre expérience terrestre que nous appelons : *les Jours du Désert.*

De cette partie qui émerge de l'histoire atlante, rien n'est plus indélébilement et secrètement codé qu'en Égypte, où les archives de vos expériences planétaires sont entreposées en toute sécurité. Elles ont survécu aux ravages du temps, aux déplacements des sables dû aux changements climatiques ainsi qu'à la main de l'homme. Tant de secrets y sont enfouis, déguisés en mythologie des dieux, laquelle s'est développée depuis les débuts du troisième cycle de l'Atlantide, quand Osiris (de Sirius) et Isis régnaient sur les territoires ressuscités de cette grande terre.

Cela vous sera bientôt révélé. Comme il y aura de la controverse et de la résistance, soyez conscients de ce qui sera ainsi évoqué chez ceux qui s'accrochent aux systèmes de croyances de la pensée contemporaine et de l'histoire officielle.

Au moment de la catastrophe finale de l'Atlantide, plus de dix mille ans avant que le Christ vienne sur la terre et vingt mille ans après que leurs ancêtres eussent fondé leur civilisation, un grand nombre de membres de la Fraternité blanche ont échappé à la catastrophe par les réseaux complexes de tunnels et de villes de l'intérieur de la terre.

Certains ont refait surface en Égypte, où ils décidèrent de créer toutes les salles nécessaires à la conservation des archives atlantes et peut-être même de la race humaine. D'autres se sont réfugiés en pays maya ou sur les hautes terres du Tibet et du Pérou, avec pour mission de préserver la lumière de l'Ancien Soleil.

Des êtres obscurs ont suivi, car nous vous rappelons encore une fois qu'il y a toujours des ténèbres et de la lumière dans la troisième dimension. C'est dans la nature de votre réalité. C'est ce que vous faites de ces vibrations, tant individuellement que collectivement, qui détermine l'« avenir » tel que vous le connaissez et qui n'est ni l'œuvre ni la responsabilité de ceux qui se trouvent au-delà de votre sphère, bien que nous fassions tout ce que nous pouvons pour vous assister dans votre passage des ténèbres à la lumière. Nous sommes aussi passés par là et nous avons alors été aidés par ceux qui étaient rendus plus loin. Il en est ainsi.

En gardant à l'esprit que votre objectif, au cours du voyage, est autant de tendre la main à ceux qui sont derrière que d'atteindre les illuminés qui sont rendus plus loin, vous apprenez la vraie signification du travail de lumière pour le plus grand bien de tous.

Souvenez-vous toujours également que l'avenir (tel que vous le connaissez) n'est jamais prédéterminé et que tout change constamment dans le monde illusoire où vous vivez. Le passé est une illusion, car il s'agit d'un canevas tourbillonnant de mémoire en mouvement, et il est différent pour chacun d'entre vous.

L'avenir est une illusion car il n'est que simple conjecture de tous et chacun, malléable et changeant à chaque acte karmique. Et le présent, illusoire, échappe à votre esprit aussitôt qu'il naît.

– *L'Égypte était-elle une terre d'immortalité et fut-elle conçue ainsi?*

Nous répondrons à votre question en apportant divers points de vue qui en cernent tous les aspects.

Précisons d'abord que, durant la période précédant la dynastie égyptienne, les tribus indigènes réceptives du Khemit, où l'histoire de l'existence et de l'évolution des Atlantes s'est manifestée, furent soumises à la pure influence atlante et sirienne. Par l'utilisation du son, de la pensée consciente et de la lumière, les peuples indigènes spirituels ont pu percevoir les merveilles d'une époque encore plus ancienne, tandis que leurs propres merveilles s'intégraient à une nouvelle forme, la haute culture égyptienne.

Ces œuvres khémitiennes, préatlantéennes ou postatlantéennes, font partie des grands ouvrages de vos ancêtres égyptiens et elles sont entremêlées à leur mythologie. Ce qui fut « planifié » pour l'humanité avait un double but :

- Immortaliser le souvenir de tout ce qui était venu « avant » (symbolisé par l'œil gauche de Horus);
- Servir à éveiller et activer cette conscience à l'égard de ce qui se préparait (symbolisé par l'œil droit).

Malgré les tentatives des historiens de cacher la vérité de l'héritage atlante, vous avez sans doute compris, d'après tout ce qui vous a été laissé, que la haute culture égyptienne, avec ses profondes connaissances et sa technologie, n'entre pas dans le « modèle » archéologique. Ce fut une période grandiose. Nous parlons ici de la culture qui, dans le continuum spatiotemporel, marquait la « fin » du troisième cycle de l'Atlantide et le « commencement » de la haute société d'Égypte, laquelle déclina spirituellement d'une dynastie à l'autre, sous le nom d'Égypte ancienne.

N'oubliez pas toutefois que subsistent toujours en Égypte des traces de la grande civilisation de l'Atlantide, où vivait Osiris, et que ce sont le souvenir et la découverte du culte d'Osiris qui marquent l'intervention des grands Atlantes au Khemit.

Vous découvrirez bientôt que cette génération d'Atlantes était beaucoup plus importante que la précédente et que c'est sa contribution qui est maintenant la plus importante pour vous. Par l'expression « terre d'immortalité », ta question vise sans doute à savoir si l'Égypte devait intentionnellement constituer un entrepôt de la sagesse atlante qui fut à l'origine de son épanouissement. Nous vous confirmons, chers lecteurs, qu'elle fut effectivement construite de façon à ce que les secrets de la plus grande période de l'existence de l'humanité sur le plan terrestre demeurent en sûreté jusqu'à ce que la race humaine ait atteint le niveau de compréhension nécessaire pour déchiffrer la sagesse codée, activer les clés de l'expérience multidimensionnelle et l'utiliser pour le plus grand bien de Gaïa et des mondes se trouvant au-delà.

Par ses archives archéologiques illimitées et par les riches légendes de sa mythologie, l'Égypte révèle à l'Initié la maîtrise et la sagesse spirituelles des plus hautes sociétés de l'ancienne Atlantide, tout comme elle détient le secret de l'histoire des dernières générations. Tout se trouve là pour vous, immortalisé dans la pierre et dans la parole silencieuse, comme une tapisserie vivante que vous n'avez qu'à dérouler et à activer pour y voir le passé, et comme un portail menant à une aube nouvelle. Vous ne pourrez trouver un plus parfait reflet de son immortalité!

C'est ainsi que nous interprétons votre question sur l'immortalité de la terre égyptienne. S'il s'agissait de savoir si l'Égypte devait perpétuer intentionnellement l'héritage de l'Atlantide pour le projeter dans votre conscience contemporaine. On peut répondre qu'elle a effectivement rendu immortels dans votre expérience l'Atlantide et son peuple.

Si votre question visait plutôt à savoir si l'Égypte était une « terre d'immortalité » en ce sens que la vie y était centrée sur la préparation de l'âme à la vie éternelle, avec résurrection de l'être physique, nous vous répondons que, effectivement, la quête de l'immortalité de l'âme et de la résurrection de l'être physique constituait la préoccupation essentielle de la vie dans l'Égypte ancienne. À partir des mythes du « premier temps », ou Zep Tepi, tels que décrits dans les textes égyptiens, les premières sectes religieuses de l'Égypte enseignaient que, comme Osiris, l'individu pouvait atteindre l'immortalité et conserver sa présence physique dans l'au-delà. Cette quête de la vie éternelle, mal interprétée à partir des premiers récits d'Osiris et de sa présence mystique plusieurs millénaires auparavant, était sans contredit un thème dominant dans l'évolution de la culture égyptienne. Ce qui en reste aujourd'hui, selon les vestiges trouvés dans les vieux tombeaux, ce sont les symboles de la quête d'immortalité des anciens Égyptiens, qu'ils poursuivaient selon trois processus distincts:

- Le premier était la momification du corps, effectuée méticuleusement afin de préserver la forme physique.
- Le deuxième était la fourniture de tous les éléments essentiels dont l'esprit avait besoin pour sa transition : des aliments, des instruments et des articles personnels ayant une signification pour le trépassé.
- Le troisième était un rituel d'incantations et de formules magiques, qu'on enterrait avec le corps afin que l'esprit puisse s'élever de la dépouille pour voyager jusqu'aux Salles d'Amenti.

La quête de la vie éternelle est un thème récurrent de l'histoire humaine, car il exprime votre souvenir, au niveau primordial, que l'idée débilitante de la finalité, c'est-à-dire votre mort, n'est qu'une illusion et que l'âme est éternelle.

– *Quel était le rôle spécifique des Siriens à l'époque d'Osiris, d'Isis et d'Horus?*

La question de notre présence à ce stade de l'histoire de l'Atlantide et de l'Égypte est complexe et requiert de longues explications, ce que nous nous apprêtons à faire par l'entremise de notre *channel* dans un ouvrage prochain qui s'appellera « Où vivent les pharaons » et qui sera issu de ses observations dans le Saint des Saints. Cette histoire comporte de nombreux aspects, et beaucoup d'indices vous en ont été laissés, dont presque tous ont été mal interprétés par les historiens. En cherchant des réponses sur votre existence multidimensionnelle, vous négligez souvent le fait que les maîtres illuminés se trouvant parmi vous vous ont appris l'art de matérialiser, de dématérialiser et de réarranger l'Atum de manière à créer de nouvelles formes. Vous vous demandez si les dieux descendent vraiment des cieux pour venir parmi vous et vous vous interrogez sur leur intervention dans votre monde, ainsi que sur la nôtre. Prenons l'exemple d'Osiris (anagramme de Sirios), qui était un maître de lumière du système solaire de Sirius et est entré dans votre monde par un portail créé au tout début de troisième cycle de l'Atlantide. Nous avons rapporté longuement cette information dans notre ouvrage précédent, *Atlantis Rising* ou « La montée de l'Atlantide », en décrivant comment des êtres de Yzhnüni, un satellite de Sirius, ont rétrogradé dans votre dimension pour servir à l'évolution des Atlantes.

« Nous répétons que le troisième et dernier cycle de l'Atlantide a commencé par la fonte des glaciers. Tandis qu'ils s'éloignaient rapidement du continent, il s'est produit presque spontanément un grand renouveau, et l'Atlantide, l'une des dernières masses terrestres à subir la dévastation, fut la première à être revitalisée, à la fois énergétiquement et climatiquement. Plusieurs âmes siriennes ont alors choisi de s'incarner sur la Terre pour contribuer à la renaissance de la race humaine, à cause de notre lien karmique avec vous et pour régler nos questions karmiques non résolues avec l'Annunaki de Nebiru. En consultant les Archives akashiques, nous avons vu que la Famille de Lumière serait à ce moment appelée aux champs de la Terre et nous avons donc cru, en un sens, que c'était notre destin que de nous incarner à une vibration inférieure à la nôtre en faisant un retour à la troisième dimension.

« C'est à cette époque que les premiers Siriens sous la forme d'humanoïdes sont apparus à la surface de la Terre, en particulier sur les terres montagneuses de l'Atlantide. Comme notre Déité solaire, Satais (Sirius B), le corps planétaire de leur origine, Yzhnü, ne fait plus partie de l'univers matériel car il vibre à une fréquence supérieure, une essence planétaire à la sixième dimension qui existe dans un univers parallèle au vôtre.

« Pour les Yzhnüni, c'était là une occasion de vivre encore dans la forme, avec toutes les difficultés que des êtres consciemts de leur évolution peuvent éprouver face aux éléments, aux autres formes de vie et au processus transmutationnel de rétrogradation, tout en résolvant le karma qui, liant Sirius à la vibration de Gaïa, aurait indéfiniment retardé notre propre évolution. Les Yzhnüni, semences d'étoiles de Sirius, ont eu beaucoup de difficulté à se cristalliser dans la troisième dimension, car leur vibration avait quitté depuis longtemps le monde physique, et leur retour à la forme matérielle était marqué par l'incertitude. Pourtant, des rapports sur la planète bleu-vert, sur sa majesté et sur sa musique résonnaient dans l'univers, la rendant immensément fascinante.

« Très simplement, Gaïa était la sirène des cieux pour ces âmes siriennes qui étaient les Ulysses des mers galactiques. Leur essence se cristallisa dans les champs tridimensionnels de la réalité terrienne sous la forme de grands hominidés rayonnants, d'une anatomie et d'une structure ressemblant de très près à celles des humains, mais néanmoins manifestement différentes. Ce qui les en distinguait le plus, c'était leur champ aurique, qui émanait visiblement à plus d'un mètre de leur corps physique. Leur enveloppe extérieure était délicate, transparente et d'un blanc absolu, de sorte qu'ils paraissaient des êtres féériques aux yeux des indigènes et qu'ils furent perçus ainsi pendant les nombreux siècles de leur existence dans la sphère terrestre. Ils possédaient d'énormes yeux brillants aux reflets indigo, une chevelure lumineuse d'un blanc doré, et un corps mince, délicat et gracieux, de deux mètres de haut. Les Yzhnüni étaient davantage en résonance avec l'eau car celle-ci abondait sur leur planète comme sur les autres satellites naturels du système de Sirius. Afin de supporter la fréquence vibratoire de Gaïa, ils se sont développés sur les hautes terres du continent de l'Atlantide car elles recélaient d'innombrables grottes et cavernes où ils pouvaient trouver la chaleur et l'humidité reproduisant le mieux leur environnement naturel tout en les protégeant contre les puissantes radiations de votre Déité solaire. Ces terres ressemblaient beaucoup aux champs cristallins d'Yzhnü.

« Lors de leur première apparition sur la Terre, les Yzhnüni étaient d'une fréquence vibratoire si élevée qu'ils ne pouvaient maintenir leur forme dans la densité de votre champ planétaire ni souffrir aucun contact direct avec les rayons émanant du soleil. Aux yeux d'un observateur, ils auraient semblé apparaître dans la réalité puis s'estomper, et c'est exactement ce qu'ils faisaient, sortant du monde de la matière pour retourner sans cesse dans la sixième dimension, jusqu'à ce qu'ils puissent enfin maintenir la fréquence tridimensionnelle. Leur enveloppe extérieure ne contenait aucun des pigments requis pour les protéger des rayons ultraviolets et ils restaient donc sous la terre durant le jour au début de leur "migration".

« Avec le temps, à mesure que ces semences siriennes prenaient racine dans la réalité tridimensionnelle, leur être physique acquit de la densité et s'adapta davantage aux forces géothermiques de la Terre et à son lien avec le soleil qui

brillait dans l'atmosphère terrestre. Leur corps devint plus solide et résistant, leur peau s'opacifia et devint plus foncée, moins transparente.»

Atlantis Rising ; «La montée de l'Atlantide».

Ce portail était un cadeau de Sirius aux Atlantes et à toutes les générations futures de l'humanité, pour être utilisé aux moments cruciaux d'accélération de la conscience humaine, au moment où les portes stellaires allaient pouvoir s'ouvrir. C'est à un tel moment qu'Osiris s'en servit pour descendre des dimensions supérieures et entrer dans la troisième, et c'est aussi à un tel moment, imminent, que vous atteindrez le vortex de l'ascension. Nous en parlons aussi dans *Atlantis Rising*:

«Le Haut Conseil de Sirius est intervenu à un moment de l'évolution terrestre des Yzhnüni, alors qu'ils avaient effectivement entraîné les novices à des pratiques permettant de rétablir en eux la fréquence vibratoire des indigènes et de tout l'écosystème. Nous avions l'intention d'accélérer chez les Atlantes la compréhension de la multidimensionnalité et du but supérieur de l'existence de l'humanité afin qu'ils puissent poursuivre le travail des Yzhnüni, lequel consistait à stimuler la mémoire collective de la civilisation. Cela les unirait à l'infini de la vie qui circule dans le corps multidimensionnel de Tout ce qui Est.

«Nous désirions nous assurer que la présence des Yzhnüni parmi vos grands ancêtres servirait à faire passer la race humaine, semences d'étoiles en mutation, de la paralysante mentalité de survie à la poursuite de l'illumination, et à enseigner la Sagesse à ceux qui guideraient les gens dans cette quête. Nous devions contribuer à dissoudre la grille conçue pour envelopper la Terre, de façon à rétablir un contact direct avec vous et avec les autres formes de vie de votre monde.

«Pour assister les nobles Yzhnüni dans leurs efforts, treize crânes de cristal d'origine extradimensionnelle furent matérialisés, "cristallisés" dans une fréquence vibratoire terrestre tridimensionnelle, de la même façon que vous créez, en tant qu'essences, les corps physiques dans lesquels vous résidez comme êtres tridimensionnels. Souvenez-vous que les cristaux de quartz sont des êtres vivants, qui enregistrent, emmagasinent et amplifient l'énergie. Vous l'avez

observé en les utilisant pour votre technologie et, même si vous n'en comprenez pas vraiment le fonctionnement, vous avez adopté la puce de silicone comme base de cette technologie. Cependant, n'oubliez jamais que, partout dans l'univers matériel et jusque dans les dimensions infinies situées au-delà de votre "tranche" présente de réalité, la capacité qu'ont les êtres de cristal de servir la conscience est exaltée quand la matrice est activée par des ondes de pensée dirigées, focalisées par quelques-uns ou par plusieurs. Quand cette focalisation est établie en fonction du plus grand bien possible du Tout, la magie se produit.

«Bien qu'il vous soit difficile de le visualiser ou de l'accepter, c'est un processus assez simple que de faire passer des êtres de cristal d'une forme éthérique à une forme matérielle, et peut-être l'avez-vous déjà observé lors de vos interactions personnelles avec eux. Peut-être avez-vous vu disparaître un cristal pour le voir réapparaître ensuite à un autre moment et à un autre endroit. C'est un phénomène d'une portée et d'une fréquence universelles, et sachez que vous n'êtes pas devenu fous si l'un de vos maîtres de cristal semble "disparaître dans l'air". Ce sont simplement les illusions du monde matériel qui vous laissent croire qu'un tel phénomène est impossible, tout comme vous croyez peut-être également qu'il vous est impossible de disparaître et de réapparaître à volonté. Pourtant, le phénomène est rapporté fréquemment parmi les maîtres et les ascètes qui effectuent la dématérialisation au moyen de ce que vous nommez "le pouvoir de l'esprit sur la matière".

Les treize crânes qui ont été matérialisés en Atlantide furent "sculptés" par l'action mentale d'êtres supérieurs, membres de la Famille de Lumière, venus de diverses dimensions pour participer à leur création. Livrés dans la sphère terrestre par le Haut Conseil de Sirius, ils étaient programmés pour ouvrir les portails de la conscience multidimensionnelle aux Yzhnüni, afin qu'ils puissent poursuivre leur travail en étant guidés directement par les dimensions supérieures. Les treize crânes, auxquels la Famille de Lumière donnait le nom de "Comité des Crânes", étaient déposés dans le temple de Nephthys, au fond d'une grotte d'améthyste, dans le sanctuaire terrestre intérieur servant de lieu de culte aux Yzhnüni.

Atlantis Rising, «La montée de l'Atlantide».

Osiris, Maître de la Lumière d'or blanche, est venu sur la Terre par le portail ouvert avec le Comité des Crânes afin de tirer de leur sanctuaire souterrain les survivants du deuxième cycle de l'Atlantide pour qu'ils puissent reconstruire votre monde.

Maître du pouvoir de la lumière sur la matière, il était vénéré comme le dieu typique de l'Égypte, duquel sont issues toutes les autres mythologies. Nous avons bien d'autres choses encore à partager avec vous sur Osiris et sur la signification des treize crânes de l'Atlantide, car cela fait partie de vos prochaines découvertes.

– *Quel est votre rôle aujourd'hui?*

Comme à d'autres moments clés de l'évolution humaine, où votre espèce a réalisé d'incroyables progrès sur les plans individuel et social, vous êtes tous rendus au point de renouer avec la Famille galactique. Cela implique, entre autres, l'arrivée d'un nombre significatif d'êtres tridimensionnels extraterrestres (de l'intérieur et de l'extérieur de votre système solaire) ainsi qu'un contact avec des êtres de lumière des dimensions supérieures.

Certains de ces extraterrestres sont de vibration inférieure et d'autres sont de vibration supérieure. C'est la nature duelle de la réalité physique, comme nous vous l'avons expliqué tant de fois dans nos ouvrages. Certains sont déjà bien établis sur la Terre, présents dans vos gouvernements et dans leurs programmes, comme nous vous l'avons aussi expliqué précédemment, et d'autres arriveront bientôt. Certains viennent des ténèbres, certains viennent de la lumière, et d'autres, de quelque part entre ténèbres et lumière.

Pour ce qui est de leur intention quant au développement entre les espèces qui découlera de leur interaction avec la race humaine, nous vous rappelons que c'est le champ énergétique de vos schèmes de pensée individuels et collectifs qui déterminera comment vous recevrez le contact étranger, ce qui déterminera ensuite leur réaction naturelle envers vous.

La responsabilité des sphères de lumière dans lesquelles nous vibrons est de raviver en vous le savoir qui permet de cocréer la réalité avec chaque pensée, chaque parole et chaque action, et qui forme dans l'espace mental une station qui vous permet de recevoir de la lumière et de l'amour, et de dissiper la peur.

C'est le véritable motif de notre actuel contact avec vous, comme cela l'a toujours été à travers le champ des probabilités que constitue votre continuum spatiotemporel.

Cela, chères semences d'étoiles, a été éloquemment représenté dans le panthéon des dieux égyptiens, le lieu où vos ancêtres cherchaient la sagesse et la lumière de l'au-delà. Comme les Anciens, vous vous efforcez de découvrir ce qui se trouve au-delà du domaine physique et de tout ce qui est manifeste à l'intérieur de votre champ d'observation.

Et, comme les Égyptiens et d'autres semences d'étoiles, vous avez la chance de recevoir la connaissance de bonne source tandis que vous évoluez avec les vibrations croissantes de la Terre.

– *Le grand Sphinx symbolisait-il le début d'une ère nouvelle? Je pose cette question, car on a longtemps représenté les dieux avec un corps humain et une tête d'animal, alors que le sphinx a un corps d'animal et une tête humaine. Pourquoi?*

Le grand sphinx, une effigie sirienne, ne fut pas créé originellement avec une tête humaine. Cette transformation a eu lieu des millénaires après sa création; ce fut un acte délibéré destiné à alimenter l'ego du pharaon et, ce faisant, à briser l'énergie.

Une simple observation vous révélera que son actuelle tête humaine est tout à fait disproportionnée à son corps de lion, qui s'oriente vers l'est, au-delà de l'horizon, vers l'étoile sirienne de Sothis.

La Lionne témoigne des premiers temps du troisième cycle de l'Atlantide, où les êtres qui vénéraient les étoiles sœurs depuis ce point de la grille de pouvoir de Gaïa qui correspondait à l'épicentre de son corps énergétique et au mélange de toutes les lignes de force à l'intérieur de votre planète et à sa surface. Elle est la gardienne des champs, la détentrice des partitions musicales de Gizeh, lesquelles, une fois révélées, activeront la Salle des Archives.

– *Je dois absolument vous poser cette question: qu'y a-t-il sous le Sphinx? On a dit tant de choses différentes à ce sujet.*

Sous la Lionne se trouve la Salle des Archives, où sont consignées toutes les pensées qui ont été formées, toutes les paroles qui ont été prononcées et tous les codes sacrés qui ont été créés dans l'univers multidimensionnel.

On y trouve toutes les clés pour activer le réseau de pyramides sur tous les continents, les temples de tous les adorateurs, les grilles énergétiques du corps extérieur et du corps intérieur de Gaïa, et les routes d'accès à l'Agartha.

Il y a là une chambre vide, de forme circulaire (représentant l'Atum, l'Un de la Création) et servant de caisse de résonance pour la musique de la création, qui sera jouée quand le temps sera venu pour la conscience humaine, de la découvrir dans le Sphinx et d'en déchiffrer l'écriture.

Vos archéologues ont déjà pénétré dans cet espace sacré et ont été déçus par sa simplicité et par la nudité de ses murs, car ils n'ont aucune idée de sa raison d'être. Les maîtres spirituels seront en mesure de décoder les nombreuses couches de conscience et d'en entendre la musique, mais cela ne se produira que lorsque la race humaine aura effectué le changement auquel elle est destinée, créant ainsi les harmoniques nécessaires.

– *Ce qui se trouve sous le Sphinx est-il relié à Gizeh?*

Oui. Tout cela est relié, très certainement. Nous vous confirmons que la Grande Pyramide remplissait plusieurs fonctions, dont celle de chariot qui servait aux pharaons à voyager dans le temps. À partir du prétendu « sarcophage » de la chambre du roi, ils voyageaient jusqu'à divers systèmes stellaires et pouvaient atteindre plusieurs dimensions.

Selon les principes du simple mouvement harmonique, dans lequel de multiples fréquences sont symétriques par rapport à un point, créant des champs de résonance, on pourrait dire que tout le plateau était en parfaite harmonie avec la chambre se trouvant sous le Sphinx.

Tout ce qui est visible à l'œil humain (les structures se trouvant à la surface des sables) et ce qui est caché à tous sauf à l'élite, est harmonisé aux fréquences particulières et aux séquences musicales précises pouvant être « jouées » en un sens très concret pour ouvrir la Salle des Archives.

Il s'agit d'un espace souterrain légèrement ovale, qui mystifie les archéologues, car il ne contient aucun trésor apparent, ne porte aucune inscription et ne révèle rien de la connaissance qu'il renferme sur la naissance et l'histoire de l'humanité. Tout y est codé, n'attendant que la direction du maestro capable d'orchestrer la grande symphonie qui actionnera les portes.

Il y a des tunnels partout sous le plateau de Gizeh. Ces passages à plusieurs niveaux relient les pyramides, le Sphinx, des villes souterraines et des cimetières d'une grande valeur historique, recelant aussi des richesses matérielles recherchées par vos conquistadors modernes.

Le principal tunnel, un sentier sacré menant au cœur de la Salle des Archives, se trouve entre les pattes du Sphinx, juste derrière sa poitrine. Seuls les initiés peuvent en franchir le seuil multidimensionnel, car il n'en existe aucune manifestation physique.

La bibliothèque d'Alexandrie

Il y a quelques années, on m'a donné une information selon laquelle j'avais été l'un des gardiens de la bibliothèque d'Alexandrie dans une vie antérieure. En entendant cette information, je me suis effondrée en pleurs. J'avais peine à arrêter ce torrent de larmes. Mêlé à ces larmes était un tel sentiment de tristesse que je n'arrivais même plus à parler. C'était la première fois qu'une telle chose m'arrivait et j'avoue avoir trouvé l'expérience assez pénible à vivre, mais en même temps, j'avais l'impression de vider un « réservoir » d'émotions, de me libérer d'un fardeau immense.

Probablement à cause de la puissance de cette expérience, des images de cette vie ont ressurgi. La vision était la suivante : je suis un vieil homme agonisant sur le sol de la bibliothèque. J'ai la très nette impression de « mourir » de peine. Je ressens une grande culpabilité de ne pas avoir réussi à « sauver » le grand savoir contenu dans ce lieu, car au plus profond de mon âme, je compris que c'était là le début d'une période très sombre pour l'humanité. Je croyais que sans cette connaissance, tout serait désormais « limité ». Je me sens à la fois, anéanti et responsable.

– *À cette époque, il existait dans le monde plusieurs grandes bibliothèques. Celle d'Alexandrie était située sur un port de mer. Elle semble avoir possédé une énergie très particulière qui n'avait rien à voir avec notre plan terrestre. En fait, cette énergie venait de forces lumineuses extérieures… On a dit que certains documents de cette bibliothèque avaient été conservés ou copiés et envoyés à divers endroits de la planète, dont le Vatican. En faisant des recherches, j'ai découvert qu'il y avait là plus de deux cents salles d'archives, et chacune pouvait contenir plus de deux cent mille documents.*

Puisque que la connaissance est synonyme de liberté, l'incendie de cette bibliothèque faisait-elle partie d'un plan des forces obscure pour faire disparaître toute connaissance?

Tout d'abord, nous te disons que, effectivement, quand nous regardons sur l'écran de l'intemporel, ta vision est exacte. Nous voyons également tes mains brûler dans les flammes qui détruisent les grandes salles du savoir. Tu y as souffert et tu continues de souffrir du souvenir de ce geste incroyablement destructeur commis contre l'humanité. Mais, contrairement à ce que tu crois et à l'affirmation qui précède, les ouvrages de la bibliothèque furent, au moment de l'incendie, soulagés de leurs limites dans une très grande mesure et purifiés par les flammes. En fait, cette connaissance s'est élevée sous une forme supérieure dans l'éther. Elle a donc été libérée.

Le travail que tu accomplis aujourd'hui est lié à cette vie antérieure. Tu es ici pour ramener aux gens le savoir de leur conscience multidimensionnelle. L'une de tes missions en ce moment de l'espace-temps est de poursuivre le travail avec lequel tu es en résonance dans le champ de conscience où ALEXANDRIE maintient sa vibration, mais tu dois libérer cette mémoire et la souffrance qui l'accompagne.*

Cela dit, les lecteurs de ces lignes savent que, à n'importe quel moment et en n'importe quel point de l'univers dimensionnel où existe une structure de pouvoir ou un individu voulant régner sur une race ou sur des êtres sensitifs, il existe aussi un désir de retenir toute forme de savoir et de sagesse, comme stratégie fondamentale de contrôle. La domination des autres ne repose pas uniquement sur le fouet et sur l'épée, car, par ces moyens extérieurs, le dominé peut affronter le tyran et le vaincre. C'est plutôt la manipulation des consciences qui permet de contrôler et de dominer les autres, en éloignant de la lumière de l'amour et des merveilles de l'esprit universel (si éloquemment symbolisées par les anciens luminaires), l'individu et la société, pour les laisser se complaire dans les basses vibrations de l'ignorance et de l'obscurité.

Cela se produit à chaque époque de votre histoire, comme c'est le cas sur d'autres planètes non évoluées de votre dimension, car c'est un aspect de la nature duelle de votre réalité. Et c'est cyclique. Vous construisez et vous incendiez, vous élevez et vous nivelez, vous concevez et vous détruisez, puis vous recréez tout, encore et encore. Alors, nous vous disons, qu'en brûlant, la sagesse contenue dans les ouvrages de la grande bibliothèque s'est élevée dans l'éther, où ont été gravées dans les Archives

---

* NdE : Cette expérience ne devait pas faire partie du livre. Toutefois, on m'a fortement conseillé de le faire. Il semble que cela fait partie de ma guérison mais aussi démontre la puissance des mémoires cellulaires et combien leur influence est importante dans nos vies actuelles. J'avoue avoir longuement hésité. Pourquoi ? Aussi incroyable que cela puisse vous paraître, au plus profond de moi-même, je ressens encore de la culpabilité face à cet événement. Sans aucun doute, je préférerais conserver cette mémoire enfouie. On voit que la vie m'a bien gentiment montrée que nous sommes ici pour « nettoyer » tout ce qui doit l'être… mémoires cellulaires incluses.

akashiques les visions des êtres éclairés qui ont contribué à l'histoire humaine. C'est la véritable bibliothèque de la Terre; tout est inscrit dans les mers infinies du Cosmos, depuis la première pensée d'Atum, le Premier Créateur, et depuis le premier atome lui-même.

– *Si cette bibliothèque était sous la supervision des forces de la lumière, pourquoi alors ont-elles permis que soit ainsi brûlée une si grande partie de l'histoire de la Terre, de ses enseignements et de ses connaissances?*

Votre histoire a connu tant de périodes sombres. L'Atlantide, la Lémurie, Alexandrie, les Croisades et même le présent; vos sociétés terrestres contemporaines ont atteint le seuil de la destruction qui semble vous mener à l'annihilation. Vous savez cependant que, comme le phénix, vous renaissez sans cesse, ressuscitant de l'ignorance qui vous conduit jusqu'aux extrêmes. Vous reprenez alors votre vol vers la lumière. Vous appelez ces périodes « des ères de renaissance », et chacune vous permet de vous élever plus haut que dans la précédente.

Veuillez considérer que, comme telle, l'obscurité de ces moments, avec leurs actes violents (auxquels la collectivité contribue néanmoins par sa passivité et son matérialisme), fait autant partie de la lumière qui rebondit des sombres cavernes de l'inconscient collectif que la brillance de la résurrection elle-même.

– *Pouvons-nous puiser ce savoir dans la sphère qui nous guide?*

En effet, vous possédez maintenant la capacité de récupérer toute la sagesse contenue dans les Archives akashiques, car vous vous souvenez rapidement que vous êtes des êtres multidimensionnels créés dans l'esprit du Premier Créateur, des étincelles de la Lumière éternelle.

Plusieurs des parchemins de la bibliothèque sont si vieux que, si vous aviez la possibilité de retourner à ce point du continuum spatiotemporel qui a précédé l'incendie, vous pourriez bien découvrir que l'anticipation dépassait de loin l'expérience.

Nous vous exhortons à pardonner les injustices passées et à comprendre comment elles vous servent, et ensuite à concentrer votre esprit et votre cœur sur le moment présent de votre existence, car vous êtes vivants à l'une des époques les plus révélatrices de l'histoire, celle de l'Aube.

Vous serez bientôt en mesure de lire les parchemins d'innombrables sages anciens ainsi que les hologrammes de ceux qui semblent au-delà de vous dans la matrice de l'expérience humaine; ici même, dans le confort de votre fauteuil, vous verrez s'activer dans l'éternité ce qui a été caché à la plupart des humains.

Vous sortez maintenant de l'Âge sombre de la répression et de l'ignorance contemporaines, très chers, pour entrer dans la Lumière des champs éternels.

– *Le Vatican finira-t-il par rendre accessible une partie de ces manuscrits?*

On peut en douter. Avec tous les liens qu'il entretient avec les sociétés secrètes et les décideurs politiques de la Terre, qui constituent le réseau de pouvoirs qui règne sur vous, il est conçu pour vous tenir dans l'obéissance. Pourquoi ses dirigeants vous fourniraient-ils le savoir qui vous libérerait de leur emprise sur une si vaste partie de vos sociétés contemporaines, particulièrement maintenant, alors qu'ils s'efforcent de créer une autre « guerre sainte »? Une guerre sainte? Quelle expression irrévérencieuse!

Tant que les décideurs politiques resteront sur leur trône doré, ils protégeront ce à quoi ils croient devoir vous interdire l'accès: *les parchemins perdus de l'illumination.*

Ils ont pillé les grandes bibliothèques, souillé et caché les codes, détérioré les puits de la vision pure, parce qu'ils se croient supérieurs à vous, les « masses », sous tous les aspects (eux, les membres privilégiés de l'élite dominante).

Ils croient que, en tant que groupe d'êtres faits pour servir et pour être contrôlés, vous êtes plus facilement maîtrisés quand vous êtes parqués dans les enclos de l'ignorance et de l'obéissance aveugle. Et ainsi ils s'accrochent fermement à ces vieux parchemins des maîtres du passé, dont plusieurs étaient de vrais visionnaires œuvrant pour la lumière, et d'autres, non.

N'en soyez pas étonnés. Plusieurs de ces maîtres intellectuels du passé exploraient les mystères des mondes anciens – leur technologie, leurs sciences et leurs archives des événements galactiques – afin de manipuler la forme et la vibration dans le but de modifier les réseaux de pouvoir de la domination globale. Un bon nombre d'entre eux furent soumis aux forces obscures contrôlant votre planète, et leurs intentions étaient d'une très basse vibration. Ces secrets, élaborés par ceux dont l'intention était obscure, sont utilisés aujourd'hui comme ils l'étaient alors.

D'autres, les porteurs de lumière, étaient guidés pour aider l'humanité à s'élever au-dessus des vallées profondes de la répression et jusqu'aux sommets de l'illumination. Ici encore, la sagesse de ces êtres éclairés d'une époque ancienne est retrouvée par les travailleurs de la lumière de votre époque, qui accueillent cette information avec une intention lumineuse, laquelle se manifeste par l'élévation de la conscience humaine. Nous vous avons dit dans nos ouvrages précédents que vous passeriez d'abord par les Jours du Désert, sur votre route vers l'aube, et c'est là que vous en êtes maintenant.

Quand vous vous souviendrez que la principale expérience de la réalité dans laquelle vous résidez est celle de l'existence de la dualité à tous les niveaux, vous comprendrez que chaque action porte effectivement une réaction similaire et opposée, et que, dans le grand plan des choses de l'Ordre cosmique, tout cela finira par se résoudre.

Quand vous aurez maîtrisé la simplicité de pensée et d'esprit, vous reconnaîtrez que les grands spécialistes ont consacré leur vie à l'exploration des merveilles de la Création et de la perfection de l'existence. À partir de leurs observations, ils ont voyagé sur les routes de l'intellect et de la contemplation pour vous offrir leurs travaux. N'oubliez jamais que leurs observations les plus complexes se trouvent partout dans la nature et que ces mêmes principes sont là pour que vous les découvriez de vos propres yeux : la cosmologie de la vie, la forme, la couleur, la vibration. Toute la sagesse que vous croyez « perdue » se trouve sous vos yeux, à votre portée :

dans les pétales d'une rose, dans les couleurs du ciel à travers le spectre des révolutions de la Terre, dans la magnificence de votre propre forme incroyable.

– *Est-ce une énergie de peur?*

Nous croyons que l'ignorance et la peur sont interchangeables. Chaque fois qu'une âme cherche à avoir du pouvoir sur une autre, il s'agit essentiellement d'un acte d'ignorance de sa propre divinité (si faible que soit son étincelle intérieure), tout comme c'est une manifestation de la fascination de cet individu pour les basses vibrations sensorielles liées au premier saut dans l'abysse où plongent les nouvelles âmes depuis la Source.

La peur de ne jamais atteindre la lumière est inhérente au culte de l'obscurité, tout comme l'idée qu'il y ait beaucoup plus de sécurité à contrôler la réalité par une fausse maîtrise, dénuée d'amour, qu'il n'y en ait à s'abandonner sans ego à la Lumière.

– *Devrons-nous attendre après 2012 pour que ces archives soient révélées?*

Très chère, elles le sont maintenant! C'est vous qui tournerez les pages des anciens textes lorsque vous comprendrez que chaque cellule de votre mémoire contient toute la sagesse de l'Univers et que les Archives akashiques se trouvent tout autant en vous que dans l'éther.

En évoluant vers des états de conscience supérieurs, vous commencerez à extraire cette sagesse universelle des eaux de vos puits ancestraux – votre subconscient – pour l'intégrer au courant de la pensée contemporaine. Souvenez-vous que tout écrit qui fut brûlé s'est inscrit dans l'éther; c'est un reflet de Tout ce qui Est, de Tout ce qui Fut et de Tout ce qui Sera. Vous en connaissez déjà une bonne partie car vous découvrez des éléments qui n'ont pas disparu, comme les sculptures; le reste subsiste au niveau éthérique afin que vous puissiez progresser vers les hautes sphères et trouver la lumière de la conscience supérieure.

– *S'il y a des archives au Vatican, il y en a sûrement ailleurs aussi. Y en aurait-il sous les pyramides? J'ai entendu dire qu'il y en avait également en France, au Tibet, sous les sables de Bagdad et même aux États-Unis... Est-ce exact?*

Comprenez que ces bibliothèques ne renferment pas uniquement des textes. Partout où l'humanité a été privée de sa liberté de penser, il était très souvent nécessaire de dissimuler sous des codes les profondes révélations, un peu comme pour les plus grands textes de votre conscience présente: la Torah, la Bible et tous les livres sacrés des anciennes religions. Tous sont codés.

Nos propres messages sont codés selon divers niveaux de conscience, d'énergie et de vibration. Ce n'est pas un processus difficile à réaliser lorsque l'on a déchiffré les codes de la communication multidimensionnelle. Ces bibliothèques dont vous pleurez la disparition sont souvent présentes sous vos yeux: dans les grandes œuvres d'art, dans l'architecture, dans la nature elle-même. Nous vous rappelons encore une fois que les livres que vous désirez tant retrouver sont de simples interprétations des propriétés universelles et essentielles de Dieu, de la vie et de votre existence, à la fois comme étincelles de la création et comme unités de conscience.

Faites-nous confiance. Les anciennes bibliothèques réelles ont été dépassées par les laboratoires et les universités des sociétés terrestres modernes, lesquelles se sont même élevées davantage dans l'application consciente à l'intérieur de vos cercles spirituels de lumière et des champs rayonnants de Gaïa.

– *J'ai également lu qu'il y aurait des pièces du Vatican où l'humain ne peut aller. Quel genre d'énergie y a-t-il là pour qu'il en soit ainsi? Et, si c'est exact, quel est le but de cette énergie? A-t-on peur de ce que nous pourrions découvrir dans ces archives?*

C'est exact, mais ce n'est rien d'autre qu'un champ de force énergétique créant un bouclier protecteur contre la pénétration dans ces pièces. Ce champ est semblable au Pouvoir Vril qui garde les points d'entrée du monde intérieur de l'Agartha, bien qu'il soit beaucoup moins complexe que celui qui est nécessaire pour sceller les tunnels conduisant au monde sacré se trouvant à l'intérieur de Gaïa.

La force Vril décrite dans certains de vos textes anciens est créée par la manipulation des forces gravitationnelles, au point qu'elles peuvent, quand elles sont appliquées, désassembler la constitution cellulaire de toute forme de vie biologique qui entre en contact avec elle.

Cette force, l'une des plus vieilles technologies de l'humanité, a été exploitée par les élites du pouvoir et elle est utilisée de diverses façons sur la Terre et dans l'espace. Bien qu'elles ne la maîtrisent pas encore, ces élites en savent beaucoup plus que vous, et cette information leur est venue des anciens textes ou bien leur a été fournie par des extraterrestres amis de vos gouvernements.

De Trydjya (Patricia Cori), channel *du Haut Conseil de Sirius:*

La mission qui s'accomplit aujourd'hui en Égypte

– *Pourriez-vous décrire le travail que vous avez été appelée à faire en Égypte en décembre 2007?*

Au cours des années qui ont suivi mon premier contact clair avec le Haut Conseil de Sirius, j'ai été, comme un grand nombre d'entre nous, projetée sur le sentier de l'esprit, puis éprouvée et récompensée alors que ma quête de connaissance me conduisait jusqu'aux sites sacrés de la Terre. Comme nous l'a expliqué le Conseil, les enseignements des anciens sages y sont encodés; ces sites sont situés le plus souvent aux vortex de haute vibration que nous trouvons en divers points forts de la planète.

Dans le cas de ce voyage particulier en Égypte, pour lequel on m'a dit que je devrais me brancher au centre absolu de ce pays, Abydos, j'ai été guidée dans les tunnels se trouvant sous le grand Osireion afin d'y recevoir les nombreuses informations galactiques encodées dans le règne minéral souterrain.

Ce message me fut donné par le Haut Conseil de Sirius, qui me guide vers tous les sites et les temples sacrés de cette planète, en ces très importantes années de ma vie où je suis à la fois étudiante et guide spirituelle. On m'y a montré ce qui est, je crois, l'un des plus grands secrets non encore révélés, et il est très excitant de l'évoquer en ces jours de découvertes, car il lie tant de choses entre elles et m'aide à comprendre, à un niveau très personnel, ce qui se passe maintenant.

Je ne veux pas présumer de son importance pour les autres, puisqu'il s'agit d'une expérience subjective. Je rapporte simplement ma propre expérience pour la partager, confiante qu'elle sera utile au bien commun. Je la relaterai plus longuement dans mon ouvrage présentement en chantier, « Où vivent les pharaons », que j'espère achever au cours des mois qui viennent.

Sous le magnifique temple de Séthi Ier, à Abydos, se trouve l'Osireion, une structure mégalithique que les archéologues ne comprennent pas encore, car elle ne semble appartenir à aucune des dynasties égyptiennes. À ce jour, aucun chercheur ou égyptologue connu n'a pu établir à quoi elle servait, en expliquer la forme ou en suggérer la signification. Elle reste une énigme. On l'a comparée à la structure de pierre du temple du Soleil, au Pérou, à cause de ses piliers mégalithiques étrangement taillés, qui sont propres à cette civilisation, mais non à l'Égypte.

Bien qu'il fût possible autrefois d'entrer dans l'Osireion, l'accès y est interdit aujourd'hui par le ministère des Antiquités, étant donné que l'entrée et les chambres intérieures sont inondées par des eaux putrides et stagnantes, trop profondes pour y marcher, ou du moins c'est la raison qui est invoquée. D'après ce que j'ai pu observer, à la fois par une expérience physique et par un voyage astral dans les profondeurs de cette structure, je crois que nous sommes sur le point de découvrir ici l'un des aspects les plus importants de notre passé et de notre avenir.

– *Quel genre de rituel avez-vous effectué dans l'Osireion?*

Comme toujours, les portes se sont ouvertes pour moi de la façon la plus miraculeuse. J'ai pu passer du temps dans l'Osireion avec pour seule compagnie le vrai gardien du temple, Amir, qui m'y a laissée accomplir mon travail rituel, dans ce lieu et dans le temple glorieux de Séthi Ier.

J'ai le bonheur d'être la dépositaire d'un magnifique crâne de cristal maya, *Estrella*, qui me fut offert au cours d'un rituel à Palenque en 2005, alors que je dirigeais un voyage initiatique *SoulQuest*™ sur les sites sacrés des Mayas. Depuis que je l'ai reçu du shaman maya Kayun, j'ai été inspirée à l'apporter à chaque cérémonie que je dirige sur chaque site en ces années de découvertes et de voyages spirituels. Le plus important rituel que j'ai effectué dans l'Osireion fut de placer le crâne de cristal dans les eaux sales afin de les purifier. Ce ne fut pas une tâche facile car ces eaux sont profondes et le crâne aurait pu facilement m'échapper. Je devais donc le tenir constamment en entrant dans l'état altéré de conscience.

J'ai dû également surmonter ma répugnance devant ces eaux qui sont un cloaque de pollution, de déchets et de vase, et élever ma conscience pour comprendre que l'eau est sacrée. J'ai dû dépasser l'illusion des apparences et embrasser la compréhension supérieure des eaux, ce qui est en soi un aspect de l'Initiation. Je fus inspirée à mettre mes pieds et mes mains dans l'eau et j'ai obéi avec réticence, tout en sachant que l'énergie de ce lieu saint maintenait le caractère sacré de l'eau malgré ses apparences.

Je tins donc *Estrella* dans les eaux de l'Osireion, où trempaient aussi mes pieds. Ma vue physique se brouilla, ouvrant la porte aux visions du troisième œil.

Le crâne se mit à parler, comme il l'avait fait en d'autres occasions.

Sous ces eaux se trouve un secret que tu dois rapporter au monde. Regarde dans le puits, centre-toi avec humilité et ne crains rien. Tu es entourée par la Blanche Lumière dorée d'Osiris, Maître des royaumes de lumière de Sirius.

Des treize crânes de cristal de l'Atlantide, que nous t'avons désignés sous le nom de « Comité des crânes », le Maître se trouve dans la terre profonde sous ce temple : le lieu de sépulture de l'effigie osirienne, le portail menant aux Salles d'Amenti.

C'est le treizième des crânes de cristal qui furent offerts à l'humanité à l'époque de l'Atlantide qui est enterré ici, avec son code éthérique contenu dans un bouclier protecteur où se trouve aussi l'ADN du Maître de Sirius, Osiris.

Regarde profondément, chère semence d'étoile, plus profondément que tu ne l'as jamais fait auparavant.

Guidée par les Conseils de la Lumière de Sirius, tu es venue jusqu'ici pour dévoiler les secrets et découvrir le vrai chemin qui mène à Amenti. Tu seras initiée quand tu auras rapporté notre expérience dans les pays mayas, où l'on effectue des préparatifs pour réunir les crânes atlantes.

Tu rencontreras des difficultés, des obstacles qui te décourageront. Ce n'est pas nouveau pour toi, mais ce sera ton plus grand défi jusqu'ici. C'est la méthode de l'Esprit Guerrier. Aller de l'avant, sans ego, au service du Tout.

N'oublie jamais, semence d'étoile, que ton sentier est illuminé et que tu sais comment te protéger de la force obscure, tout comme tu sais quand faire briller la lumière de la vérité sur les ombres.

Le voyage purificatoire de l'âme qui a suivi cette déclaration ainsi que les visions que j'ai eues en traversant le souterrain de l'Osireion furent une expérience grandiose que je n'ai pas encore fini de décoder. De plus, j'essaie toujours d'en déchiffrer la signification pour ma vie personnelle ainsi que pour celle des autres.

Quand cela sera éclairci, je l'écrirai, c'est sûr.

– *Quel est le but de cette initiation et quel est son lien avec ce qui se passe actuellement?*

En traversant les incessantes épreuves et initiations que nous entreprenons en tant qu'âmes dont les vibrations s'élèvent, nous n'avons pas toujours le privilège de connaître le but de chaque étape que nous franchissons sur le long chemin du retour. Ce que je retire de ces expériences très intenses est très personnel à plusieurs niveaux. Il faut beaucoup d'introspection pour apprendre, en tant qu'étudiante spirituelle, le but du Haut Conseil dans la progression de mon âme et comment tout cela sert le bien supérieur. On nous demande de suivre les conseils qui nous sont donnés, d'écouter notre cœur et de faire des actes de foi qui semblent souvent impossibles, dangereux et dénués de toute logique. Il faut cesser de craindre les jugements et les critiques, et, surtout, faire taire l'ego. Au cours de mon travail avec le Conseil, j'ai appris à m'efforcer de faire taire dans le cerveau gauche la voix de la pensée logique et à suivre mon intuition pour être aussi réceptive que possible aux énergies, aux schèmes de pensée et aux vibrations. Cela, je le reflète de toutes les façons possibles sur ceux avec qui j'entre en interaction, que ce soit énergétiquement ou verbalement. Comme je désire rester humble devant les merveilleux événements qui se déroulent autour de moi, je peux simplement affirmer que j'ai eu une expérience grandiose. Je sais qu'elle sera écartée par plusieurs qui nient tout ce qui n'est pas une « preuve scientifique », mais je procéderai néanmoins avec l'information qui m'a été donnée et j'irai voir les shamans mayas avec le crâne encodé, Estrella, confiante qu'il y sera reçu avec une ouverture d'esprit et de cœur.

Nous devrons attendre de voir ce qui se dévoilera lorsque nous passerons le jalon temporel du 21 décembre 2012.

Néanmoins, je crois que la réunification des treize crânes de cristal sera facilitée par notre compréhension collective de la signification de la résurrection d'Osiris (quand les treize pièces seront réunies pour donner naissance à Horus) et que notre capacité de comprendre cette métaphore facilitera l'activation des crânes de cristal. Il s'agit de notre expérience collective et non d'une expérience personnelle. Mon parcours se fait dans la joie et j'essaie de comprendre comment tout cela s'emboîte et d'être sans ego dans quelque rôle que je jouerai à ce moment-là. Il est si important de s'abandonner pour servir.

– *À votre avis, que se passera-t-il quand ils seront réunis?*

Cette richesse d'information des Archives terrestres sera disponible à nous tous et, avec l'ouverture et la fusion des portails, nous serons des voyageurs sur les autoroutes galactiques. Nous verrons l'entièreté de tout cela, les rouages de l'univers physique et de l'au-delà, et nous réaliserons l'Atum.

– *Que veut dire d'après vous le Conseil quand il parle de « réaliser l'Atum »?*

Je crois que cette métaphore veut dire que l'univers physique dans lequel nous vivons n'est qu'un seul atome – comme Atum, seigneur de la création – et que c'est simplement une particule microscopique dans l'infini de toute conscience. Une fois que nous aurons compris que, en tant qu'étincelles de la lumière divine, nous sommes éternels, infinis et illimités, nous jetterons les chaînes de nos limites et nous atteindrons l'illumination, réalisant ainsi l'Atum.

– *Comment saviez-vous que vous auriez cette initiation à Abydos? Qu'est-ce qui vous a attirée là?*

Cet endroit éloigné dans le désert du Sahara, la ville sainte d'Abydos, serait, croit-on, le plus ancien lieu de pèlerinage spirituel, plus vieux que La Mecque, Jérusalem ou tout autre endroit. Déjà à la période prédynastique, ce lieu a été reconnu comme l'épicentre spirituel absolu de l'Égypte, et plusieurs croient qu'il était le centre spirituel de l'Antiquité. Il y a le magnifique Osireion, qui, je le crois maintenant, est vraiment le lieu de repos de la tête d'Osiris (entendez: le treizième crâne de cristal). C'est le principal passage menant aux Salles d'Amenti. Il y a des sites et des cryptes qui seront bientôt excavés; la Vallée des Rois nous semblera à ce moment-là à peine plus qu'un simple musée. Et, évidemment, il y a le splendide temple de Séthi Ier d'Abydos, le mieux préservé de tout le domaine égyptien. Ici, les dieux peints sur les murs et les énergies qu'ils représentent sont vivants; on peut être transporté et communiquer avec eux. Cela aussi fait partie d'un message que je partagerai bientôt.

Le temple d'Abydos, un sanctuaire construit par le pharaon Séthi Ier, est l'ultime temple consacré aux dieux. Il incarne la maison du créateur et il reflète l'histoire de la lutte entre les ténèbres et la lumière à travers les temps.

J'ai été attirée par ce temple parce que, en plusieurs autres occasions, lors de brèves visites avec des caravanes sous escorte policière, je n'avais eu qu'un aperçu de sa beauté et à peine un moment pour faire l'expérience des puissantes énergies qui s'y trouvent. Surtout, j'ai été guidée là par le Haut Conseil de Sirius.

Je crois que le pharaon Séthi Ier se trouve toujours dans les salles et que son esprit est incarné dans le temple, dans le sol et dans la ville sainte. D'une certaine façon, j'ai été amenée à suivre les traces d'Omm Séthi, l'extraordinaire Dorothy Eady, dont il est question dans le livre *The Search for Omm Sety* (« À la recherche d'Omm Séthi »), à retrouver le passé dans le temple d'Abydos et à demander conseil aux dieux.

Cette femme est incroyablement liée à ce lieu sacré. Elle a communiqué avec Séthi Ier durant toute sa vie, dont elle a passé la plus grande partie dans les salles sacrées d'Abydos.

– *Vous avez dit que vous aviez eu l'aide de gardiens et d'initiés. Pourriez-vous nous donner davantage d'information sur ces gens et sur la nature de leur lien avec votre travail?*

J'ai toujours le bonheur de recevoir du soutien pour mes travaux spirituels. Cela est plus marqué depuis mes premiers contacts avec le Haut Conseil de Sirius dans l'agroglyphe nommé « l'ensemble de Julia », en 1996.

Inévitablement et incroyablement, il y a toujours des événements, des gens et des forces qui m'ouvrent les portes closes et me livrent les secrets qui me sont nécessaires à cette étape de mon voyage, pour cette initiation.

Dans le cas d'Abydos, des gens qui préfèrent garder l'anonymat, pour leur propre protection, m'ont fourni l'accès à des endroits secrets, à des souterrains et à des salles sacrées, des lieux interdits par les autorités égyptiennes. Je crois qu'ils sont en service tout comme moi pour aider à livrer l'information qui est maintenant nécessaire, que cela fait partie également de leur processus spirituel et que cette famille de lumière communique à plusieurs niveaux de conscience. Qu'ils soient pleinement conscients de leur rôle ou non, ils apparaissent au bon moment, au bon endroit et avec la bonne intention, me procurant l'accès aux passages secrets et, dans plusieurs cas, le procurant aussi à ceux qui voyagent avec moi. Et je leur suis extrêmement reconnaissante de leur dévouement, leur amour et leur aide.

– *Que voulez-vous dire par « activer Gizeh » ? En quoi consiste le plan visant à libérer ces forces ?*

Les monuments de Gizeh et ceux qui se trouvent au-delà du Plateau, y compris les petites pyramides et la pyramide à étages de Sakkara, sont tous situés sur une gigantesque centrale énergétique, avec sa ville souterraine, qui est topographiquement beaucoup plus grande que la surface de la ville du Caire. Il y a là de grands réseaux de tunnels, de voies et de structures, tous reliés à la Grande Pyramide et aux structures environnantes pour l'utilisation de l'énergie cosmique.

Nous prenons conscience de l'existence de portails multidimensionnels conduisant, à travers les dimensions, à d'autres galaxies, à d'autres univers. Ces portails sont directement reliés aux centres chakriques et aux grilles énergétiques de Gaïa. Leur épicentre est Gizeh ; tout le plateau est un portail. C'est pourquoi le Sphinx fut d'abord créé là pour nous. C'est pourquoi les grandes pyramides sont là. Et c'est pourquoi les gardiens des archives de l'Atlantide ont laissé leur empreinte en dessous.

– *Est-ce qu'il y a quelque chose que nous pouvons faire comme travailleurs de la lumière pour vous aider à poursuivre votre travail en Égypte ?*

Tandis que vous le pouvez encore, visitez ces lieux avec l'intention d'en élever la vibration, d'en révéler les secrets, d'en faire jouer la musique et d'en activer les portes stellaires. C'est la tâche de tous, en tant que semences d'étoiles, et elle commence par l'humble sentiment de servir le bien supérieur. Ce qui est maintenant requis, c'est une conscience centrée sur le cœur et la conviction que, malgré les illusions de l'obscurité, nous sommes à un souffle du grand changement par lequel un nouveau monde se développera.

Les obstacles se multiplient et pour nombre de personnes, il devient difficile de se libérer de leurs craintes et de leurs problèmes de survie pour se consacrer vraiment à l'ensemble. Il faut pour cela abandonner les problèmes émotionnels et l'amour conditionnel. Il faut le pardon et l'acceptation, et nous devons nous y livrer pour pouvoir faire tourner les roues de Gizeh.

Libérez-vous le plus possible de votre ego, qui cherche à vous distraire du but supérieur, obscurcissant votre vision, plaçant votre expérience personnelle et la manifestation des phénomènes au-dessus du bien général. Il est temps de consacrer nos pensées à l'ultime résultat, le bien supérieur de toute vie, en tant que conscience collective dominante, en croyant individuellement que non seulement c'est possible, mais que c'est là notre création. La dissolution de la force obscure résultera naturellement de notre brillant esprit collectif.

– *Est-ce que le travail accompli aujourd'hui a quelque chose à voir avec les énergies qui s'installent pour la prochaine année ou bien n'est-il qu'une préparation à 2012, dont on ne peut rien percevoir aujourd'hui?*

Il y a présentement en Égypte une lutte de pouvoir qui est à son apogée. D'un côté, il y a les forces qui tentent de bloquer tout accès aux champs de force des sites sacrés afin d'abaisser la vibration de votre planète. Cela est expliqué dans le deuxième livre de la trilogie des Révélations siriennes, *Atlantis Rising,* « La montée de l'Atlantide ».

De l'autre côté, il y a d'innombrables travailleurs de la lumière qui unissent leurs forces partout dans le monde et qui se lient à l'éther pour élever la fréquence vibratoire de notre planète en prévision d'une aube nouvelle, celle de notre ascension dans la sphère suivante.

Chaque pensée et chaque action qui a lieu dans le Cosmos a une influence sur les autres; s'il est une chose que nous apprenons dans notre progrès spirituel, c'est que tout est interdépendant et que la matière est de la pensée manifestée. L'année 2009 est aussi une période de préparation au niveau individuel. Nous sommes appelés à choisir notre lieu de vie et à y migrer en nous sentant renforcés par ce choix plutôt que victimes des circonstances. Nous travaillons avec une énergie énorme, nous consacrant à la lumière, et c'est autant un processus de préparation qu'une responsabilité personnelle et civile en tant que vieilles âmes ayant choisi de participer à ce processus. Et nous écoutons enfin notre planète, cherchant les réponses qui peuvent calmer la furie de notre négligence passée et présente afin de rétablir l'équilibre. Il est très important de ne pas fixer de date précise, malgré les jalons que nous ont fournis les Mayas et d'autres civilisations. Nous modifions constamment notre réalité, comme nous l'avons vu au début du nouveau millénaire, alors que plusieurs personnes croyaient qu'une situation menant à l'Harmagedôn surviendrait le 31 décembre 1999 à minuit. Notre progression vers un grand éveil qui doit habiter nos cœurs et nos esprits; que ce processus est si proche que nous le ressentons à tous les niveaux; que nous sommes venus ici pour cela. L'année 2009 nous en rapprochera… et 2012 encore davantage. Mais n'oublions pas que nous créons notre réalité et que nous pouvons faire en sorte que le processus se déroule doucement, sans douleur ni souffrance, ou bien nous fixer sur le désastre, la perte et la tragédie.

Personnellement, je n'ai pas l'intention de souffrir d'aucune façon à l'arrivée de cet événement grandiose et je déclare que la seule préparation qui vous est nécessaire, c'est de bien ancrer dans votre cœur la certitude que tout cela appartient à l'Ordre divin. Cela peut parfois sembler simpliste quand nous cherchons des réponses détaillées à nos questions existentielles, mais c'est simple. Tout appartient à l'Ordre divin, et nous, enfants de la lumière, nous sommes sur le chemin du retour.

– *Au cours des années qui viennent, est-ce que plusieurs portails vont s'ouvrir en Égypte?*

Il est intéressant de noter que plus les forces d'opposition tentent de nous interdire l'accès aux sites sacrés, plus nous y accédons facilement à d'autres niveaux. L'Égypte recèle plusieurs portails et vortex menant à notre mémoire de l'Atlantide et à sa validation. Ces secrets sont cachés parce que les pouvoirs qui dominent sur ce plan-ci ne veulent pas que l'histoire soit réécrite. Ils ne veulent pas que le voile tombe et révèle tous les secrets qu'ils nous ont cachés.

Et ainsi plusieurs découvertes physiques faites en Égypte et sur d'autres terres sacrées sont mises en lumière; tout s'éclaire à la lumière de notre conscience en évolution. Sur d'autres niveaux, si vous faites référence aux portails donnant accès à d'autres dimensions ou à d'autres champs de conscience, la réponse est oui, absolument! L'Égypte détient sans le moindre doute de nombreuses clés de votre réveil. Sous le Grand Sphinx, effigie sirienne, se trouve la Salle des Archives atlantes.

Sous l'Osireion se trouve le Crâne maître éthérique du « Comité des Crânes », qui sera bientôt activé en pays maya. Je crois que les portes stellaires de l'Égypte ouvriront celles du monde entier.

Le retour du Haut Conseil

– *L'information sur les crânes de cristal circule depuis très longtemps. Beaucoup de gens prétendent posséder l'un des crânes « originaux ». Personnellement, j'ai entendu dire plusieurs fois que le treizième crâne avait été retrouvé et qu'il pouvait être en France ou ailleurs. Aujourd'hui, il y a même des compagnies qui en fabriquent, de sorte que tout le monde peut avoir son « propre » petit crâne de cristal. Je ne porte aucun jugement sur cet aspect commercial, mais le moins que l'on puisse dire, c'est qu'il sème la confusion entre ce qui est réel et ce qui ne l'est pas.*

Est-il possible de nous dire, pour clarifier la situation, dans quels pays se trouvent les crânes et s'ils sont entre les mains d'authentiques gardiens?

Si vous entendez autant parler des crânes de cristal en ce moment, c'est à cause de leur réunion imminente en pays maya et de tout ce que cela représente pour l'humanité. C'est un souvenir primordial, appartenant à la conscience collective de votre espèce.

Plusieurs anciens Atlantes sont réincarnés dans un corps en ce moment; ils sont venus pour rectifier le karma formé par leurs pensées et leurs actions. Ils possèdent la mémoire de leur réservoir subconscient, sachant, au plus profond niveau, que le temps de la réunion est imminent.

En effet, plusieurs de ces vieilles âmes se sont aujourd'hui réincarnées uniquement pour être là, parmi vous, quand cela se produira.

Quant aux lieux où se trouvent les crânes atlantes, nous pouvons vous dire qu'il n'y en a que trois qui ont refait surface dans votre réalité contemporaine et que les neuf autres sont en sûreté quelque part, dans l'attente du moment de convergence. Le treizième, soustrait totalement à la densité de la troisième dimension, existe sous sa forme éthérique sous l'Osireion, en Égypte, comme l'a mentionné Tridjya. Il se matérialisera au moment où les autres seront réunis.

Si un très grand nombre sont fascinés par les aspects vibratoires de ces sculptures à l'allure aussi moderne, c'est que la mémoire des uns se ravive tandis que d'autres se projettent dans le moment où aura lieu la réunion.

Votre génération n'est pas la première à vénérer de telles formes; plusieurs autres l'ont fait avant vous! D'anciens sculpteurs ont idolâtré le crâne de cristal longtemps avant vous, tant sont puissants le souvenir et la légende du Comité des crânes. Certains de ces crânes de l'ancien monde sont maintenant réapparus, avec leur empreinte et leur code. Certains sont d'incroyables champs de lumière et d'autres appartiennent aux ténèbres, car la forme en elle-même est un contenant exceptionnel pour emmagasiner de l'information; les unités cellulaires conscientes du minéral réagissent à l'intention qui les active à n'importe quel moment de leur voyage et la retiennent.

D'autres ont été créés en ces jours terrestres et ils retiennent aussi l'intention et l'amour de leurs sculpteurs modernes. C'est pourquoi il est si important, en travaillant avec de tels outils, d'éliminer toutes vos énergies qui ne sont pas de la plus pure intention. Il vous faut un mantra si vous désirez travailler avec eux.

Souvenez-vous, très chère, que tout cela est *réel*. Chaque expérience ainsi que les pensées qui émanent à chaque instant sont de fait très réelles, en effet. Elles servent à créer la dynamique adéquate pour la convergence, car elles focalisent votre esprit hors de la limitation et dans le champ des probabilités, qui se trouve juste devant vous tout comme à l'intérieur de chaque cellule de votre être.

– *Comment ce « Comité des crânes » que vous évoquez fonctionne-t-il actuellement sans que ses membres se trouvent tous « ensemble » et sans la présence du crâne maître?*

Chacun des crânes de l'Atlantide, cadeau de Sirius, porte le schème de l'un des douze brins de lumière de votre ADN, celui de la super-race de l'homo sapiens. Chacun est le dépositaire de l'intelligence dimensionnelle supérieure, ce qui l'a amené à se cristalliser dans votre sphère, avec en lui toutes les fréquences vibratoires et toutes les formes de lumière. Pourquoi vous étonner qu'ils soient réunis à nouveau au moment où vous réactiverez les brins dorés de l'ADN? La réunion des douze crânes, comme la réactivation de vos douze brins, activera le Maître. Que cela vous serve d'allégorie pour votre propre processus.

Réunis, les douze crânes de cristal manifesteront l'intention originelle de la Prêtrise blanche, ce qui créera l'ouverture des portails galactiques au moment où un nombre suffisant d'entre vous, soit l'esprit collectif, auront atteint la fréquence vibratoire nécessaire pour entreprendre leur ascension hors de vos limitations.

Quand les douze crânes seront réunis, le Crâne Maître d'Osiris sera « exhumé » de son emplacement et prendra forme à l'intérieur du cercle des douze.

– *Selon ce que j'ai lu et entendu, les douze crânes auraient une énergie féminine et le treizième aurait une énergie masculine. Est-ce exact? Si c'est le cas, pourquoi?*

C'est une fausse conception. Aucune qualité de femelle ou de mâle ne distingue les membres du Comité des Crânes. L'impression d'une différence de genre provient peut-être d'une perception psychique, par l'observateur, du Gardien actuel du crâne.

Nous aimerions ajouter que notre canal, Trydjya, n'affirme, quant à l'origine du crâne, rien d'autre que le fait qu'il lui a été donné par son ancien gardien, l'enseignant maya et gardien spirituel des temples de Palenque, qui lui en a révélé le nom en lui en transférant la garde.

– *Pourrait-on dire qu'il existe un genre de sous-comité effectuant actuellement des préparatifs pour le grand rassemblement des crânes qui semble prévu pour 2012 ?*

Réponse de Patricia Cori : Les crânes sont en émergence partout dans le monde. En mai 2008, un groupe d'environ cent cinquante shamans venus des pays mayas s'est réuni à Tikal (j'étais censé m'y rendre) et chacun y avait apporté un crâne. *Nous* possédons des crânes provenant du Tibet, du Népal et d'autres endroits de l'Himalaya. Les Amérindiens en possèdent aussi, comme les Mayas du Mexique et du Pérou, ainsi que divers peuples vivant sur d'autres continents.

À ce moment de notre éveil, ces crânes, dont certains sont anciens et d'autres sont contemporains, font ainsi surface parce qu'ils symbolisent les *treize crânes originels* de l'Atlantide donnés à l'humanité par des êtres d'une dimension supérieure issus de Sirius et aussi, selon les Mayas, des Pléiades.

Ils sont tous importants car ils représentent la mémoire collective de tous les êtres humains de toutes les époques, ainsi que le comité des Crânes et la signification qu'il avait pour l'humanité quand nous étions conscients de notre famille galactique et que nous étions activement en interaction avec elle.

Le crâne maya qui m'a été donné par le shaman est extrêmement ancien. Je n'ai aucune idée de sa provenance car ce shaman m'a seulement dit qu'il était très vieux, qu'il provenait d'Égypte et qu'il appartenait à sa famille depuis très longtemps. Les shamans sont toujours vagues en cette matière car ils croient que les gens qui ont besoin de ce type d'informations les obtiennent directement de la source, en l'occurrence le crâne lui-même.

Je suis effectivement très enthousiaste et très honoré d'être présentement dépositaire de trois anciens crânes. Le troisième est tout petit, il est fait d'améthyste et il provient du Mexique, près du temple atlante de Tula. Je les apporterai tous les trois à Montréal lors de mon atelier, avec peut-être aussi l'un de mes beaux crânes contemporains, lequel m'a accompagné sur tous les sites sacrés, dont la Grande Pyramide, Stonehenge, Palenque, Chichen Itza et les champs d'agroglyphes.

– *Il semble que nous soyons de plus en plus visités par des vaisseaux spatiaux extraterrestres. En novembre 2007, des hauts gradés de l'armée et du gouvernement de sept pays ont affirmé publiquement qu'ils avaient vu de tels vaisseaux dans le contexte de leur travail ou de leur vie privée. Plusieurs pays ont rendu publique beaucoup d'information sur ces visites. On ne peut plus empêcher la population d'être au courant. Mais, d'un autre côté, une bonne partie de l'information concernant ces contacts ne semble pas toujours être dans notre intérêt. Les vaisseaux que nous observons, d'où viennent-ils exactement?*

Tandis que vous traversez la ceinture photonique en vous préparant à l'ascension, votre système solaire, composé de planètes, de lunes et de divers autres corps célestes, présente un grand intérêt pour les explorateurs extraterrestres, qui sont les homologues de vos astrophysiciens, de vos ingénieurs, de vos géologues et de vos astronautes.

En plus de la question des extraterrestres, qui sont déjà bien engagés dans les affaires de votre planète, comme nous l'avons établi dans nos ouvrages précédents, il existe au-delà de votre monde un grand intérêt pour la façon dont vous allez évoluer technologiquement et spirituellement afin d'effectuer la transition.

Certains êtres d'une énergie très inférieure sont fascinés par les forces primitives de la violence humaine, comme les Draconiens, qui se nourrissent des basses vibrations de votre espèce. Ils étudient la constitution des espèces terrestres primaires avec l'intention de vous récolter (les humains et les grands primates) comme guerriers ou esclaves. Ils hantent votre ciel nocturne, effectuant leurs examens et leurs tests sur des humains et des animaux. Ce n'est là rien de nouveau pour les milliers d'individus qui ont rapporté des expériences d'enlèvement ni pour ceux qui ont observé des mutilations d'animaux. Ce n'est tout simplement pas encore présent dans la conscience « dominante ».

Il y en a d'autres, des espèces provenant de vos planètes sœurs, qui sont plus concernés par les dommages que vous infligez à votre environnement galactique immédiat – vos emblèmes solaires – et par la façon dont vous affecterez le processus de leur ascension galactique. Ils vous observent, sans autre programme particulier que celui d'évaluer le danger que vous représentez et de vous désarmer au besoin. Ils ont peine à croire que vous ignorez toujours l'existence d'une vie intelligente dans des mondes voisins. Des espèces terrestres vivent et se reproduisent sur votre lune; des villes entières se trouvent maintenant dans des biosphères construites à sa surface. Sur la planète Mars, que vos modules spatiaux parcourent depuis des années, il existe de grandes bases militaires et scientifiques, à la surface et en dessous, exploitées par des hiérarchies interplanétaires qui (cela peut vous surprendre) incluent la race humaine.

De plus en plus, les ambassadeurs de civilisations extraterrestres évoluées et pacifiques sondent votre atmosphère et scrutent vos cieux pour s'assurer que les lois du neutralisme sont observées et que votre entrée dans la Famille galactique se fera dans l'émerveillement et dans la joie plutôt que dans la peur et dans l'anxiété.

Les gouvernements de votre monde dirigés par les Annunaki, qui manipulent la réalité en conformité avec la politique du contrôle global, savent que le temps de la convergence est arrivé et qu'ils ne peuvent retarder le moment du contact. Leurs secrets seront révélés, et l'histoire extraterrestre sera enfin connue. Eux aussi parcourent votre ciel nocturne : *malheureusement, leur but est de vous convaincre qu'eux seuls peuvent vous sauver des terroristes ultimes, les étrangers de l'espace.*

– *On dit qu'un autre groupe d'extraterrestres se trouverait ici pour une raison particulière liée à leur propre intérêt et non pour nous aider à vivre le grand changement qui a lieu présentement sur la Terre. Ils seraient ici uniquement pour des raisons lucratives, car la planète Terre possède plusieurs ressources qui leur seraient précieuses. Ils se trouve-*

raient ici pour nous manipuler en nous faisant croire qu'ils désirent nous aider. Ils voudraient obtenir l'adhésion de l'humanité et nous priver de notre indépendance. Ils ne voudraient pas nous éliminer, mais plutôt utiliser nos ressources, avec ou sans notre consentement. Ils verraient la Terre comme un endroit très chaotique et les humains comme des gens très indisciplinés qui détruisent de très précieuses ressources.

Ce point de vue provient de la peur, attisée par les pouvoirs qui vous dominent et exacerbée par leurs médias. Nous ajouterons que c'est aussi un reflet de votre propre comportement social, un miroir de votre détachement de la nature et de tout ce qui est conscient sur votre planète. N'est-ce pas vous, l'espèce la plus intelligence de la Terre, qui dépouillez votre planète de ses ressources? Vous permettez certainement au gouvernement secret d'extirper la vie de Gaïa! N'est-ce pas la race humaine qui crée le chaos en se laissant utiliser pour voler ce qui ne lui appartient pas, pour tuer au nom de la paix et de la «sainteté», et pour détruire tout ce qui fait obstacle au «progrès»?

Très chers, nous vous demandons de ne pas souscrire à l'idée qu'une force extérieure bienveillante viendra vous sauver de vous-mêmes. C'est votre propre responsabilité karmique. Il y a effectivement une force de contrôle sur votre planète, nous ne le nions pas, mais votre intérêt exclusif pour la réalité matérielle vous a trop longtemps aveuglés sur la vérité cachée sous cette réalité et vous a rendus impuissants – en fait, extrêmement désintéressés – à améliorer votre monde.

Il est partiellement vrai que l'on vous considère comme une espèce destructrice. Ceux qui vous observent comprennent que, malgré les forces obscures qui entraîneraient Gaïa à la plus basse fréquence vibratoire, un cercle croissant d'amour et de lumière entoure votre planète. Il ondule dans l'éther, traversant votre famille solaire et se déployant dans les champs galactiques et même au-delà, dans le Cosmos. Ce avec quoi vous communiquez, dans le champ polarisé des visites extraterrestres, reflète votre compréhension du mode de création de votre réalité, la manière dont vous assumez la responsabilité de vos créations et donc la façon dont vous manifestez ce qui vous arrive dans l'illusion de la sphère tridimensionnelle.

Au lieu de vivre dans la peur, vous pourriez changer complètement d'attitude, et penser ainsi : *comment pouvons-nous communiquer notre intention aux intelligences désirant entrer en contact avec la race humaine, de façon à envoyer des messages d'amour et de non-violence plutôt que des messages de peur et de représailles?*

En comprenant davantage la loi de l'attraction, vous vous apercevrez que vous déterminez vous-mêmes comment cela se manifestera dans votre monde. Plus vous vous aiderez mutuellement à vous libérer de la peur irrationnelle qu'attise en vous la description extrêmement violence d'une Terre assiégée, plus vous serez optimistes quant à ce qui se produira bientôt. Cette joie sereine créera un champ de résonance – une mélodie – avec ceux qui cherchent l'harmonie entre les êtres. Vous ferez preuve de discernement si vous examinez votre façon de créer et de vivre dans l'illusion et trouvez comment transmuer la peur en anticipation.

– *Donc, à ce moment-ci, leur principal but est d'être « vus », afin de nous habituer à leur présence?*

Vous verrez bientôt un nombre incroyable de vaisseaux, car l'heure du contact universel approche rapidement. En fait, il est déjà commencé. Il y a énormément d'activité dans votre ciel, tout comme il y en a sous votre sol. Si vous pouviez voir la Terre comme nous la voyons, vous seriez ébahis par tout ce qui voyage dans l'atmosphère extérieure de votre planète. Nous avons remarqué que c'est une tendance de la race humaine que d'ignorer ce qui se trouve hors du champ des possibilités établi par ceux qui ne veulent pas que vous regardiez plus loin.

En vérité, des vaisseaux sillonnent constamment votre ciel pour trouver une façon d'organiser un contact, car il existe des lois galactiques qui doivent être respectées. Après avoir observé comment on vous manipule pour vous empêcher de voir ce qui se trouve clairement sous vos yeux, nous croyons que vous ne vous « habituerez » aux visites d'extraterrestres que lorsque votre ciel sera si rempli de leurs lumières que vous ne pourrez plus vous convaincre qu'ils ne sont pas là.

– *Un agroglyphe apparu à West Kennett le 26 juillet a été baptisé «Les trois religions: islamique, juive et chrétienne» (voir photo). Pouvez-vous nous dire ce que signifie cet agroglyphe? Est-ce un message nous affirmant qu'à l'avenir toutes les religions coexisteront sans problème? Est-ce un indice du futur?*

www.lucypringle.co.uk

Cet agroglyphe a été créé par des humains, et notre commentaire sera donc fondé sur notre interprétation plutôt que sur notre intention. Il ne symbolise pas votre aspiration collective à vous libérer de la séparation, exaspérés par la mauvaise interprétation des religions, et à faire l'expérience de l'unité de cœur, d'âme et d'esprit.

Nous observons plutôt ceci:

- le cercle: le Tout, l'Un, la Monade, l'Atum;
- le pentagramme: l'Esprit – les cinq éléments qui définissent la nature de la réalité terrestre contenue dans le Tout: l'air, l'eau, le feu, la terre et l'éther;
- la croix: le point d'intersection de l'axe vertical (esprit-être-terre) vous liant à la terre et aux cieux, et de l'axe horizontal, votre passage dans l'illusion tridimensionnelle du temps linéaire.

Ces unités symbolisent votre existence dans la réalité physique, votre capacité de manipuler les éléments, qui définissent votre condition terrestre et votre compréhension du fait que, en tant qu'étincelles de la lumière divine, vous êtes des reflets de *Tout ce qui Est, de Tout ce qui Fut et de Tout ce qui Sera.* C'est l'intention du concepteur qui envoie un message par symboles et c'est l'esprit réceptif du récepteur qui donne aux archétypes une signification pour sa propre vie. Par conséquent, nous vous demandons de trouver là votre propre vérité et de donner sa signification au message, l'unissant ainsi à l'intention qui le sous-tend.

– *Je suis très étonnée d'apprendre que cet agroglyphe a été fait par des humains… Est-ce que c'est souvent le cas? Est-ce important de savoir lesquels ont été faits par l'homme et lesquels sont interdimensionnels?*

Ce qui nous enthousiasme, nous qui sommes au-delà de votre sphère, c'est que les cœurs et les esprits des humains réagissent aux messages cosmiques d'origine multidimensionnelle. Nous communiquons dans le seul vrai langage universel!

Nous envoyons nos nombreux messages avec l'intention d'amorcer un dialogue universel. Quelle autre intention pourrions-nous donc avoir? Vous impressionner avec nos références artistiques? Cela servirait-il le bien supérieur de tous? Évidemment pas. Nous désirons plutôt vous inciter à regarder au-delà des frontières de votre sphère. Sans votre réaction, il n'y a pas de dialogue, alors que notre intention est d'établir la communication entre la race humaine et la grande famille galactique.

C'est ainsi que nous célébrons ces agroglyphes (créés par l'humain) comme une intention de communiquer plutôt que de tromper. À ces humains faiseurs d'agroglyphes qui passent des heures sous le froid nocturne à tracer (parfois rudimentairement) des formes géométriques dans les champs afin de communiquer la beauté et la signification des formes sacrées, nous exprimons notre gratitude et notre amour.

Nos cœurs sont remplis des messages, de l'intention et de l'engagement que les agroglyphes apportent au phénomène de la communication multidimensionnelle. Les leurs aussi. Est-ce qu'il y a réellement une différence entre les deux expériences? L'une est-elle plus significative que l'autre?

– *Je vous parlerai alors d'un autre agroglyphe magnifique. C'est un papillon qui est apparu le 19 juillet 2006 près d'Ashbury. Celui-là avait-il une intention interdimensionnelle ou bien est-il aussi l'œuvre d'humains? Je me le demande parce que les papillons sont très en vogue ces temps-ci. Nous voyons ce symbole partout: sur des photographies, des illustrations, des articles décoratifs… Il semble refléter notre quête spirituelle.*

Il n'a pas été fabriqué par des humains. Il est question ici de fréquence vibratoire et d'harmonisation. La sphère portée par des ailes symbolise Gaïa portée par les vibrations de l'Âme unique. C'est un message qui vous est adressé, chères semences d'étoiles, pour que vous compreniez que le plus petit mouvement – un battement d'ailes – peut affecter l'ensemble. De la chrysalide (le cocon obscur) à l'aile, tel est notre passage.

N'oubliez jamais que chaque pensée de chaque être vivant contribue au Cosmos de l'Âme. Et volez, très chers, sur les ailes de l'amour.

– *Avant de passer à l'année 2009, auriez-vous de l'information ou des suggestions au sujet des six derniers mois de l'année 2008 ? Qu'est-ce qu'il importe le plus de savoir avant d'entamer l'année 2009 ?*

Comme mentionné un peu plus tôt, vous êtes maintenant aux Jours du Désert d'extrême polarité, auxquels nous avons consacré beaucoup de réflexion dans nos messages précédents. Vous êtes en train de mettre en pièces votre monde matériel tandis que Gaïa, en mère sage, vous pousse aux extrêmes. Elle vous ébranle, vous submerge d'émotions, pulvérise vos illusions, afin que vous reconnaissiez que la base matérielle de votre monde n'a pas plus de permanence que les feuilles d'automne.

Dans ce contexte du temps linéaire, au cours des six derniers cycles lunaires de l'année solaire, vos craintes quant à la survie seront éprouvées par des bouleversements atmosphériques encore plus extrêmes, par une instabilité politique et sociale ainsi que par une plus grande incertitude économique.

Vous affronterez des conditions qui vous entraîneront soit vers le haut, selon l'axe vertical de l'esprit dominant la matière, soit vers le bas, où vous vous accrochez à vos possessions, qui symbolisent votre quête de permanence dans un monde en continuel changement. Vous seuls déciderez de la souffrance que vous subirez lorsque Gaïa brisera la coquille de son existence mortelle et nettoiera son cadre physique pour effectuer les rites de passage à son corps de lumière immortelle. Ceux qui sont concentrés sur la progression pacifique du Cœur unique dans la spirale de la conscience verront illuminée par un fort sentiment d'Unité leur traversée des vallées du tumulte et de l'obscurité. En partageant vos visions et vos expériences, vous créerez un brillant champ de lumière qui anéantira votre peur de l'ombre. Dans la dynamique du cosmos, votre galaxie se prépare à un magnifique alignement alors que l'axe de la Terre s'incline vers le plan galactique, un phénomène qui a été nommé par vos astrologues « la Sainte Croix ». Ce champ céleste se manifestera à la mi-juin 2008 et marquera un point phénoménal d'accélération évolutionnaire pour la Terre et pour toute vie se trouvant à sa surface, ainsi qu'au plus profond des mondes intérieurs.

C'est ce jalon astral qui, sur le continuum spatiotemporel, marque votre progression des extrêmes de la conscience duelle à la fusion des aspects mâle/femelle – l'Unification des extrêmes polaires – de vos sociétés et de vos âmes.

Le dernier alignement de la Sainte Croix dans votre galaxie s'est produit à l'époque du Grand Déluge, celle de l'engloutissement de l'Atlantide, où l'obscurité fut purifiée dans les eaux de Gaïa et où naquit l'ère nouvelle.

– *Je trouve important de vous faire préciser l'information au sujet de cet alignement astrologique inhabituel qui comporte le potentiel d'un point phénoménal d'accélération évolutionnaire pour la Terre et pour toute vie se trouvant à sa surface. Que signifie un tel alignement et que nous arrivera-t-il?*

Nous avons constamment indiqué que la libération et la transition débutent dans un cœur purifié, où vous faites l'expérience de l'amour inconditionnel et de l'absence de la peur. En un sens, le cœur est en lui-même une sainte croix, car il constitue le point d'intersection des énergies supérieures et inférieures ainsi que l'épicentre des alignements gauche et droit de votre forme physique.

Vous vivrez plusieurs moments cruciaux de transition, qui seront tous facilités par votre intention focalisée de vous libérer des pièges émotionnels et des conditions qui suscitent des sentiments d'inutilité, de souffrance, d'intolérance et de culpabilité. Dans un cœur purifié, ils se transmuteront en amour inconditionnel et en pardon, qui sont une seule et même chose.

Vous avez le choix entre vous débarrasser de ces déséquilibres maintenant ou vous accrocher au drame de votre souffrance, votre sombre manteau d'émotion et de karma irrésolu. C'est ce processus qui déterminera non seulement votre passage à travers l'alignement de la Sainte Croix, mais aussi la façon dont vous vivrez chaque jour de votre existence. C'est la seule mesure de votre préparation. Désirez-vous vous aimer et aimer tous les autres simplement parce qu'ils existent – dans l'ordre divin – ou bien passerez-vous le reste du temps de votre incarnation dans un corps à demander que l'univers se conforme aux conditions que vous créez vous-mêmes?

Pardonner aux autres et à vous-mêmes tout ce qui crée de la discordance dans votre expérience et remplacer ce déséquilibre par une profonde compréhension du fait que vous avez le choix, voilà le plus simple principe à suivre pour réussir votre passage. La peur et le besoin de contrôler le résultat constituent des obstacles.

Lorsque vous contemplerez la vraie magnificence de votre Terre et la perpétuelle naissance de la vie, vous serez libérés de la paralysie causée par la peur. Vous regarderez les étoiles en sachant que le Plan divin est parfaitement ordonné et vous vous demanderez quels sauts incroyables vous devez accomplir, plutôt que de les craindre.

Votre préparation réside dans le lâcher prise et dans le fait de laisser faire Dieu.

2009

– *Du point de vue du Haut Conseil, que nous réserve l'année 2009? Puisque le titre du livre est «La Grande Transformation, 2009 l'année de la cocréation», quelle est la meilleure façon de nous préparer à ce qui s'en vient?*

Pour vous préparer aux immenses changements célestes qui auront lieu sur le plan extérieur, il s'agit de vous préparer, sur le plan intérieur ou cellulaire, au nettoyage de la conscience toxique (se manifestant en matière) que vous avez formée en vous accrochant à la densité du jugement, de la séparation et de l'ego, et de vous abandonner à l'amour inconditionnel qui sous-tend le Cosmos.

Même si cet amour vous semble parfois très loin, il imprègne toutes choses. À cette fin, nous vous rappelons qu'ou bien vous croyez en Dieu, Premier Créateur, ou bien vous n'y croyez pas. Si vous y croyez, vous devez alors nécessairement réaliser que tout ce qui se produit est le courant conscient de l'Esprit divin. De l'obscurité des moments les plus difficiles à la brillance de l'aube, et de l'ombre des âmes perdues au rayonnement des anges, tout appartient à l'Ordre divin.

Pour faciliter votre processus de transmutation de la densité à la lumière, vous devez, tout en apprenant à vivre les événements avec sérénité et acceptation, chercher la compréhension spirituelle de la vie et de votre séjour dans un corps.

Les méthodes pratiques comportent l'élimination maximale de toutes les conditions toxiques de votre environnement et de toutes les pensées toxiques de votre champ de conscience. Dans le premier cas, cela se fait ainsi:

- Réduire le nombre de tous les appareils électromagnétiques qui interfèrent avec le flux naturel de votre énergie et de vos biorythmes.
- Remplacer les vêtements synthétiques, les aliments artificiels et les produits chimiques de votre environnement par des fibres naturelles, de la nourriture végétarienne complète et des substances organiques.

- Boire de l'eau purifiée, réorganisée au niveau cellulaire par la pensée consciente, par la prière et par la méditation, ainsi que par l'application de formes géométriques sacrées.
- Choisir un environnement harmonieux, avec le meilleur air, le meilleur sol et la meilleure harmonie possible avec la nature.
- Exercer votre corps physique pour qu'il demeure vigoureux, tout en respirant du prana pour illuminer chaque unité cellulaire.

Dans le second cas, cela se fait ainsi :

- Créez des lieux où vous pouvez vous consacrer à l'Esprit. Méditer et respirer adéquatement.
- Choisir consciemment le pardon de préférence à la vengeance, la tolérance de préférence au jugement, l'amour de préférence à la haine, et la confiance de préférence à la peur.
- Vous abandonner à l'amour inconditionnel en aimant sans condition.
- Accepter vos émotions en les soumettant à la pleine lumière de la conscience avant de les libérer par vos centres cardiaques et de les faire entrer dans la Terre pour les guérir.
- Passer du temps dans la nature, aimer les animaux, respirer de l'air pur, contempler la splendeur des arbres et des fleurs, ces cadeaux de l'Éden.
- Chercher la beauté et prendre le temps de célébrer tout ce qui est bon dans votre monde.
- Éviter les êtres de basse vibration qui désirent vous entraîner dans leurs pensées et leurs actions négatives.
- Avoir l'intention, dans toutes vos pensées et vos actions, de servir uniquement le bien supérieur.

C'est maintenant le temps de vous transporter sur les sites sacrés de la Terre, car vous y sentirez les énergies de la planète, des Anciens avec leurs cultes, et de tous les autres qui, comme vous, apportent leur amour et leur lumière à ces vortex. Votre corps énergétique connaîtra une puissante accélération, particulièrement au moment qui suivra la manifestation de la Sainte Croix (juin 2008), et vous ferez l'expérience de l'unité et du lien à Gaïa.

Nous, du Conseil de Sirius et de tous les êtres que nous représentons, sommes heureux d'avoir participer à ce projet. Nous aimerions clore notre participation en vous disant que ce dont vous avez le plus grand besoin en cette époque de changement radical, c'est d'une doctrine de « pensée juste » qui vous permettra de vous focaliser sur ce que vous possédez déjà, sur ce que vous savez déjà et surtout sur ce que vous avez cocréé avec Gaïa, votre mère aimante et immensément puissante. Si vous vous demandez ce qui vous accable, dans le calme de votre esprit centré et de votre corps émotionnel équilibré, vous comprendrez instinctivement que vous avez peur de l'inconnu, de tout ce qui sort de votre zone de confort et du filet de « sécurité » illusoire que le pouvoir jette continuellement sur votre conscience.

On vous manipule pour que vous vous sentiez impuissants et que vous ayez peur des choses les plus insignifiantes, si vous y réfléchissez bien! N'êtes-vous pas d'avis qu'il est de plus en plus difficile de sortir simplement de chez vous?

Chers lecteurs, nous vous disons que, aussi désespérants que vous semblent les événements, tout cela fait partie du processus de l'éveil. Soyez attentifs, mais observez avec détachement ce qui se passe autour de vous. Soyez centrés, calmez les basses émotions. Détournez votre attention de l'horreur et portez-la sur la beauté, sur l'amour et sur les miracles qui vous entourent à chaque instant de votre vie. Surtout, chères semences d'étoiles, rappelez-vous bien que vous avez choisi d'être ici. Vous l'avez choisi en toute connaissance des collines et des vallées que vous auriez à traverser.

Voici venu le temps de vous rappeler, chers enfants de lumière et de beauté.
Voici venu le temps de vous rappeler qui vous êtes vraiment.
Nous vous portons dans notre cœur et dans notre esprit.

Nous sommes le Haut Conseil de Sirius.

Quatrième partie

Invitée spéciale :

Gaia

Si les idées, les pensées et les projets
auxquels vous travaillez sont très individuels,
vous voudrez alors faire appel à tout ce qu'est 2008.
Si vos idées et vos pensées impliquent
plusieurs autres personnes, vous désirerez alors
faire appel à l'énergie de 2009.

L'ANNÉE 2008 et au delà

La Terre-Mère Gaïa

canalisée par Pepper Lewis

Je commence en vous disant ceci : *si vous désirez bénéficier de l'énergie de la nouvelle année, vous devez d'abord vous y soumettre.* Vous devez donc comprendre que votre soi se renouvelle et ensuite accueillir votre nouveau soi. À chaque nouvelle année, un nouveau soi apparaît, une nouvelle version de vous-même. S'il est très simple de consulter le calendrier, de tourner la page et d'écrire sur le nouveau calendrier de l'année 2008 ou 2009 : « La nouvelle année est commencée », il l'est moins de vous observer avant de consulter le calendrier, puis d'entrer dans l'énergie de la nouvelle année. C'est peut-être bien le moment de commencer.

Avant que nous parlions de 2008 et de 2009, vous devez reconnaître qu'un aspect de vous-même s'est complété en 2007. Il ne s'agit pas de dire que vous en avez terminé à jamais avec cet aspect, mais c'est simplement qu'il est complet. Alors, avant d'entrer dans la nouvelle énergie de 2008 et de 2009, demandez-vous ceci : « Est-ce que je sens bien que l'année 2007 a été complétée ? » Il est important que vous y pensiez. Avez-vous complété vos projets, avez-vous rassemblé vos idées, avez-vous pris les décisions que vous deviez prendre en 2007 ? Si vous ne l'avez pas fait, tout n'a pas vraiment été complété. Que ferez-vous dans ce cas ? Les abandonner ? Vous ne le pouvez pas. Vous devez reconnaître les obstacles qui vous ont empêché d'agir et voir comment les surmonter. Ce n'est pas nécessairement ce que vous désirez faire, mais cela veut-il dire que l'énergie de 2008 vous sera interdite si vous ne réglez pas tous vos problèmes ? Aucunement. Cela veut plutôt dire que vous devez déterminer où vous en êtes par rapport à ce que vous avez créé en 2007, afin d'avoir la liberté d'entrer plus facilement en 2008.

L'année 2007 fut aussi une année d'autoexamen, une période de réflexion et d'assimilation de tout ce que vous avez été jusque-là. Ce que l'on vous a dit, ce que vous pensiez qu'était votre but, ce que vous croyez qui vous a fait obstacle, ce que vous croyez qu'ont été vos peurs, et ce que vous avez associé à vous-même, à l'intérieur comme à l'extérieur de vous.

L'année 2008 vous apporte vos plus grandes vérités. Vous n'aurez plus à vous accommoder de moins. L'année 2007 vous a demandé de quoi vous vous accommoderiez et plusieurs ont dit : « De ceci, pas plus. C'est trop difficile, ça n'en vaut pas la peine. Je n'ai pas eu assez de preuves. Pourquoi devrais-je croire? Pourquoi devrais-je continuer? » En 2007, plusieurs ont quitté le sentier, ont abandonné leur poste. Plusieurs ont dit : « Oui, vous pouvez compter sur moi. Oui, je serai là. Je serai le dernier à tenir le coup, je serai le premier homme ou la première femme de la nouvelle Terre. » Mais il s'est produit quelque chose qui a tout rendu trop difficile. Devant les difficultés, certains ont fait volte-face en disant : « Je n'en peux plus. Tant pis! »

Chaque année offre des possibilités, des buts, des probabilités et des décisions. L'année 2008 n'est pas différente des autres, sauf qu'elle les offre avec douceur et facilité. Quand quelque chose est offert plus facilement, vous devez comprendre que c'est plus subtil. Cette année, ou ce qui en reste, requiert donc plus de présence de votre part afin de reconnaître les subtilités.

Je vais maintenant parler en détail de l'année 2008, que j'ai appelée « l'année des petits miracles et des atterrissages en douceur ». En douceur, effectivement, et non des atterrissages brutaux comme en 2007.

Les atterrissages en douceur n'excluent pas les difficultés. Il y aura des moments où il faudra choisir. Au cours de cette année, de nouvelles idées vous seront proposées et s'offriront à votre réflexion. Des idées entièrement nouvelles ou du moins les considérerez-vous comme telles, car elles seront si originales, si uniques qu'une partie de vous dira : « Oh non! C'est impossible. » Ou alors : « Enfin, quelque chose de nouveau. » Vous vous sentirez attiré dans une direction ou dans l'autre. Quand on a des idées uniques, cela crée la potentialité d'expériences uniques dont on peut tirer profit. Ainsi, cette année vous invitera à participer à ces idées d'une manière unique. L'une des façons de le faire, ce sera de prendre cette idée unique et de la concrétiser. Elle deviendra alors une expérience. Votre nouvelle expérience.

En 2007, vous avez eu l'occasion de réévaluer plusieurs situations de votre vie. L'année 2008 vous fournira l'occasion de revivre plusieurs de ces situations, mais différemment. Ce que je veux dire, c'est qu'il y aura de nouvelles potentialités, de nouvelles possibilités, de nouvelles idées et de nouvelles directions. Merveilleux, n'est-ce pas? Cependant, le nouveau requiert du courage, ce dont l'humanité manque un peu en ce moment, particulièrement après une année comme 2007, qui fut plutôt difficile. Il ne sera peut-être pas facile non plus de trouver de quel genre de courage vous aurez besoin.

Voici donc ce que je vous suggère. Pour bénéficier de l'énergie de 2008, vous aurez besoin de prévoir. Par exemple, quand l'idée originale apparaîtra, demandez-vous ceci: « S'applique-t-elle à moi? M'appartient-il d'en tirer profit? » Une partie de vous, dont vous découvrirez qu'elle est nouvelle aussi, répondra à cette question. Comment saurez-vous que c'est le nouvel aspect de vous qui répondra à la question? Votre débat intérieur ne sera plus le même qu'auparavant. « Oui, non, oui, non... Je vais attendre. Je vais suivre un autre séminaire pour voir si cela me convient ou non. Je vais acheter ce livre. Je vais vérifier mes données astrologiques. » Je vous dis que vous le saurez. Vous saurez que c'est maintenant le moment. Vous direz: « Ce message est pour moi. » Vous voyez la différence? Auparavant, vous temporisiez, en attendant que le message ait l'air assez vrai pour que vous ayez l'assurance qu'il s'adresse à vous. Cette année, vous n'avez pas ce loisir. Vous devez savoir. Nous vous disons donc que c'est une année de conscience. *Le Je que je suis sait.* Ce n'est pas une année de devinettes.

« Que saurai-je alors? » direz-vous. Votre intuition vous le dira. Nous ajoutons donc ceci: c'est une année d'intuition. Votre moi intuitif *sait* sans exception. Votre être intuitif ne doute jamais. Si vous doutez, c'est votre mental qui lutte, c'est la dualité résidant en vous. L'intuition vient de l'unité que vous êtes. Elle unifie le cœur et l'esprit. Sachez que l'intuition est liée à la compassion. Elle est la seule dualité qui est également unité. C'est donc une année de compassion où l'intuition domine et vous fournit la clé de toutes choses.

Il existe une intuition extérieure et une intuition intérieure. Les deux sont importantes. L'intuition extérieure valide votre réalité extérieure. Par exemple, si, au moment où vous vous interrogez sur quelque chose, quelqu'un vous téléphone et que la conversation vous fournit la réponse que vous cherchiez, il s'agit là de l'intuition extérieure. L'intuition intérieure, c'est de savoir que vous vivez déjà ce que vous êtes censé vivre. Vous attendiez déjà ce moment. C'est comme de faire une incursion dans le futur.

Ces deux intuitions constituent votre *conscience*. Celle que vous êtes, celle qui sait toujours. L'esprit supérieur. Où intervient votre personnalité? Elle entre en interaction avec ces deux intuitions. Votre personnalité n'a pas d'intuition. Elle utilise simplement la direction intuitive que votre être lui offre et elle l'applique à votre expérience. L'expérience que vous vivez alors alimente en retour votre intuition, qui l'utilise la fois suivante. C'est donc un cycle parfait.

L'année intuitive 2008 vous guidera dans tout ce que vous ferez, de sorte que chaque difficulté que vous rencontrerez sera un atterrissage en douceur. Elle est presque une garantie que vous prendrez la décision adéquate. Cette année, les difficultés ne vous seront pas présentées dans la dualité. L'année 2007 fut assez difficile sous cet aspect. Faire ceci ou faire cela? Aller ici ou aller là? Oui ou non? Plusieurs voies semblaient s'opposer de toutes les façons. Une vérité ou une autre vérité. L'année 2008 est une année d'unité. Elle unira les disparités de votre vie. Elle facilitera la polarité et la dualité, particulièrement celle qui a causé de la souffrance. La dualité de la souffrance sera soulagée en 2008.

Pourquoi des petits miracles? Parce que l'année 2008 comportera plusieurs moments inédits qui n'ont jamais été vécus auparavant et des vérités originales qui n'ont jamais été énoncées. Vous en serez peut-être dérouté au début. Des choses qui d'après vous, ne devraient normalement jamais se produire, pourraient très bien arriver cette année.

D'ailleurs, les énergies viendront de toutes les directions, spécialement du ciel pour ceux d'entre vous qui y sont intéressés. Des messages célestes, des phénomènes célestes. Une année météorique, pourrait-on dire. Ici, je ne peux pas garantir un atterrissage en douceur.

Cela dit, en cette année, la Terre vous semblera plus grande et vous aussi. Vous aurez l'impression de pouvoir dire calmement, après avoir été malmené: « Je peux encore être ce que je suis. » Vous le ressentirez profondément et cela vous mettra en cause. Cette année est liée davantage aux causes qu'aux effets. En 2007, vous avez surtout vécu les effets de décisions prises au cours des années précédentes ou par d'autres générations de votre lignée familiale, ou en d'autres vies et même entre vos existences. Plusieurs de ces pensées et de ces décisions ont eu lieu en 2007 afin que vous puissiez les valider une fois pour toutes, les confirmer ou les abandonner.

C'est pourquoi l'année 2008 vous appartient. C'est une année d'individualité. C'est l'année de l'Un. Mais vous devrez aussi reconnaître que l'un et l'unité sont la même chose. Si c'est l'unité, c'est alors le champ unifié qui vous invite à participer. Oui, c'est une année d'individualité, mais, parce que c'est une année de champ unifié, vous vous sentirez plus grand. Vous vous sentirez déployé. Votre champ de conscience et votre champ d'énergie seront plus étendus. Ils vous porteront plus loin. L'année 2008 est donc une année d'expansion. Si l'énergie s'étend, cela veut dire que la lumière voyage plus rapidement. Si la lumière voyage plus rapidement, cela veut dire également que le temps doit voyager plus rapidement pour accommoder la lumière. L'année passera donc très vite. Aussi bien commencer tout de suite à parler de 2009 puisque 2008 est presque terminée! Auparavant, toutefois, je désire seulement ajouter que certains individus pourront en fait vivre ces deux années pratiquement comme si elles n'en faisaient qu'une.

Puisque 2008 est l'année de la pensée créatrice, de l'intuition qui *sait*, c'est une année accélérée. Si vous comprenez que l'accélération du temps et de la lumière est un instrument pour accélérer la pensée et pour créer, alors 2009 est l'année de la création. C'est l'année où ce qui est créé est expérimenté. Ainsi, si 2008 inaugure la pensée créatrice de tout ce que vous désirez créer et si 2009 en est la pleine expérience, vous pouvez commencer à en profiter dès maintenant.

Voici un autre indice pour savoir si 2009 peut vous être utile ou non. Si les idées, les pensées et les projets auxquels vous travaillez sont très individuels, vous voudrez alors faire appel à tout ce qu'est 2008. Si vos idées et vos pensées impliquent plusieurs autres personnes, la communauté, un partenariat, etc., vous désirerez alors faire appel à l'énergie de 2009. Ainsi, selon ce que vous envisagerez et ce que vous évaluerez, vous saurez si cela vous est utile ou non.

Parlons maintenant d'un sujet spécifique: la science et la technologie.

La science et la technologie

En 2008 et en 2009, de nouvelles technologies vous seront disponibles. Le genre de technologie qui vous facilitera la vie en vous permettant d'effectuer plus rapidement vos tâches domestiques. Le genre de technologie qui vous donnera l'illusion d'avoir plus de temps dans une journée. Le temps étant une illusion, ce sera donc faux.

Ces technologies seront plus faciles à maîtriser que celles du passé. Par exemple, une technologie d'activation par la voix et une technologie holographique*. La science et la technologie holographiques sont devenues d'usage public au début de 2008. Les systèmes médicaux s'en serviront aussi. Désormais, lorsque vous devrez, par exemple, subir un test par IRM (imagerie par résonance magnétique), vous entrerez dans une chambre holographique qui ne requiert pas l'IRM physique. L'environnement holographique va simuler l'IRM et même produire de meilleurs résultats. Pourquoi de meilleurs résultats? Parce que le corps sera moins stressé et aussi parce que les pensées associées à toute pratique médicale désactivent immédiatement la conscience du corps.

---

* Le 22 janvier 2008, le prince Charles est apparu par hologramme au Sommet mondial sur l'énergie d'Abu Dhabi.

Ainsi, une nouvelle intelligence, l'intelligence holographique, sera utilisée dans de très nombreux domaines puisqu'elle peut s'appliquer à tout. Un autre exemple: vous pourrez projeter des photographies tridimensionnelles. Actuellement, vos appareils photo saisissent un moment et le placent sur un support papier ou sur un support informatique. Vos photographies seront bientôt tridimensionnelles. Tous les types d'image. Or, si l'on peut projeter holographiquement une image tridimensionnelle et la rendre vraiment très réelle, n'êtes-vous pas proche de la dimension suivante? Vous l'êtes, en effet.

« Mais où est donc la cinquième dimension? demanderez-vous. Quand y entrerons-nous? Comment le saurons-nous? Y sommes-nous déjà? » Dans ce que vous appelez la quatrième dimension, le temps s'accélère si rapidement, tout comme la lumière qui l'accompagne, que la cinquième dimension, soit l'expérience du temps et de la lumière créant une nouvelle dimension, est pratiquement là. Ainsi, cette année, vous pouvez commencer à parler de cinquième dimension. Vous pouvez la nommer ainsi: *la cinquième dimension expérientielle.*

Voici un autre exemple qui vous aidera à mieux comprendre. Imaginez pendant un instant que vous partez de chez vous pour aller dans une autre ville. À un moment donné, vous vous demandez si vous avez bien fermé votre porte à clef. Eh bien, vous pourrez bientôt apporter avec vous une copie holographique de votre maison! Ce sera comme un souvenir vivant de celle-ci! Vous pourrez vérifier immédiatement si vous avez fermé votre porte à clef, si vous avez oublié quelque chose sur le comptoir de la cuisine. Vous trouvez cela incroyable? Si vous y pensez bien, cela vous semblera presque indispensable... et c'est justement là le danger. Le danger de toutes les technologies, c'est qu'elles deviennent presque indispensables. Votre téléphone cellulaire vous est-il maintenant indispensable? Vous y êtes très attaché. Vous êtes très attaché à plusieurs des technologies qui vous facilitent l'existence.

Essentiellement, la plupart de ces technologies ont rempli votre vie et ne l'ont pas nécessairement simplifiée, malgré les apparences du contraire. C'est aussi le danger des nouvelles technologies. Elles semblent vous simplifier davantage la vie et, en ce sens, en vaut la peine. Vous ne pourrez les éviter. Vous ne pouvez échapper au nouveau.

Le plus que vous puissiez faire si vous ne voulez pas y participer, c'est de marcher à ses côtés, mais vous ne pourrez l'éviter. Si vous essayez, vous deviendrez un marginal plus minoritaire, une statistique plus infime, et la vie commencera à vous effacer. Cela peut sembler impossible, mais ce ne l'est pas. La vie qui est créée maintenant l'est par la conscience et l'inconscience des masses, et si vous vous en soustrayez, vous vous privez de l'accès à cette conscience et à cette inconscience. Les champs qui vous créent rétrécissent de plus en plus. Les champs moléculaires et atomiques qui créent votre corps font aussi partie de ce qui crée tous les autres corps et tous les autres esprits. Vous comprenez?

Pour en revenir à 2008, vous verrez, si vous vous y intéressez, que la science assouplira ses frontières. Vous découvrirez que la communauté scientifique acceptera des théories qui n'auront pas été prouvées. Que se passe-t-il? C'est que la partie du cerveau des scientifiques qui *sait*, le cerveau intuitif, se développe. Ce n'est plus de la science dure. L'une des raisons pour laquelle la science demeurait aussi dure tient au financement. Maintenant, le financement est plus facilement disponible pour la science qui suit sa nature intuitive. Cela mènera à la *science intuitive*. Les métaphysiciens, les physiciens et les autres scientifiques s'uniront en « rencontres » de l'esprit. Les esprits métaphysiques et les esprits physiques ne sont plus très loin les uns des autres.

Il existe déjà des laboratoires, des « think tanks » (ou groupes de réflexion), qui œuvrent en ce sens. L'information qui en émane est connue surtout en dehors des États-Unis. Avez-vous remarqué que, aux Etats-Unis, l'on préfère le secret? Dans les autres pays aussi, sauf qu'ils savent moins bien le garder. Ce pays excelle en matière de secret. C'est ainsi qu'il garde pour lui ce qu'il croit être la meilleure science.

Il n'en sera plus ainsi très longtemps car la science elle-même désire la transparence. Elle veut être entre les mains de ceux qui peuvent agir et entrer en interaction avec elle. La science est intelligente. Elle est un quotient d'intelligence. Saviez-vous que le QI est une entité en soi qui est répandue dans toute l'humanité? Ceux qui puisent à cette entité, à ce quotient, paraissent plus intelligents que les autres. En fait, ils ne sont pas plus intelligents; ils sont simplement aptes à participer à ce quotient, à ce grand champ d'entité. D'où vient l'énergie de ceux que vous appelez des savants idiots? Ils ont un champ de résistance moindre. Ils puisent à l'intelligence et à la créativité comme champ de conscience. Ils ne sont pas limités par lui. Mais, dans son ensemble, l'humanité croit que l'intelligence vient de ce qu'elle a étudié, de ce qu'elle a appris. C'est ce qui l'empêche de croître et de progresser.

Le moment présent

Ce mouvement que vous appelez le Nouvel Âge a accompli des merveilles pour l'accélération de la conscience, mais il n'a pas fait grand-chose pour le moment présent. Il a tenté de lier l'ancien au nouveau sans permettre au moment présent d'exister. Ainsi, essentiellement, il a créé un fossé, une bulle. Parfois il vit dans cette bulle et parfois sans elle. Le Nouvel Âge vit dans le passé et l'avenir lointains, mais ne choisit pas souvent d'être dans le moment présent. Celui-ci est associé à la santé et au bien-être, à la motivation et à la conscience. En fait, il est le seul moment qui le soit. Il est donc important pour ceux qui lisent ces lignes de simplement être. Pourquoi est-il si important d'être dans le moment présent? Parce qu'il contient tout. Il détient toutes les clefs, toutes les pensées. Votre avenir n'est pas là-bas; il est ici, maintenant, en ce moment. Votre santé et votre bien-être également.

Vous devez vous rendre compte qu'une partie de la raison pour laquelle la guérison ne progresse pas, c'est que l'humanité se demande si elle ira mieux demain. Cette seule question éloigne davantage la guérison. Si vous faites des guérisons à distance, éliminez la distance. Comblez le fossé. C'est la distance qui retarde la guérison. La lumière ne met pas grand temps à parvenir quelque part. Plus vous voyagerez à la vitesse de la lumière, sans penser à l'évaluer, plus rapidement vous connaîtrez l'expérience. Tout ce qui est associé à une certaine durée deviendra vraisemblablement désuet.

La Terre et ses ressources

Certains lecteurs seront étonnés de ce qui suit. Comme vous le savez très bien, les ressources que vous possédez maintenant ne sont pas surabondantes, mais elles ne sont pas non plus insuffisantes comme on vous l'a fait croire. Il y a de l'eau en abondance. Il n'y en a pas nécessairement partout où il y en a déjà eu, mais il y en a beaucoup. Même si vos rivières et vos lacs sont pollués, et vos océans moins purs, il y a toujours suffisamment d'eau. Vous devez donc absolument reconnaître que si vous croyez à la pénurie des ressources, vous croirez vraisemblablement à la pénurie de tout le reste. Si vous croyez que vous allez manquer d'eau, vous en manquerez. Si vous croyez au manque d'argent ou de ressources, vous aurez très probablement l'impression qu'il y a pénurie d'eau. Même si ce n'est pas le cas, ce sera réel pour vous. Vous devez donc rétablir votre relation avec les ressources afin de jouir de l'abondance. La Terre est une ressource entière. Elle est faite de ressources. Vos pensées sont des ressources. Votre corps est une ressource. Votre vie est pleine de ressources. Vos croyances concernant votre vie sont limitées, et les ressources limitées viennent des croyances limitées. Je vous dis donc que les ressources de la Terre sont abondantes. Il est important que vous le sachiez maintenant. S'il en est ainsi, où se trouvent-elles? Elles se trouvent où elles sont censées se trouver pour l'instant. Vous deviendront-elles disponibles? Oui. Seront-elles possédées et contrôlées? Pour un temps. Les ressources de la planète vous appartiennent-elles? Oui. Pouvez-vous en revendiquer la possession? Non. Ce qui importe donc le plus, c'est une nouvelle relation avec ces ressources.

Commencez par vous considérer comme l'une des ressources de la Terre. Une ressource illimitée dans son pouvoir et dans son potentiel, dans sa capacité de donner et de recevoir. Reconnaissez cela comme une ressource. Vous êtes une provision illimitée et vous avez droit à donner et à recevoir un approvisionnement illimité. Mais vous devez reconnaître cette vérité. Non pas la croire, car si vous la croyez, elle deviendra aussi un système de croyances. Elle doit être ce que vous êtes. Dites ceci :

Je suis une provision illimitée. Je suis indispensable à la Terre et, en tant que compagnon ou compagne de l'humanité, je la complète. En tant que compagnon ou compagne de tous les autres règnes et éléments, je la rends entière. Je participe ainsi à l'ensemble. L'ensemble soutient ce que je suis et j'en suis une partie intégrante.

C'est cela, être plein de ressources. En comprenant les choses ainsi, vous ne connaîtrez aucun manque, mais vous aurez besoin de redéfinir les ressources. Vous croyez que l'argent en est une, mais il n'en est pas une. Il n'est qu'un moyen parmi d'autres. C'est une simple commodité et l'on n'en manque pas non plus. Vous savez qu'on en imprime constamment. Si on en imprime en quantité illimitée, vous pouvez donc en créer autant. Vous le percevez comme limité parce que vous vous percevez ainsi. Si vous vous croyez limité, l'approvisionnement l'est aussi. Si vous croyez que ce que vous avez à donner est limité, ce que vous êtes capable de recevoir est également limité.

Les ressources de la Terre se reconnaissent comme infinies, elles se refont là où c'est le plus utile, le plus nécessaire. C'est l'évolution. La définition de l'évolution, c'est que ce qui est parfait se perfectionne encore, devient encore plus utile. C'est le constant déroulement de l'entièreté se faisant encore plus entière.

C'est l'infini devenant éternel. L'infini et l'éternité ne sont pas une même chose. L'infini est lié au temps. Un temps infini reste donc toujours du temps. L'infini n'est infini que dans la mesure où le temps l'est. L'éternité n'a jamais existé dans le temps. L'éternité, c'est ce qui ne fut jamais et qui ne sera jamais, ou alors ce qui fut toujours et qui sera toujours. L'éternité contient l'infini. L'éternité ou, si vous préférez, la lumière contient le temps. C'est pourquoi le temps continue à s'accélérer. Il est contenu dans quelque chose de plus grand qui l'accélère. Qu'est-ce qui accélère le temps? Ce doit être une force plus grande que lui. Vous êtes éternel. Votre esprit est infini. Vous n'êtes donc pas votre esprit. Et votre esprit, qui continue à s'étendre dans des sphères de conscience plus grandes, désire atteindre l'éternité. C'est pourquoi l'évolution continue.

Ainsi, dans ce bond évolutif qui est sur le point de se produire et qui se produit déjà, la conscience, ou l'esprit infini, se joint à la lumière afin de bondir en avant dans une expression de l'éternité. On peut appeler cela un *bond évolutionnel*. On ne vous l'a pas tout à fait expliqué ainsi, n'est-ce pas? Mais vous devez comprendre ce que vous êtes et ce que vous devenez. Si tout cela est infini et éternel, alors vos ressources le sont également. La Terre aussi, tout comme ce qu'elle est capable de vous donner.

À toute époque de l'humanité, en tout lieu et quelle qu'ait été la disposition des continents, que ce fût en Lémurie ou en Atlantide, il y a toujours eu des ressources. Ces mondes n'ont pas existé sans ressources. Ces dernières se sont reconstituées. L'évolution en a fait disparaître certaines et apparaître d'autres. Il en sera de même en cette époque. Mais ce n'est pas que les ressources diminuent ou n'existent pas. Tout ce qui compose la Terre et les autres planètes existe en abondance. Ici et là, ces éléments se combinent à nouveau afin de mieux vous servir. Ainsi, les ressources vont maintenant changer. Même le contenu de l'eau doit changer. Ainsi, une eau qui contient davantage d'oxygène est emmagasinée pour vous sous la terre. Pas très loin sous la surface se trouve de l'eau pure oxygénée. Des rivières, des lacs. Aussi grands que certains de vos océans.

Il n'y a pas de pénurie d'eau sauf à la surface. On voudra donc en emmagasiner. Il y a des années, je vous ai dit que l'on déclencherait des guerres pour une goutte d'eau. C'est bien ce qui arrivera. Aujourd'hui, des pays se font la guerre pour une goutte de pétrole, mais cette situation achève. Ils poursuivront toutefois leurs guerres pour d'autres ressources. La beauté de la chose, c'est que d'autres aspects de l'eau seront mis en valeur. On mélangera des gaz à l'eau pour créer un environnement brumeux, de sorte que l'humanité pourra s'hydrater sans boire d'eau. Vos pores absorberont une eau plus saine, qui préservera la souplesse et la fraîcheur de votre corps, même avec le réchauffement planétaire. Au moment où vous lisez ces lignes, cette technologie est à l'examen et à l'essai. Pourquoi ne vous est-elle pas disponible? Parce que l'on ne sait pas encore comment vous la vendre, mais cela viendra.

Parlons maintenant un peu du pétrole. Sachez que cette ressource ne sera plus très longtemps utilisée. Ceux qui se battent pour elle se retrouveront avec un énorme approvisionnement et très peu d'acheteurs. Malheureusement, ce n'est pas pour les prochaines années, mais ce n'est pas si loin. Finalement, même ceux qui y investissent s'en désintéresseront au profit d'autres ressources. En devenant plus créatif, l'esprit se tournera vers les ressources d'autres planètes et d'autres mondes afin de les rapporter ici. Et il y parviendra. Des ressources qui sont plus abondantes sur d'autres planètes seront rapportées ici et examinées, et l'on en constatera la valeur. Ce que vous considérez actuellement comme très précieux le sera beaucoup moins. J'irai même jusqu'à dire que le genre de maison où vous vivez et que vous privilégiez changera également. Dans l'avenir, les maisons se trouvant à la surface de la Terre ne présenteront plus beaucoup d'intérêt. Celles qui seront construites à l'intérieur de la Terre, à même la terre, et qui seront rafraîchies ou réchauffées par la planète et soutenues par elle, seront très en vogue. Avis à ceux et celles d'entre vous qui aiment lancer des tendances.

C'est que la surface de la Terre sera beaucoup moins intéressante dans quelques années. Il y aura donc un grand mouvement des populations. Actuellement, les gens cherchent un logement dans un autre quartier ou dans une autre ville pour des raisons financières ou environnementales, mais cela changera. En 2008, une migration de l'humanité débutera, les gens changeront de pays ou de continent. Pour les uns, ce sera une décision consciente; pour les autres, il s'agira simplement de satisfaire un désir inconscient.

Alors que se feront ces grandes migrations – et je vous assure qu'elles seront importantes – , des pays qui, auparavant, ne fixaient pas de quota à l'immigration en imposeront désormais. Et votre Amérique du Nord, qui a imposé un grand nombre de sanctions à d'autres, s'en verra imposer à son tour. Pourtant, les gens qui devront déménager le feront. Ils iront où ils pourront.

On verra un mouvement vers l'Amérique du Sud. Ce continent recevra beaucoup de citoyens d'autres pays, et son économie s'en portera

…sieurs des pays actuellement considérés comme des pays en …ement ne le seront plus. Ce n'est pas simplement parce que les … …nts y apporteront de l'argent. C'est parce que l'on y a déjà une nouvelle vision des ressources. Les ressources considérées comme nécessaires ne sont plus les mêmes. On commence à comprendre que l'humanité elle-même est une ressource. Parce que l'Amérique du Nord, principalement les États-Unis d'Amérique, ne considère pas ses citoyens comme une ressource, et parce que l'estime de soi de chaque individu augmente, les gens voudront se trouver là où on les reconnaîtra comme ressource. Cela provoquera un changement.

Ce changement de ressources entraînera un changement économique. Si les pays du Sud reçoivent davantage de gens et de ressources, ils pourront financer davantage de projets. Voici un indice qui vous guidera. Les pays qui croient déjà à l'épuisement de leurs ressources ont beaucoup investi financièrement dans la conquête spatiale, tandis que les pays qui croient posséder suffisamment de ressources ou qui ont confiance en l'humanité investissent dans le développement terrestre et infraterrestre ainsi que dans les sciences de la Terre.

Les sciences de la Terre

Les jeunes gens qui cherchent une façon de se rendre utiles émigreront au sud et suivront la route des ressources terrestres. La Terre et l'humanité comme ressources, ensemble. Ils restaureront la Terre et la rendront de nouveau généreuse. L'hémisphère Sud offrira au monde davantage de produits naturels. Quant à l'hémisphère Nord, d'autres formes de culture, qui seront d'abord considérées comme artificielles, finiront par devenir la norme.

Pour pousser un peu plus loin mes explications, j'affirme que vous n'avez pas nécessairement besoin de la Terre pour produire votre nourriture. La culture que vous appelez hydroponique atteindra un statut supérieur. Une autre science y sera associée. Et vous commencerez à voir que ce qui est cultivé peut l'être davantage avec l'hydratation et des molécules d'air, de l'oxygène et des molécules d'air dans lesquelles on a infusé des minéraux. Vous n'aurez pas besoin de la Terre elle-même pour cultiver. En voyez-vous tous les avantages? Les ressources ne seront plus les mêmes. Il n'y aura plus autant de terres consacrées à la culture et à l'élevage. Des installations serviront à faire croître une végétation nourrie par des molécules d'air oxygénées et des minéraux, ce qui constituera une nouvelle forme de culture.

Désirez-vous apprendre quelque chose d'intéressant que très peu d'entre vous savent déjà? Afin de rendre votre alimentation plus nourrissante encore, les produits seront cultivés la tête en bas! Autrement dit, les racines seront en l'air et le produit cultivé sera en bas. Ainsi, les racines pourront boire ou recevoir de l'humidité, ce qui facilitera la croissance. Imaginez donc pendant un instant que vous entrez dans un grand environnement circonscrit, où des plants de tomates croissent à l'envers, les racines en l'air, nourris de molécules d'air et d'eau imprégnées de minéraux. Voilà votre avenir. En fait, ça existe déjà. Cette technologie a été développée parce que l'alimentation qui vous est disponible actuellement n'est pas très nourrissante.

D'où croyez-vous que viendra cette technologie? De l'espace. Cela vous étonne? Elle existe déjà dans vos stations spatiales, où elle fonctionne très bien et où l'on sait qu'elle sera nécessaire un jour sur la Terre. Cela dit, vous vous posez sûrement la question suivante: la lumière du soleil n'est-elle pas nécessaire à la croissance des plantes? C'est vrai qu'elles auront besoin de lumière. Il existe des formes de lumière qui ne sont ni artificielles ni organiques. La lumière peut être exprimée de diverses façons. Les rayons du soleil peuvent être captés, réfléchis, réfractés. Si vous pouvez vous réchauffer les mains à la lumière ou à la chaleur solaire, vous pouvez faire bien davantage. À propos, quand je parle d' « environnement circonscrit », vous pensez à un genre d' « entrepôt », mais je veux simplement dire qu'il ne sera pas exposé aux éléments extérieurs.

Imaginez donc quelque chose qui ressemblerait un peu à un édifice sans en être un. Quelque chose fait d'un matériau très léger, des fibres et des filaments qui absorbent la lumière et la reflètent différemment. Et si toute cette structure recevait la lumière solaire? Et si les murs reflétaient la lumière solaire? Ne serait-ce pas intéressant? De plus, si cet « édifice » peut être conçu ainsi, d'autres ne peuvent-ils pas l'être de façon à se réchauffer ou à se refroidir en conséquence sans utiliser d'électricité? Et si l'on pouvait attirer magnétiquement la lumière du soleil et tous les éléments requis pour chauffer ou refroidir et les emmagasiner? Devant un manque éventuel de certaines ressources que l'on doit présentement cultiver à l'extérieur, ce ne peut être négatif. C'est un mode de culture différent. Il deviendra nécessaire, mais n'en soyez pas assombris. Voyez-le plutôt comme un nouveau mode d'expression des choses.

Les changements terrestres

Après avoir parlé des nouvelles ressources qui vous deviendront disponibles, il faut peut-être maintenant évoquer les autres changements qui surviendront. Parlons donc des changements terrestres. Les séismes se poursuivront avec une magnitude accrue. En 2008, les tremblements de terre d'une magnitude de 8 à 8, 5 seront plus fréquents. Ils ne seront cependant pas tous destructeurs. Puisque la lumière augmente, la densité doit décroître, mais sa prévalence en certains endroits provoquera des séismes. La tension ainsi créée causera davantage de tremblements de terre en Indonésie. Il y aura davantage de failles sous-marines dans des régions qui ne sont pas encore étudiées, mais qui finiront par l'être. Certaines fissures sous les océans ouvrent le cœur même de la Terre. Celui-ci tourne de plus en plus rapidement, générant ainsi davantage de chaleur. Comme vous le savez, le réchauffement global n'est pas un phénomène causé uniquement par l'homme. Il fait partie du bond évolutif et il est approprié. Si votre corps s'étend, accroissant sa lumière de façon exponentielle, la Terre doit faire de même. Le cœur de la planète augmente donc sa chaleur, générant davantage d'énergie montant à la surface. Ce phénomène accroît votre accès à de nouvelles ressources car il les pousse vers la surface, ce dont vous avez besoin, mais il crée en même temps des bouleversements terrestres, ce dont vous avez peur.

Toute la Terre continuera donc à se régénérer et à renouveler ses ressources. Les régions sujettes aux tornades et cyclones en subiront davantage. Celles qui sont sujettes aux ouragans en subiront aussi davantage. Quant à celles qui s'attirent les séismes, on assistera à une anomalie, car il s'en produira dans des régions jusqu'ici épargnées. C'est lié à la rotation et à la chaleur du centre terrestre. Les vents seront également un facteur partout dans le monde et particulièrement dans tous les déserts. Les vents du désert seront de plus en plus violents. Les couches de sable et les minéraux qu'ils transportent s'élèveront dans les nuages pour aboutir ailleurs. Il y aura donc des tempêtes de sable dans des régions où il n'y en a jamais. Certains minéraux seront ainsi redistribués en des endroits qui en ont besoin. Dans certaines régions, on comprendra le rôle de ces vents, mais dans d'autres, on tentera de les contrôler. Dans certains cas, ils apporteront le feu. Vous en avez eu un exemple en Californie en 2007 et à nouveau en 2008. Cela se produira aussi sur d'autres continents.

Vous devez comprendre que les ressources et les éléments doivent trouver un nouvel équilibre et que l'humanité doit contribuer au processus. Dans les lieux où les gens le reconnaîtront, ils en bénéficieront; sinon, ils souffriront. Devenez dès maintenant les compagnons de tout ce que vous voyez et de tout ce que vous ne voyez pas. Devenez les compagnons de tous les éléments et de tous les royaumes. De sorte que toutes vos ressources puissent maintenant être efficaces. Vous pouvez autoriser les autres règnes et les éléments à soutenir l'humanité. Autorisez le règne animal à reconnaître son pouvoir et à vous prêter sa sagesse. Autorisez le règne végétal à se renouveler et à s'imprégner des substances nutritives vitales dont vous bénéficierez. Et autorisez votre propre conscience, dans tout ce que vous faites et dans tout ce que vous êtes, à reconnaître qu'elle est déjà parfaite. Non pas en 2012. Non pas l'an prochain. Maintenant. Elle est parfaite parce qu'elle est l'évolution en voie de perfectionnement. Ainsi, chaque ressource dont vous avez besoin non seulement vous sera apportée, donnée, mais elle sera déjà vous. Ce sera naturel. C'est ainsi que l'on est naturellement plein de ressources. C'est organique. Ce qui vient de l'intérieur est organique. Une pensée originale est organique. Et l'année 2008 étant une année originale, une nouvelle année, une année de nouvelle pensée, elle est également organique. De l'intérieur à l'extérieur.

Soyez la vérité

Servez-vous donc à votre avantage de cette année 2008, l'année Un, l'année de la pensée originale. Déterminez votre vérité et soutenez-la. Et si la vérité change le lendemain, embrassez cette nouvelle vérité. Ne lui résistez pas. Ne dites pas simplement que ce qui était vrai hier doit l'être encore aujourd'hui. Toutes les vérités seront réexaminées au microscope. Par conséquent, si vous faites une simple déclaration que vous considérez comme vraie, par exemple que tous les politiciens sont des menteurs, alors la partie de vous qui croit au changement politique ment également. Vous faites partie de tout cela: *tous les systèmes, toutes les vérités et toutes les faussetés.* Si vous croyez que ce qui est corrompu déchoira, tant mieux. Alors, ce qui est corrompu en vous déchoira aussi. Tant mieux. Embrassez alors la vérité supérieure. Ce qui est plein de vérité et d'intégrité ne vous fera pas défaut. Cela vous soutiendra. Mais là où le changement doit survenir, il *surviendra.*

Ainsi, quand des promesses ne seront plus tenues sur une grande échelle, vous serez portés à ne plus tenir les vôtres ainsi que vos nombreux engagements. Vous verrez que ce sera très intéressant. Si nous vous disions, par exemple, que toutes vos dettes ne sont plus percevables, fourniriez-vous quand même un paiement pour vos achats effectués à crédit? Cette question s'adresse à votre intégrité et à votre vérité. Si toutes les promesses faites à ce sujet peuvent tomber parce que d'autres ne tiennent pas les leurs et si la loi ne peut plus les faire respecter, quelle loi vous guidera? Combien profonde est votre vérité? À quelle hauteur se situe votre intégrité? Si, par exemple, vous avez emprunté cent dollars à votre voisin, votre intégrité vous commande-t-elle de le rembourser? Mais si vous avez emprunté de l'une de ces satanées compagnies de crédit, vous dites-vous qu'elle peut se passer de vos cent dollars? Voilà les vérités et les questions que vous devrez affronter. Cela débutera cette année. Quelles sont vos obligations et quelle est votre vérité par rapport à vos obligations. Cette année, vous ne serez appelé qu'à l'évaluer. L'année suivante, en 2009, vous serez mis à l'épreuve.

Manquerez-vous à vos engagements parce que les représentants de certains pays ne respectent pas les leurs? Par exemple, est-ce que votre engagement envers votre partenaire vous lie par la loi ou par une simple promesse? Quel est l'élément qui vous lie? C'est la question qui se posera.

Souvenez-vous de ce que je vous ai dit plus tôt: ce sera l'année des petits miracles et des atterrissages en douceur. Cette année, vous vivrez de petits miracles. Alors que certaines lois tomberont d'elles-mêmes parce qu'elles ne servent plus à personne, vous y gagnerez. Vous serez le récipiendaire de petits miracles. Des petits héritages. Des petits vides dans la loi qui seront trouvés par d'autres et dont vous profiterez. Des impôts temporairement suspendus. Un petit miracle, juste à temps. Tout cela à cause d'un adoucissement de certaines restrictions auxquelles vous devriez autrement vous soumettre. Vous atterrirez aussi en douceur quant aux prochaines ressources. Tout cela est en changement. Profitez de ces atterrissages en douceur et de ces petits miracles. Et en même temps, n'allez pas croire que toute l'année sera ainsi. Il y aura des moments. Et les subtilités se présenteront d'elles-mêmes. Sachez les reconnaître quand elles se présenteront. Ne les attendez pas. Par définition, un miracle est quelque chose d'inattendu.

La spiritualité et la religion vous réserveront également quelques surprises. Parce que plusieurs des dirigeants et des gouvernements mondiaux impliqués dans des guerres ne peuvent parvenir à s'entendre sur une façon de mettre fin aux hostilités, les dirigeants qui sont liés à la religion voudront venir à la rescousse. Ceux qui paraissent impartiaux – et certains le sont – désireront contribuer verbalement au processus de paix. Ils se réuniront, parfois secrètement et parfois publiquement, pour essayer de faire entendre une seule voix, *celle de la paix*. On n'en fera pas l'affaire d'une religion ou d'une vérité. On voudra plutôt s'engager dans la vérité. Une voix.

Cela semblera avoir un certain succès, mais, comme c'est le cas actuellement pour plusieurs choses qui impliquent la polarité, quelques-uns sembleront rester absents ou silencieux devant cette occasion importante et très visible. Quand cette absence sera manifeste, le résultat sera à l'opposé de ce qui est attendu. Cela vous montre à quel point une voix bien placée est importante puisque son absence change le cours de l'histoire.

Et ainsi les voix absentes ou mal placées, combinées à celles qui disent un peu trop directement une vérité qui n'est pas celle de tous, provoqueront un certain nombre de calamités. Les religions qui tenteront apparemment de s'unir en une seule voix tomberont. Et certaines tomberont plus durement que d'autres. Durant cette chute, comme dans une escarmouche, elles tenteront toutes de se justifier plus rapidement les unes que les autres, d'émettre la déclaration la meilleure, de présenter le meilleur visage. Et sur ce visage ne brillera ni la lumière ni la vérité. Ce qui aura semblé sauver la situation et mettre fin à la guerre en déclenchera vraisemblablement une autre.

Il est donc important de reconnaître la vérité. De la dire, de la porter, de la partager et de l'embrasser. S'il y a des secteurs de votre vie où vous pouvez installer la paix, faites-le cette année. Cela aura un énorme effet sur la Terre, sur les événements qui se dérouleront en cette année 2009. Où la vérité accueille la vérité, l'amour et la compassion, parlez clairement; non pas fort, mais clairement. Cette énergie se transmettra. Moi, la Terre, je peux l'employer. Vous le pouvez aussi. Si vous désirez voir la paix, soyez la paix dans votre cœur et dans votre vie. Il y a des secteurs de votre vie où vous le pouvez. Tout autant que tous désirent ardemment voir la nouvelle lumière, la nouvelle vérité, la nouvelle lune et la nouvelle beauté des étoiles, trouvez-la à l'intérieur de vous. Partagez-la. Guidez-la. Exhibez-la. Il y a peu de choses qui ne méritent pas une main compatissante. Une voix douce qui répand la même douce vérité.

Certains s'attireront toujours de dures réalités, mais il vaut mieux choisir maintenant entre le vent doux et le vent violent. Pourquoi tant de vents naissent-ils dans le désert? C'est parce que plusieurs sont dénués de vie. Et ainsi les vents sont transportés là où il y a de la vie. Mais souvent la vie s'accompagne du chaos. Cependant, il y a aussi dans ces déserts une vérité murmurée. Celle-ci est aussi transportée, légèrement, aux quatre coins de la Terre.

Je ne pourrai jamais le répéter assez: cette année qui se déroule sous vos yeux possède un fort potentiel de vérité nouvelle. Cependant, pour embrasser le nouveau, vous devez aussi le devenir. Vous ne pouvez vous contenter simplement d'en observer l'avènement, de dire: « Gaïa avait raison, voyez ce nouveau dont elle parlait. » Non. Soyez le nouveau. Appropriez-vous les nouvelles technologies. Utilisez-les. Utilisez à votre avantage les nouvelles découvertes médicales. Appropriez-vous le confort offert par la vie. Abondamment. Ne vous contentez pas de la petitesse de la vie. Si vous êtes grand, soyez grand. Si vous donnez avec grandeur, sachez recevoir de la même façon. Ne vous mesurez pas de la même façon dérisoire comme par le passé. Si vous êtes en manque de quelque chose, vous ne vivez pas avec grandeur. Il existe une mesure pour vous. Soyez le réceptacle des miracles, petits et grands. Soyez vous-même l'abondance. L'abondance du Tout.

Je vous offre la vision et toute l'expérience dont vous pouvez profiter. Et je vous donne en des moments comme celui-ci tout ce qui peut être donné. Tout ce qui ne vous prive pas de votre libre arbitre. Tout ce qui ne vous prive pas de votre propre avantage, de votre propre aventure. Et pourtant, au-delà de cela, vous devez puiser en vous-même la lumière que vous êtes. Mais quand vous évaluerez votre propre lumière, j'espère que vous vous verrez comme je me vois moi-même. Car je vois votre cœur plus grand que le mien. Votre lumière est plus grande que la mienne. Comme une étoile qui brille, elle reconnaît une vérité plus grande. Que cette année soit inspirée par cela.

Vous avez tant d'attentes pour l'année 2012. Vous le répétez sur tous les tons. Mais vous devez d'abord y arriver! Vous n'y arriverez pas dans ces véhicules. Ils ne vous conviennent pas très bien. Si vous ne permettez pas ces changements maintenant, ce sera très difficile quand l'année 2012 arrivera. Il vaut mieux ne résister à aucun de ces changements. Consentez à être différent, à changer. Consentez. C'est tout ce qui est nécessaire.

Soyez… consentant. Votre consentement vous dirigera. L'agir en résultera. Il s'agit simplement de suivre les étapes.

Supplément
À propos de la disparition des abeilles

– *Comme tout le monde, j'ai souvent entendu parler de la disparition de la population des abeilles. Plusieurs émissions de télévision ont même consacré du temps sur ce sujet. J'ai également entendu l'opinion de spécialistes, de fermiers, de journalistes et même plusieurs* channels *ont donné des informations à ce propos. Toutefois, il restait pour moi plusieurs questions sans réponse. L'information qui suit est, non seulement ce que je crois être ce qu'il y a de plus crédible sur le sujet mais va bien au-delà du phénomène de la « disparition » des abeilles. Ce texte nous montre l'importance de l'environnement pour notre propre évolution. On n'imagine pas à quel point l'équilibre de tous les règnes est important pour la stabilité de l'humanité.*

La dernière rumeur sur les abeilles

Parfois le silence parle plus fort que tout. Par leur absence même, les abeilles ont parlé et elles continuent de le faire. Leur offrande à l'humanité est des plus précieuses, car leur fonction est sans égale et leur perte serait incommensurable. Qui ou quoi pourrait les remplacer dans l'œuvre incessante qu'elles accomplissent au nom de la nature et produire les mêmes résultats quotidiennement? Leur mystère a déconcerté autant les philosophes et les poètes que les mathématiciens et les métaphysiciens. Tout semble avoir été dit et théorisé à leur sujet.

Les abeilles habitent cette planète depuis plus longtemps que l'humanité. Elles ont aussi existé ailleurs, particulièrement là où l'humanité (ou une version d'elle) était présente, y compris sur d'autres planètes de ce système solaire. Le comment et le pourquoi de leur apparition constituent un sujet au moins aussi intéressant que la raison de leur disparition. Peut-être trouverez-vous un lien dimensionnel tandis que nous examinerons leur message.

Les abeilles sont aussi pures que le miel qu'elles produisent. Elles constituent une espèce très évoluée, qui s'est élevée dans les règnes de la nature ainsi que dans la toile de la vie. Leur société est supérieure et idéale sous plusieurs aspects. Symboliquement, elles représentent le disciple fidèle œuvrant au perfectionnement de l'ensemble, lequel sert autant le multiple que l'un. Le disciple (l'ouvrier) prépare le miel (le nectar), la nourriture la plus délectable et la plus unique, qui est extraite de la fleur (l'univers). Si vous observez les abeilles assez longtemps, elles vous enseigneront comment extraire le miel de votre propre existence en élevant votre esprit et en l'emplissant du parfum délicieux et enivrant des vibrations supérieures de la vie.

Aucun autre insecte ne ressemble aux abeilles. Elles ne sont pas nées de cette terre plus que vous, et les mystères qu'elles protègent ne sont pas différents de ceux qui vous échappent encore. La nature offre toujours un miroir, un reflet d'elle-même, comme pour feindre l'illusion de la singularité de la vie. En ce qui concerne les abeilles, elle a offert la guêpe comme contrepartie ou cousine de basse fréquence. Les guêpes peuvent construire des alvéoles de cire, mais ne peuvent fabriquer de miel. Symboliquement, elles représentent le côté inconscient de l'homme, celui qui prend mais qui n'a pas encore appris à donner, le disciple non éveillé qui mange du miel mais qui ne peut en préparer. Les guêpes représentent l'illusion de l'égoïsme ou ceux qui servent le soi inférieur tandis que le soi supérieur a faim. La nature va continuer de protéger ses secrets et ses mystères jusqu'à ce que l'homme retire les voiles de la mauvaise perception qui obscurcissent sa vision.

Les humains craignent la piqûre de l'abeille, mais de son dard s'écoule une substance qui conserve la pureté du miel en toutes circonstances. Sans cet ingrédient unique, le miel devient *affecté*, et sujet aux variations et altérations des aspects inférieurs de la nature. Une fois altéré, il n'est plus propre à la consommation humaine. Il est vrai que l'abeille meurt après avoir utilisé son dard; si elle ne peut plus servir l'ensemble (la ruche) en fabriquant du miel pur, sa vie n'a plus alors aucune valeur; servir avec une capacité moindre, c'est amoindrir la valeur de la vie.

Les abeilles sont de parfaites architectes et de parfaites constructrices. Travailleuses infatigables, elles ont une boussole interne qui s'appuie sur les grilles magnétiques terrestres. Il leur est impossible de se perdre, bien qu'elles puissent feindre la désorientation si c'est pour un but supérieur. Les abeilles peuvent reconnaître et identifier des énergies subtiles, y compris le manque d'harmonie et la malhonnêteté. Comme elles ont pour but de parfaire à la fois la ruche et le miel, elles construisent rarement une ruche dans un environnement impropre. Elles peuvent aussi distinguer un environnement paisible d'un environnement chaotique, et elles peuvent même détecter les vibrations de la peur, qu'elles détestent. Plusieurs piqûres d'abeille sont le simple résultat de la vibration chaotique de la peur, aggravée par les mouvements des bras et autres tentatives acrobatiques pour échapper à l'insecte. Les abeilles ont une étonnante capacité d'attention, et tout le monde trouve comiques ces tentatives désespérées, mais ceux qui se croient à risque sont des victimes potentielles.

Les abeilles préfèrent la symétrie en toutes choses. Elles sont des insectes savants capables de reconnaître autant la quantité que la qualité. Elles peuvent distinguer une vaste gamme de couleurs, y compris des teintes à peine visibles à l'œil humain. Cette aptitude des abeilles à percevoir une si grande palette de couleurs les rend emblématiques du spectre lumineux complet, le prisme parfait qui distribue également la lumière (l'amour) par les forces bienfaitrices de la nature. Ces subtilités font aussi d'elles les protectrices symboliques de ceux et celles qui sont « nés deux fois », c'est-à-dire qui reviennent d'un voyage transformés par le chemin qu'ils ont choisi. Ces individus « nés deux fois » vivent comme tout le monde, mais peut-être plus simplement et en périphérie des autres, non pas par crainte de se retrouver piégés dans leur vie précédente, mais parce qu'ils ont choisi de vivre autrement.

Les abeilles sont de vrais alchimistes de la nature; aucune autre créature ne peut protéger ou projeter le savoir autant qu'elles. Elles sont les enfants de la nature et les rejetons de la sagesse. Leur disparition est notable, particulièrement parce que l'homme ne sait pas encore comment fabriquer le miel. Nous voyons pourtant l'abeille comme une guêpe, construisant dans le champ de son voisin des forteresses de peur plutôt que de symétrie et de paix, augmentant la menace de son dard et revendiquant le droit à des ressources simulées, tandis que la nature continue à lui échapper. La guêpe, prise dans sa propre illusion, ne peut s'empêcher de piquer même ceux qui veulent la libérer.

En tant qu'insectes savants, les abeilles sont des instruments de la nature et, comme tels, elles réagissent aux mêmes codes d'évolution invisibles que vous. Alors que le sentier évolutif de l'humanité s'accélère, celui de chaque aspect doit aussi s'accélérer. *Ce sentier serait faux s'il en était autrement.* Les humains se sont habitués à mesurer leur croissance en se comparant à quelque chose ou à quelqu'un d'autre, autrement dit en regardant derrière ou vers le passé pour voir le chemin parcouru. Quand on regarde vers le passé, tout ce qui fut laissé derrière paraît inchangé, car la vitesse de la vie (de la lumière) reflète une vitesse constante de changement, montrant celui-ci comme nouveau ou comme le prochain *maintenant.* Parce que le nouveau moment semble uniquement différent du dernier ou de celui qui est *passé,* le contraste entre les deux est perçu comme une croissance ou une évolution. Déroutant? Voici un exemple simple. Vous souvenez-vous de la dernière fois que vous avez assisté à une réunion scolaire ou familiale? Aviez-vous l'impression d'avoir fait un bond évolutif en avant par rapport aux autres personnes qui assistaient à cette réunion?

Quel est le rapport avec les abeilles? Il est total, car le rythme de votre cycle évolutif est lié au leur et vice-versa. Elles sont incapables de vous refléter une fausse réalité, car ce serait incompatible avec leur modèle de recherche de la perfection, mais si vous continuez à les observer et à les étudier, elles vous montreront alors une métamorphose de leur façon de vivre et peut-être même qu'elles offriront quelques solutions à certains des prochains défis de l'humanité. Nous avons élucidé les qualités irrémédiables de l'abeille et l'avons rendue plus indispensable que jamais, mais nous n'avons pas encore entièrement répondu à la question de savoir ce qui, dans le monde, fait du tort aux abeilles et où elles s'en vont. Pour dire les choses simplement, l'alarme interne de toute l'espèce est déclenchée, et elles répondent *en foule* à l'appel de la nature.

Nous vous avons dit qu'elles travaillaient infatigablement à la perfection de l'ensemble, mais que si l'ensemble (la ruche) ne pouvait plus être parfait, elles devaient trouver un autre but. C'est pourquoi certaines abeilles sont désorientées quand elles sont proches de leur ruche et que d'autres l'abandonnent carrément. Si la ruche ne correspond plus à leur raison d'être, il y aura inévitablement un changement. Les abeilles n'ont pas de personnalité individuelle, bien que chaque ruche ait ses caractéristiques propres. Ainsi, les abeilles européennes sont différentes des abeilles nord-américaines, et les abeilles sud-américaines sont différentes des abeilles australiennes. Les abeilles sont incapables de ressentir de la colère, mais elles sont désorientées et dissociées de leur modèle précédent. Leur relation avec la ruche n'est plus fondée sur le même processus ou sur ceux que l'humanité considérerait comme *normaux*.

Les changements survenant dans les populations d'abeilles différeront selon les continents. La plupart des pays finiront par être affectés, mais seuls quelques-uns en souffriront. L'Amérique du Nord subira les plus lourdes pertes parce que le nombre de ses abeilles y était plus élevé au départ et parce que le stress de l'évolution y est plus prononcé. Depuis plusieurs décennies, il y a eu très peu de ruches *normales*. Les abeilles sont trimballées dans des caisses comme tout ce qui voyage sur les routes. Elles ne sont plus un symbole de sagesse, et la prospérité qu'elles offrent semble réservée à ceux qui contrôlent les cultures qu'elles pollinisent. Nous pourrions énumérer les fardeaux que l'humanité a imposés à cette espèce, mais ce serait tout à fait inutile, surtout que les abeilles n'en ont aucun ressentiment puisqu'elles en sont incapables.

Par ailleurs, leurs stress ne sont pas différents de ceux auxquels vous réagissez quotidiennement. Ne sont pas différents non plus les parasites, les pesticides et les virus auxquels elles sont exposées. Vous comprenez? Il appartient à l'espèce la plus proche de ceux qu'elles servent non seulement d'être des messagers, mais aussi d'indiquer le chemin vers le changement chaque fois que c'est possible. Toute la nature est un reflet d'elle-même. L'humanité dispose présentement de plusieurs exemples dans la nature dont elle peut s'inspirer, et elle doit maintenant demander au meilleur d'elle-même de se manifester afin de créer le meilleur avenir possible. Son signal d'alarme s'est aussi fait entendre, et bientôt, même les moins alertes devront s'ouvrir les yeux.

Où sont allées les abeilles? La nature a dirigé les plus robustes vers l'hémisphère Sud. Guidées par les grilles magnétiques changeantes, elles se déplacent vers les régions équatoriales et aussi plus au sud. Moins affectées, ces abeilles reprendront de la force dans leurs nouvelles colonies et formeront des alliances évolutives avec les abeilles indigènes. Elles portent une nouvelle série d'instructions encodées, fondées sur un nouveau modèle environnemental. Elles l'utiliseront pour créer un nouveau modèle de travail dans une nature équilibrée. En poursuivant un but supérieur, elles construiront de meilleures ruches et seront plus productives, de la façon qui sera la plus bénéfique pour l'humanité.

Qu'est-ce qui arrivera aux abeilles d'Amérique du Nord? Fait intéressant, on importe en Amérique du Nord des abeilles d'Océanie [l'Australie et la Nouvelle-Zélande] en grand nombre pour tenter d'empêcher la fin abrupte de l'ancien modèle. Ce qui se produira ensuite dépendra beaucoup des apiculteurs modernes, des fermiers, des ranchers et des autres intermédiaires entre l'espèce humaine et toutes les autres. Plusieurs de ceux qui occupent ces postes aujourd'hui ont joué un rôle similaire auparavant, du moins en ce qui concerne la nature. Peut-être comprennent-ils mieux que d'autres que le vieux modèle n'est plus viable. Ceux qui travaillent dans les règnes de la nature, comme protagonistes ou antagonistes, connaissent à la fois les lois et les mystères qui la gouvernent. Même ceux qui manipulent ces lois à leur profit personnel ou professionnel savent qu'un jour le balancier devra nécessairement changer de côté. La longue ignorance des lois de la nature par l'humanité ne la dispense pas de trouver des solutions pour y rétablir l'équilibre et nourrir un monde affamé.

En restaurant la santé de la population d'abeilles d'Amérique du Nord, on facilitera aussi la restauration de la santé du monde. Il est peut-être évident que cette affirmation lie implicitement les changements du modèle/but des abeilles aux changements prochains du modèle/but humain. Pour dire les choses clairement: les abeilles n'offrent pas un avertissement; elles donnent un exemple. Elles refusent de subir davantage les stress imposés par un vieux modèle qui ne sert plus l'ensemble. Les moins vigoureuses succombent à la maladie et à la malnutrition causées par des parasites. Elles rejettent les placebos chimiques et artificiels que le vieux modèle continuerait autrement à leur imposer. Elles changent de mode de vie et de milieu. Elles migrent, parfois sur de longues distances, pour s'établir dans des environnements plus sains, qui assureront l'avenir de leur espèce.

Dans ces conditions inéluctables, les marchés agroalimentaires mondiaux vont changer et les économies qu'ils soutiennent vont nécessairement se tourner ailleurs. Les pratiques agroalimentaires du vieux modèle vont changer, mais plus lentement qu'il ne le faudrait. Dans un effort pour maintenir leur position commerciale et dans l'espoir d'exercer une emprise sur une population d'abeilles en baisse constante, les entreprises coopératives expérimenteront des techniques agroalimentaires en serre. Les grandes dépenses qu'entraîneront ces efforts, combinées à un changement de l'économie mondiale, provoqueront une hausse significative du prix de plusieurs produits. Du côté positif, on assistera à un plus grand retour aux pratiques biologiques, alors que leurs bénéfices deviendront évidents, particulièrement en ce qui concerne les pratiques agroalimentaires en serre. D'autres industries seront évidemment touchées par ces changements, mais ceux-ci pourront être évalués à un autre moment.

L'avenir des ressources mondiales, dont la nourriture et l'eau, qui sont d'une importance vitale, dépendra de la coopération entre les divers pays et du désir de chacun de servir et de soutenir ses voisins, ainsi que de la prise en compte des forces et des faiblesses de chaque règne. On doit traiter de la manière appropriée chaque espèce et le service qu'elle rend. On doit exclure l'assistance et le soutien apportés à une espèce par l'extermination d'une autre non désirée. La manipulation continuelle de la nature par ceux qui prétendent la posséder ne peut persister, tout comme doit cesser l'action désastreuse de ceux qui préfèrent détruire la propriété des autres plutôt que la protéger, simplement parce qu'ils n'approuvent pas l'utilisation qui en est faite actuellement. La fraternité coopérative remplaçant l'ignorance, le monde sera ensemencé de futures générations qui promouvront le bien-être par la parole et par l'action, constituant des modèles d'une humanité vivant dans la paix plutôt que dans la peur. Écoutez donc sans crainte le message que les abeilles vous livrent. D'autres espèces ont aussi d'importants messages pour vous, et si vous les observez bien, elles se manifesteront.

C'est avec un immense plaisir que je vis des moments comme celui-ci. J'en suis profondément reconnaissante. Il est toujours difficile de vous quitter et pourtant il le faut. Avec des mots doux et gentils, avec des prières ferventes, je vous accueillerai dans chaque élément et dans chaque règne, dans chaque battement de cœur et dans chaque clignement de paupière. Avec dans mon cœur un chant qui fait écho au vôtre, je vous dis au revoir.

Ariane Édition inc. présente

Patricia Cori et le Haut Conseil de Sirius

à Montréal, le 18 octobre 2008

Une journée de guérison et activation de l'ADN

---

10 h 30 à 12 h 30 : Introduction.

- Dispersion de nos douze filaments d'ADN.
- 2012 : L'humanité et la reconstruction de notre ADN « poubelle ».
- Activation des différentes voies énergétiques : nettoyage des chakras et des débris auriques.
- Méditation.

12 h 30 à 14 h : Dîner.

14 h à 15 h :

- Activation de la glande pinéale et travail cellulaire.

15 h à 15 h 30 : Pause.

15 h 30 à 17 h 00 :

- Méditation avec le crâne de cristal *Estrella* et le Haut Conseil de Sirius.
  (Estrella est un crâne maya qui a été remis à Patricia par le shaman, Kayun, pendant une cérémonie. Elle apportera un deuxième crâne de cristal très ancien en provenance cette fois, du Tibet.)
- Canalisation avec le Haut Conseil de Sirius.

Billet : 90$ CD (taxes incluses)
Lieu : UQAM, 405 rue Sainte-Catherine Est, Montréal.
Auditorium Marie-Gérin-Lajoie
Contact : Éditions Ariane inc.
1209 Bernard Ouest, bureau 110
Téléphone : 514-276-2949
Télécopieur : 514-276-4121
Courriel : nat@ariane.qc.ca

A propos de Lee Carroll

Après avoir obtenu un diplôme en études commerciales et en économie de la California Western University (Californie), Lee Carroll met sur pied une entreprise spécialisée en techniques audio à San Diego, qui prospère pendant une trentaine d'années. En 1989, il s'engage sur sa voie spirituelle : c'est le début des enseignements Kryeon.

Timidement, les premiers écrits sont d'abord présentés au milieu métaphysique de Del Mar, en Californie ; le reste appartient à l'histoire : au total, douze ouvrages de métaphysique ont été publiés en dix ans. Plus de 800 000 exemplaires des ouvrages Kryeon et *Les enfants indigo* ont été imprimés dans le monde, en vingt et une langues, dont le français, l'espagnol, l'allemand, le chinois, l'hébreu, le danois, l'italien, le grec, le coréen, le hongrois, le russe, le japonais, le portugais, le roumain et le turc. Dans le monde francophone seulement, plus de 150 000 exemplaires de la série Kryeon ont été vendus.

En 1995, Lee a été invité à présenter Kryeon aux Nations unies (ONU) à New York, devant un groupe mandaté par cette organisation, la Society for Enlightenment and Transformation (S.E.A.T.). La présentation a été si bien accueillie qu'il y est retourné quatre fois par la suite pour transmettre son message d'amour, soit en 1996, en 1998, en 2005 et en 2006 ! Ces rencontres se tiennent aux étages supérieurs, dans les aires de travail de l'édifice des Nations unies, non loin de l'Assemblée générale. Elles sont réservées aux délégués aux Nations unies et aux invités de la société.

Voici les titres parus aux Éditions Ariane :

- *La graduation des temps*
- *Aller au-delà de l'humain*
- *Alchimie de l'esprit humain*
- *Partenaire avec le divin*
- *Messages de notre famille*
- *Franchir le seuil du millénaire*
- *Un nouveau don de lumière*
- *Les enfants indigo*
- *Célébration des enfants indigo*
- *La levée du voile*

A propos de Tom Kenyon et Judi Sion

Enseignant – scientifique – guérisseur par le son – psychothérapeute – musicien – écrivain – chanteur – shaman – auteur

On ne peut expliquer ni la voix ni l'homme dans un seul paragraphe. Nous vous invitons donc à faire vous-même l'expérience de son travail par le son au moyen de multiples CD et des mots qu'il diffuse dans ses écrits.

Tom Kenyon donne des ateliers partout dans le monde en compagnie de Judi Sion, sa conjointe et partenaire dans son travail. En raison de son champ impressionnant de connaissances – de la science à la spiritualité –, ses séminaires comportent une gamme importante de sujets et de sons sacrés qu'il crée spécialement pour chacune de ses rencontres avec le public. Chaque événement est unique et combine à la fois de l'information pertinente à notre évolution ainsi que diverses tonalités et des mantras sacrés en vue d'élever votre conscience et de faire en sorte que vous profitiez au maximum de ses enseignements.

Pour plus de détails, sur ses produits et séminaires, nous vous invitons à explorer son site Internet à l'adresse suivante : www.tomkenyon.com.

A propos de Patricia Cori

Originaire de la région de la baie de San Francisco, Patricia Cori a activement participé au mouvement nouvel âge depuis l'émergence de celui-ci au début des années 1970. Elle n'a cessé d'utiliser ses facultés de clairvoyance dans son travail de guérison et de soutien, et elle a consacré sa vie à l'étude du mysticisme, de la philosophie, des civilisations anciennes, de la guérison métaphysique, de la spiritualité et de la vie extraterrestre.

Enseignante dévouée, Patricia aide de nombreuses personnes à découvrir leurs facultés naturelles de guérison, à élever leur conscience et à intégrer les fréquences supérieures qui baignent notre espace alors que le système solaire tout entier se prépare à son ascension. Par-dessus tout, elle s'est donné pour mission de motiver les gens à passer à l'action, à surmonter leur peur et leur sentiment d'impuissance, et à devenir des membres plus responsables de nos sociétés planétaires et universelles.

Patricia Cori est également bien connue dans le circuit des conférences internationales grâce aux cours, aux séminaires et aux ateliers qu'elle offre partout dans le monde. Sa mission consistant à être la voix du Haut Conseil de Sirius et à faire usage du remarquable don qu'elle a d'aider les autres à raviver et déclencher l'expression de leur pouvoir intérieur. Elle a publié aux éditions Ariane le livre *Le Haut conseil de Sirius* en août 2007.

Pour en savoir plus à son sujet, consultez son site internet:
www.sirianrevelations.net

À propos de Pepper Lewis

Pepper Lewis est une intuitive naturelle, une channel douée et une auteure réputée. Elle est également conférencière et professeur de métaphysique. Ses messages canalisés sont uniques et distinctifs et elle les transmet à un public grandissant partout dans le monde.

Parmi les plus populaires l'on compte des articles produits par la *conscience* même de notre planète, la Terre mère, que l'on connaît sous le nom affectueux de Gaia. Ces messages paraissent fréquemment dans une diversité de publications, dont le *Sedona Journal of Emergence.* Ils sont aussi fort appréciés sur plusieurs sites Internet.

Pepper est souvent invitée à des émissions radiophoniques et Internet dont le *Great Shift*, avec le révérend Fred Sterling. Elle participe également à plusieurs conférences en compagnie de Lee Carroll/Kryeon et de son équipe.

Elle est fondatrice de *The Peaceful Planet* (La planète paisible), un organisme visant à traiter notre monde et notre environnement d'une manière qui dégage et projette l'équilibre, l'intégrité, la paix et l'harmonie. *Peaceful Planet* offre des produits et des services inspirants, conçus pour donner du pouvoir, seconder et instruire. Séminaires, conférences et ateliers sont offerts selon les disponibilités.

Pour en savoir plus à son sujet, consultez son site internet :
www.thepeacefulplanet.com

A propos de Martine Vallée

L'intérêt de Martine pour le domaine spirituel et tout ce qui s'y rattache a toujours été très grand, et ce, depuis son adolescence. Deux ouvrages l'ont beaucoup marquée vers l'âge de 17 ans : *La vie des maîtres*, de Baird Thomas Spalding, et *La vie après la vie*, de Raymond Moody. Elle a toujours cru au pouvoir des mots et à leur capacité de transformer ceux qui les lisent.

Depuis plusieurs années, elle s'est engagée envers l'humanité à connaître et à explorer la voie de la connaissance pour ensuite la partager. Sa grande passion demeure l'humanité et, surtout, ses lecteurs, qu'elle considère comme sa famille spirituelle. L'année 2009 marquera sa quinzième année au cœur du monde de l'édition.

Plusieurs projets humanitaires lui tiennent à cœur. En ce sens, elle envisage de créer un mouvement d'envergure qui mettra de l'avant plusieurs projets ayant une incidence directe sur la vie de milliers de personnes. Par ailleurs, Martine croit fermement que le retour du divin féminin, présent en chaque femme et chaque homme, est la réponse à la transformation planétaire.

De son point de vue, la plus grande force qui existe actuellement est celle de l'amour, de la compassion et de l'intention pure réunis. Ensemble, ces éléments créent inévitablement une quatrième force tout à fait unique qui a le potentiel d'apporter rapidement les changements nécessaires à la transformation planétaire. Le rôle de chaque humain ne peut être sous-estimé, car chacun possède cette quatrième force et a donc la capacité et la responsabilité de la mettre de l'avant.

Vous pouvez lui écrire à :
martine@ariane.qc.ca
martinevallee@qc.aira.com

À propos de Robert Haig Coxon

COXON

Robert est un compositeur mondialement reconnu. Sa musique accompagne tous les événements internationaux de Kryon. « Mon but est de créer une ambiance de paix et de tranquillité permettant à l'auditeur de découvrir l'essence de l'univers: la beauté et l'harmonie. »

> *« Cette musique provient de l'autre côté du voile… la source de toute beauté. »*
>
> – Lee Carroll, auteur des best-sellers Kryeon

Dans la *Symphonie de lumière universelle*
vous entendrez les pièces suivantes:

Coming Home, tirée de l'album ***Prelude to Infinity***
Reverence, tirée de l'album ***The Infinite… essence of Kryon***, son plus récent enregistrement.

Discographie de Robert :

The Infinite… essence of Kryon
Prelude to Infinity
The Silent Path
Mental Clarity
Cristal Silence I
Cristal Silence II
Cristal Silence III

Intermede Communications
R.H.C. Productions Inc.
www.robertcoxon.com

A propos d'Anael Bradfield

Cherchant à capturer l'instant éphémère où nous nous sentons vraiment connectés avec la Source, Apsis Music est une compagnie canadienne indépendante dédiée à l'exploration de l'expérience humaine, poursuivant la vérité à travers l'art et une plus grande conscience planétaire.

Mettant de l'avant des musiques et des textes significatifs, nous aspirons à capturer l'énergie et la vibration qui interpellent les passions les plus profondes en chacun de nous, agissant en quelque sorte comme la bande sonore de ce merveilleux voyage.

Notre approche musicale englobe une vaste tapisserie de styles musicaux ayant comme trait commun une vibration spirituelle qui résonne dans chaque note. Elle possède une riche influence classique et y incorpore des instruments et des techniques contemporaines. Il en résulte une sonorité étonnament non conventionnelle tout en étant confortable et familière.

Nous sommes particulièrement fiers du contenu poétique de nos albums. Une de nos grandes priorités est l'intégration complète du son et du verbe, stimulant nos auditeurs avec une approche poétique qui est à la fois rafraîchissante et provocatrice tout en demeurant discrète dans un environnement plus feutré. Pour en savoir plus, consultez notre site internet à www.apsismusic.com.

Les coups de cœur de l'éditrice…

Le manuscrit de Marie Madeleine

Les alchimies d'Horus et la magie sexuelle d'Isis

Il y a des ouvrages qui doivent paraître, et celui-ci le devait. Nous sommes à l'ère du divin féminin, et quelle joie cela représente pour moi de redonner – dans sa version française – la parole à Marie Madeleine, elle qui a été bafouée et ignorée durant deux mille ans. La voilà qui revient en force, et ce, à la requête d'Isis.

Ce livre comporte trois parties. La première relate son histoire et celle de Yeshua ben Joseph. Ce récit est remarquable.

En deuxième partie, Tom Kenyon ajoute, au profit du lecteur, les principaux protocoles d'entraînement aux alchimies d'Horus. Vous y trouverez des méditations, des exercices pratiques, la façon de cultiver son qi (ou chi), de développer la félicité, l'initiation pratique avec l'essence sexuelle, l'alchimie des relations amoureuses, etc.

En troisième partie, Judi Sion, à la demande de Marie Madeleine, nous raconte sa propre histoire… celle de toutes les femmes à un moment ou l'autre de leur vie, mais également celle de tous, car la route de chacun est parsemée de défis à surmonter les uns après les autres pour arriver à vivre pleinement son destin. C'est là une histoire de courage. Un livre aussi émouvant qu'intéressant.

ISBN 978-2-89626-041-6

La santé consciente

Guide complet de la santé naturelle

Voilà un livre sur la santé tout simplement passionnant. Chaque famille devrait avoir chez soi cette bible de la santé qui est l'aboutissement de dix années d'études, de réflexions et d'expériences diverses de l'auteur. D'ailleurs, cet ouvrage a été le grand gagnant du *Nautilus Award* pour le meilleur livre sur la santé de l'année 2007. Les raisons seront évidentes pour vous si vous en prenez connaissance.

J'ai tellement appris sur le corps humain et le fonctionnement de tous ses systèmes au cours de ma lecture, que j'ai l'impression d'avoir retrouvé mon pouvoir en ce qui a trait à ma santé. Combien d'entre nous se sentent impuissants devant toutes les études et leurs contradictions, les multiples théories, les maladies, les divers médicaments et leurs effets secondaires… devant toutes ces informations déroutantes qui, finalement, nous rendent encore plus confus ? Le domaine médical évolue à un rythme effarant, au même titre que les maladies sans doute.

Retrouver la santé est un processus en soi, et le but de ce livre est de nous aider à prendre conscience qu'il est possible de le faire. Avec toutes les transformations qui ont lieu actuellement, avoir un corps solide et en santé sera un atout majeur. Il faut sortir de l'ignorance et de l'inertie, et avoir le courage de se reprendre en main afin de retrouver la vitalité, ce sentiment de la vie en nous.

Personnellement, j'ai la chance d'avoir une grande vitalité et une bonne santé en général, mais je constate autour de moi que très peu de gens l'ont. La vitalité est une force intérieure incomparable, et cet ouvrage est votre propre guide d'entretien pour la retrouver.

ISBN 978-2-89626-045-4

La puissance de guérison de l'aura
et
Médecine vibratoire

Dans ma série sur la médecine énergétique, deux livres viennent s'ajouter à *La santé consciente.* Il s'agit de *La puissance de guérison de l'aura* et de *Médecine vibratoire, la guérison par les essences de la nature* Ces trois ouvrages se complètent merveilleusement bien. Ils forment une sorte de plan de santé consciente.

Nous savons tous à quel point l'aura, ce corps énergétique, peut être un outil puissant de guérison. Notre aura est ce soutien invisible qui sert à garder notre corps en santé. Tout est inscrit dans notre corps énergétique avant d'apparaître dans le physique. Notre aura est notre source de guérison. Si nous pouvions comprendre à quel point il est possible de l'utiliser, cela nous éviterait quantité de souffrances. (ISBN 978-2-89626-021-8)

Quant au merveilleux livre *Médecine vibratoire*, son auteure, Sabina Pettitt, est une Canadienne. Elle demeure à Vancouver et travaille intuitivement à créer des essences en provenance de la nature. Dans ces pages, vous trouvez les premières essences de la mer ; elles sont tout à fait exceptionnelles. En outre, cet ouvrage offre la possibilité de travailler directement avec tous les plans de la nature pour retrouver l'équilibre. Il faut savoir que les essences modifient ce qui est déséquilibré ou pathologique au sein de l'humain multidimensionnel. Sabina a également créé les premières essences de la déesse en vue de l'ère du divin féminin. De plus, il est très facile de se procurer ses produits. Ils sont en vente tant au Canada qu'en France. Les essences de la nature sont le moyen que la nature a trouvé pour nous faire profiter de leur pouvoir de guérison afin que nous puissions retrouver notre équilibre physique et émotionnel. Un ouvrage de référence exceptionnel. (ISBN 978-2-89626-032-4)

Ces deux livres font partie de mon plan originel en vue de vous faire retrouver, par divers enseignements, la santé, la vitalité et la longévité. À votre santé !

Suivre la Voie de la connaissance

Vivre avec certitude, détermination et sagesse dans un monde en émergence

Paru à la fin avril 2008, cet ouvrage nous offre la possibilité de vivre sereinement en fonction de notre Connaissance au lieu d'être malmenés par nos croyances. Ce livre est puissant et profond. Ses enseignements proviennent directement de la Grande Communauté, celle-là même que nous sommes sur le point de rejoindre. Mais avant d'en faire partie, nous devons apprendre à vivre selon les grands principes de la Communauté universelle, ce qui signifie aller bien au-delà de notre ego et de nos croyances terrestres, lesquelles croyances sont bien ancrées en nous.

« Se laisser guider par la *Connaissance* est une entreprise formidable et une merveilleuse expédition en territoire inexploré. Les enseignements contenus dans cet ouvrage sont un peu comme la nourriture et l'eau que nous transportons dans un sac à dos et qui nous soutiennent tout au long de notre parcours. »

Trente-cinq sujets y sont discutés en profondeur. Par exemple, savez-vous vraiment ce qu'est la liberté ? Ce qu'est l'amour dans l'esprit de la Grande Communauté ? Nous parlons beaucoup de pardon, mais savons-nous vraiment ce qu'est le pardon véritable ? Comment échapper à la peur ? Comment provoquer le changement ? Et ce que signifie avoir du pouvoir ?

En somme, un livre d'étude important à lire maintes fois, à consulter régulièrement et, ainsi découvrir, rien de moins, que votre raison d'être.

À propos, en février 2009 je ferai paraître un nouvel ouvrage du même auteur. Il sera intitulé *Les relations – La grande mission de vie.* Ce livre révèle toutes les formes de relations, celles que l'on a avec Dieu, avec soi-même, avec les autres, avec sa famille spirituelle, avec la Connaissance, avec l'inconnu, etc. Il porte aussi sur la manière d'établir une relation, de la maintenir et de la terminer. À lire absolument !

ISBN 978-2-89626-039-3

Éduquer ses enfants, s'éduquer soi-même

Préserver la vie émotionnelle de nos enfants

Nos enfants sont notre plus grande richesse et l'avenir de notre humanité. Nous savons tous à quel point l'éducation de nos enfants peut s'avérer un défi. À quel point également l'estime de soi est essentielle pour notre équilibre émotionnel et, surtout, pour celui des enfants. Si nous voulons que le monde change et se transforme, il nous faudra des gens équilibrés, capables de gérer les conflits autrement que par la critique, la domination ou le dénigrement.

Ce livre est tout simplement extraordinaire par sa façon d'aborder l'éducation et les situations difficiles entre les parents et les enfants. Il est unique, et si vous prenez la peine d'appliquer les principes abordés, vous pourrez dire adieu aux discussions sans fin et comprendre les raisons cachées derrière certains comportements.

Cet ouvrage est indispensable à tout parent soucieux d'amener son enfant à agir de manière responsable afin de devenir un adolescent, puis un adulte aimant et équilibré. Tous les enfants ont droit à la dignité de leur vie émotionnelle ; l'avenir de notre humanité en dépend. Un premier pas vers une éducation différente et un monde différent.

ISBN 978-2-89626-036-2

Quelques exemples de livres d'éveil publiés par Ariane Éditions

Entrer dans le jardin sacré
L'oracle de la nouvelle conscience (jeu de cartes)
Guérir de la détresse émotionnelle
Cercle de grâce
Médecine énergétique
L'envolée humaine
Sagesse africaine
Le champ
Science et champ akashique
Accéder à son énergie sacrée
Au-delà du Portail
Telos, tomes 1, 2 et 3
Les cartes de l'éveil
Guérir avec les anges (jeu de cartes)
Le livre de l'Éveil
Et l'univers disparaîtra
Tout est accompli
Transparence II
Créateurs d'avant-garde
Biologie des croyances
Reconquérir son ADN
La puissance de guérison de l'aura
Le pouvoir de créer
Sagesse des Pléiades
Que sait-on vraiment de la réalité ?
Un
2007, Le retour de la lumière
2008, Au-delà du voile, des illusions et de la confusion
Le haut conseil de Sirius
Les enfants du présent
Médecine vibratoire
La divine matrice
L'union de l'âme et de la sexualité
La science de l'intention